신주 사마천 사기 12

고조공신후자연표

혜경간후자연표

이 책은 롯데장학재단의 지원을 받아 번역, 출간되었습니다.

신주 사마천 사기 12 / 고조공신후자연표·혜경간후자연표

초판 1쇄 인쇄 2021년 4월 15일
초판 1쇄 발행 2021년 4월 30일

지은이   (본문) 사마천
               (삼가주석) 배인·사마정·장수절
번역 및 신주   한가람역사문화연구소 사기연구실

펴낸이   이덕일
펴낸곳   한가람역사문화연구소

등록번호   제2019-000147호
주소   서울특별시 종로구 김상옥로17 대호빌딩 신관 305호
전화   02) 711-1379
팩스   02) 704-1390
이메일   hgr4012@naver.com

ISBN   979-11-90777-19-3 94910

세계 최초
삼가주석
완역

신주 사마천 사기

⑫

고조공신후자연표
혜경간후자연표

지은이
본문_ 사마천
삼가주석_ 배인·사마정·장수절

번역 및 신주
한가람역사문화연구소 사기연구실

한가람역사문화연구소

차례

사기 제18권 史記卷十八

고조공신후자연표 高祖功臣侯者年表

新註史記

사기 제19권 史記卷十九

혜경간후자연표 惠景閒侯者年表

원 사료는 중화서국中華書局 발행의 《사기》와 영인본 《백납본사기百衲本史記》를 기본으로 삼고, 인터넷 사료로는 대만 중앙연구원 역사어언연구소歷史語言研究所에서 제공하는 한적전자문헌자료고漢籍電子文獻資料庫의 《사기》를 참조했다.

일러두기

❶ 표의 구조는 사마천의 원래 표를 그대로 재현하기는 어려워 최대한 그 의도를 반영하여 구현했다.

❷ 한글 번역문 아래 한문 원문을 실어 쉽게 대조할 수 있게 했다.

❸ 신주를 실어 우리 연구진의 새로운 해석을 달았다.

❹ 신주는 《사기》 본기, 세기, 열전은 물론 《한시》 〈표〉와 《사기지의》, 《고본죽서기년》 등을 참고했다.

❺ 사기 분문뿐만 아니라 삼가주석도 필요할 경우 신주를 달았다.

❻ 직역을 원칙으로 삼고 의역은 최대한 피했다.

《사기》〈표〉에 관하여

《사기史記》〈표表〉는 역사가로서 사마천의 독창적인 발상이 높게 평가되어왔다. 모두 10편으로 〈삼대세표三代世表〉, 〈십이제후연표十二諸侯年表〉, 〈육국연표六國年表〉, 〈진초지제월표秦楚之際月表〉, 〈한흥이래제후왕연표漢興以來諸侯王年表〉, 〈고조공신후자연표高祖功臣侯者年表〉, 〈혜경간후자연표惠景閒侯者年表〉, 〈건원이래후자연표建元已來侯者年表〉, 〈건원이래왕자후자연표建元已來王子侯者年表〉, 〈한흥이래장상명신연표漢興以來將相名臣年表〉가 그것이며 '10표'라고도 한다.

10표를 분류하면 크게 둘로 나눌 수 있다. 하나는 사건을 위주로 분류한 사건 연표이고, 다른 하나는 인물 연표이다. 사마천이 중국사의 시조라고 설정한 황제부터 하夏·은殷·주周 삼대를 거쳐 춘추·전국시대 및 진秦과 한漢 나라에서 있었던 중요 사건과 인물을 수록했다.

《사기》의 마지막 130권은 지은이의 말이라고 할 수 있는 '태사공자서'이다. 이 글에서 사마천은 자신이 사기 각 편을 지은 이유에 대해 간략하게 서술했다. "시대를 함께해도 세대가 다르므로 연차年差가 분명하지 않아서 '10표十表'를 지었다."

10표에는 오제를 필두로 여러 나라에서 있었던 주요 사건과 인물의 즉위, 폐위, 전쟁, 사망 등에 관한 연대가 담겼다. 이런 표가 존재하지 않았던 시대에 사마천이 이를 작성하면서 가장 고심했던 것은 아마도 무엇을 기준으로 삼느냐 하는 것이었을 것이다.

한나라가 수립된 이후에는 한나라를 중심으로 하면 되지만 수많은 나라가 병립하고 있던 시대에는 어느 나라를 기준으로 표를 작성하느냐가 문제였다. 주나라는 명목만 남아 있을 뿐 여러 봉건제국이 중원을 나누어 실질적으로 통치하고 있던 시대를 어느 기준으로 볼 것인가의 문제였다. 사마천이 〈삼대세표〉 다음의 〈십이제후연표〉와 〈육국연표〉를 작성할 때 기준으로 삼은 것은 주周나라의 연호였다. 그다음으로 비록 강대국은 아니었지만 노魯나라의 연대기를 중시했다.

여기에는 두 가지 이유가 있는 것으로 보인다. 하나는 제후가 아니었음에도 사마천이 반열을 높였던 공자가 주나라를 정통으로 삼았다는 것에서 시사 받았을 것이다. 또한 진秦이 중원을 제패한 후 수많은 역사사료를 훼손한 바람에 공자가 편찬한《춘추》및 그 주석서들인《춘추좌전》·《춘추공양전》·《춘추곡량전》 등의 연대를 참고할 수밖에 없었을 것이다.《춘추》는 공자의 고국이었던 노魯나라 연대를 중심으로 서술했으므로 사마천도 노나라 연대기를 중요시하지 않을 수 없었을 것이다.

사마천이《춘추》에서 많은 시사를 받았다고 해서《춘추》의 체제를 그대로 따른 것은 아니다. 공자의《춘추》와 그 주석서들은 노나라의 연대기를 기준으로 다른 나라의 사건들을 기록하면서 다른 나라들에 대해서는 어느 정도 축소하거나 생략할 수밖에 없었다. 사마천은 주나라의 연호를 기준으로 삼되 노나리 연대기로 보완함으로씨 다른 나라들에 관한 사항도 빠뜨리지 않을 수 있었다.

10표 중에는 연표가 아닌 월표月表도 있는데, 〈진초지제월표〉가 그것이다. 중원을 통일한 진나라가 서기전 209년 초나라 진섭陳涉의 봉기에 의해서 무너지기 시작해서 초나라 항우가 일어섰다가 서기전 202년 한나라 유방의 승리로 끝나는 7년간의 사건과 인물에 대해서 연표가 아닌 월표를 작성한 것이다. 시기는 짧지만 수많은 사람과 인물이 명멸한 시기를 월별로 일목요연하게 만들었다.

〈한흥이래고조공신연표〉는 서기전 206년, 한 고조 원년을 기준으로 삼아서 서술했고, 이후 〈혜경간후자연표〉나 〈건원이래후자연표〉 등은 분봉 받은 봉국의 이름을 가장 먼저 기재하고 그 아래에 연대순으로 봉국을 계승한 사람들의 이름과 봉국에 관련된 사건들을 적고 있다. 이런 방식으로 수많은 사건과 수많은 사람을 기록하면서도 통일성을 유지할 수 있었다.

〈표〉의 의미와 가치에 대해서는 《이십이사차기二十二史箚記》의 저자 청나라의 조익趙翼(1727~1814)이 잘 평가했다.

"《사기》에서 10표를 지은 것은 주나라 보첩에서 비롯했는데, 본기·열전과 서로 넣고 뺀 것이 있다. 무릇 열후·장상·삼공·구경 중에서 그 공적과 이름이 드러난 자는 이미 그를 위해 열전을 만들었지만, 그밖에 대신으로 허물도 없고 공적도 없는 자를 열전을 만들자니 다 만들 수도 없고, 그렇다고 완전히 없애서도 안 되어 곧 표에다 그것을 기록했다. 사서를 짓는 체재로 이보다 큰 것이 없다."

오제五帝부터 한나라 때까지 수많은 인물들 중에서 열전을 따로 서술할 만큼 중요한 인물은 아니지만 무시할 수도 없는 수많은 인물들을 〈표〉라는 형식에 압축해서 수록했다는 것이다.

그런데 《사기》〈표〉에 기록된 일시와 《사기》의 다른 편에 기록된 일시가 서로 다른 경우가 있다. 이를 사마천의 오류로 보는 시각도 있지만 사마천이 원 자료에 따라 〈본기〉, 〈세가〉, 〈열전〉 등을 작성하고 〈표〉는 자신이 따로 연구한 사실을 기록했을 가능성도 있으므로 어느 것이 옳은지 쉽게 단정할 수 없다.

《사기》〈표〉에는 수많은 인물과 사건이 서술되어 있으므로 선뜻 이해하기가 쉽지 않다. 〈표〉를 이해하기 위해서는《사기》의 다른 분야, 즉 〈본기〉·〈세가〉·〈열전〉에 대해 어느 정도 알고 있어야 한다. 아무리《사기》에 밝은 사람이라도 헷갈릴 수밖에 없는 많은 인물과 사건을 일목요연하게 정리한 이 〈표〉를 보고 찬탄하지 않을 사람은 없을 것이다. 필자들이 〈표〉를 번역하면서 느낀 공통적인 심정은 이를 작성한 사마천의 고심과 노고는 비단 역사나 고전 분야를 떠나 공부하는 모든 사람이 본받아야 할 모범임에 틀림없다는 사실이다. 수많은 인물과 사건을 서로 모순되지 않게 통일성을 유지하며 서술하는 것은 쉽지 않은 일이기 때문이다.

〈십이제후연표〉나 〈육국연표〉를 세로나 가로로 읽으면 각국에서 발생한 일들을 한눈에 알 수 있으면서 같은 해에 각국에서 발생했던 사건들에 대해서도 한눈에 알 수 있다. 여기에 삼가주석이 적절하게 주석을 달고 있으므로《사기》의 다른 분야에 대한 이해가 선행된다면 이 〈표〉만 봐도《사기》전체를 본 효과를 얻을 수 있을 것이다.

〈한흥이래장상명신연표〉를 보면 한나라가 일어선 이후 발생한 각종 전쟁을 한눈에 알 수 있다. 이를 통해 한나라는 서기전 112년에 남월南越과 싸웠고, 서기전 111년에는 동월東越과 싸웠고, 서기전 109년에는 (고)조선朝鮮과 싸웠다는 사실을 알 수 있다. 이 전쟁에 대해서 사마천은 "모두 남월을 패배시켰다[皆破南越]", "모두 동월을 패배시켰다[皆破東越]"라고 썼지만 조선에 대해서는 "조선을 공격했다[擊朝鮮]"라고만 써서 그 승패를 기록하지 않았다.

또한 〈건원이래후자연표〉를 보면 조선과 전쟁하는 과정에서 항복한 조선 출신 장상들이 모두 제후로 봉해진 반면 조선과 전쟁에 나섰던 한나라 장수들은 아무도 제후로 봉해지지 않았다는 사실을 알 수 있다. 이는 사마천이 〈조선열전〉 마지막의 '태사공은 말한다'에서 조선과 전쟁에 나섰던 "양군兩軍이 모두 욕을 당하고 아무도 제후로 봉함을 받지 못했다."고 평한 사실과 연관성이 있다. 조한전쟁朝漢戰爭의 결과에 대한 사마천의 인식의 일단을 여기에서도 엿볼 수 있다. 그뿐만 아니라 기幾 땅에 제후로 봉해졌던 우거왕의 아들 장각張降이 한나라에 반기를 들다가 사형당하고 기국이 없어진 사실도 알 수 있다.

《사기》〈표〉는 사마천이 천하사의 수많은 인물과 사건을 한눈에 알아볼 수 있게 작성한 파노라마다. 다만 그 파노라마는《사기》의 다른 분야에 대한 일정한 이해를 가진 사람만이 조망할 수 있는 세계이기도 하다.

사기 제18권 史記卷十八

고조공신후자연표 高祖功臣侯者年表

고조공신후자연표 들어가기

　〈고조공신후자연표〉는 고조 유방이 한나라를 개국하는 데 공을 세워 후작이 된 개국공신 143인의 계보를 정리한 것이다. 후작은 제후왕보다 한 단계 낮은 봉작이다. 유방 때 공신이 되어 봉국封國을 하사받은 143명의 열후들과 그 후예들이 혜제, 여후, 문제, 경제를 거쳐 무제 태초 연간에 이르기까지 약 100여 년 동안 겪은 일들을 체계적으로 서술했다. 태초 이후는 후대인이 덧붙인 것이다. 사마천은 먼저 제후로 봉함을 받은 봉국을 국명으로 적어서 마치 국가인 것처럼 인식되게 했지만 대부분 군郡 아래 현縣 정도의 규모였다. 국명 다음 칸에는 후공侯功으로 이들이 후작이 된 공훈을 설명했다. 그 후 고조, 효혜(혜제), 고후(여후), 효문(문제), 효경(경제), 무제 태초 때까지 각 황제들의 재위기간 중에 이들에게 어떤 일이 있었는지 서술했다. 마지막으로 이들의 공신 서열을 후제侯第로 표기했다.

　이 연표를 일별해보면 봉국을 오래 유지한 집안이 드물다는 점을 알게 된다. 처음 피봉被封된 인물이 도태되지 않더라도 2세, 3세, 4세, 5세에 이르면 대부분이 도태되어 첫 봉국을 그대로 유지하는 경우는 극히 드물다. 그 원인은 '무자국제無子國除', 곧 자식이 없어서 봉국이 없어진 경우도 있지만 그 후예들이 각종 범죄에 연루되어 나라가 없어지고 그 자신은 사형당하거나 평민으로 전락한 경우가 가장 많다. 고조가 처음 공신들을 후작으로 삼은 것은 진나라의 실패를 거울삼아 측근을 우대하여 다독임으로써 나라를 오래 유지하겠다는 뜻이었다. 그래서 사마천은 연표 처음에 '태사공은 말한다'에서 작위를 봉할 때 "하수가 허리띠처럼 되고 태산이 숫돌처럼 되게 하여 국가가 길이 편안해지게 함으로써 이것이 후손에게 이르게 하라"고 맹세했다는 사실을 적어 놓았다.

그러나 이런 맹세와는 달리 이들 대부분은 중도에 도태되었는데, 여기에는 두 가지 요인이 존재한다. 하나는 피봉된 후작이나 그 자손들이 교만하거나 음란하거나 법을 어긴 것이고, 다른 하나는 황실에서 이들 후작이 법을 어기거나 비리가 있을 경우 대부분 용서하지 않고 준엄하게 다룬 것이다. 그 결과 오래도록 봉국을 유지한 사람은 드물고 무제 때에 이르면 거의 모든 봉국이 사라졌다. 간혹 후작의 지위가 중간에 끊겼다가 다시 복귀된 사람도 있지만, 그들 역시 대부분 오래가지 못했다. 도표로 143개 봉국과 그 피봉 후작과 후예들의 운명을 보면 '권력 무상'이라는 생각이 먼저 들 정도이다.

워낙 많은 인물이 등장하기 때문에 정확하지 않은 기술도 눈에 띈다. 본서는 그 정확성을 기하기 위해 《한서》〈표〉와 비교했다. 또한 청나라 양옥승梁玉繩의 《사기지의》를 참조했고, 현대 연구서 중에서는, 특히 현재 지명을 찾기 위해 대만의 《신역사기》와 일본의 〈사기 3하-10표2-〉를 참조해서 서로 다른 경우 각기 서술해 놓았다. 원본끼리 서로 다른 경우도 있는데, 이 경우 백납본을 위주로 삼았다. 백납본이 오류가 명백할 경우 중화서국본을 채택했다.

정의 고조가 처음으로 천하를 안정시키고 공로가 있는 신하를 후侯로 삼은 것을 표로 밝혔는데, 소하와 조참 등이다.

高祖初定天下 表明有功之臣而侯之 若蕭曹等

태사공이 말한다

태사공은 말한다.

옛날에 신하된 자의 공로에는 다섯 등급이 있었다. 덕으로 종묘를 세우고 사직을 안정시키는 것을 '훈勳'이라고 한다. 언론에 힘쓰는 것을 '노勞'라고 한다. 무력으로 성과를 이룬 것을 '공功'이라고 한다. 그 공로의 차등을 밝히는 것을 '벌伐'이라고 한다. 오래도록 정사를 돌본 공을 '열閱'이라고 한다. 작위를 봉할 때는 맹세하기를 "하수가 허리띠처럼 좁아지고 태산이 숫돌처럼 닳도록[1] 국가가 길이 태평해져서 이로써 대대손손 이르게 하라."라고 했다. 처음에는 과연 그 근본을 견고하게 하려고 했지만, 후대에 이를수록 점점 뭉개지고 미약해졌다.

太史公曰 古者人臣功有五品 以德立宗廟定社稷曰勳 以言曰勞 用力曰功 明其等曰伐 積日曰閱 封爵之誓曰 使河如帶 泰山若厲[1] 國以永寧 爰及苗裔 始未嘗不欲固其根本 而枝葉稍陵夷衰微也

[1] 使河如帶 泰山若厲 사하여대 태산약려

집해 응소가 말했다. "작위를 봉할 때 맹세해서 국가는 공신으로 하여금

복조를 전해서 다함이 없게 한 것이다." 대帶는 옷의 허리띠이다. 여厲는 숫돌이다. 하수는 마땅히 어느 때든지 옷의 허리띠와 같고 산은 마땅히 어느 때든지 숫돌과 같으니 허리띠와 숫돌처럼 국가는 곧 단절될 뿐이라는 말이다. 應劭曰 封爵之誓 國家欲使功臣傳祚無窮 帶 衣帶也 厲 砥石也 河當何時如衣帶 山當何時如厲石 言如帶厲 國乃絶耳

신주 응소의 주석은 모순된다. 황하가 허리띠가 되고 태산이 숫돌이 되도록 봉국을 오래 지속하라는 뜻으로 해석된다.

나는 고조의 제후와 공신에 관한 것을 읽고 그들이 처음 봉해질 때의 공적과 작위를 잃어버리게 된 이유를 살펴보고 말한다.

다르구나, 새로 들으니! 《상서》에 이르기를 "모든 나라를 화평하게 하라."라고 했다. 하나라와 상나라에서 옮겨진 세월이 혹 수천 년이나 되었다. 대개 주나라는 800개의 나라를 봉했으며, 유왕이나 여왕의 뒤는 《춘추》에 보인다. 《상서》에는 '당唐과 우虞의 후백侯伯이 있고, 삼대 (하·은·주) 1,000여 년을 거쳐 스스로 보전하며 번신으로서 천자를 호위했다.'라고 했으니 어찌 인의를 두텁게 하고 윗사람의 법을 받들게 한 것이 아니겠는가?

한나라가 일어나고 공신으로 봉작을 받은 자는 100여 명이었다.[①] 천하가 막 평정된 까닭으로 거대한 성이나 이름난 도시의 백성들이 흩어져 없어져서 호구를 얻어서 셀 수 있는 곳은 10개 중 2~3개에 지나지 않았다.[②] 이 때문에 큰 제후는 1만 호, 작은 제후는 500~600호에 불과했다. 그 뒤 여러 세대를 지나 백성이 모두 고향으로 돌아오자 호구가 더 불어났다. 이에 소하·조참·강후(주발)·관영과 같은 무리의 제후국은 혹 4만 호에 이르고, 작은 제후국은 갑절로 늘어났으며[3] 부유함은 그에 따라 두터워졌다.

余讀高祖侯功臣 察其首封 所以失之者 曰 異哉所聞 書曰協和萬國 遷于夏商 或數千歲 蓋周封八百 幽厲之後 見於春秋 尙書有唐虞之侯伯 歷三代千有餘載 自全以蕃衛天子 豈非篤於仁義 奉上法哉

漢興 功臣受封者百有餘人[1] 天下初定 故大城名都散亡 戶口可得而數者十二三[2] 是以大侯不過萬家 小者五六百戶 後數世 民咸歸鄉里 戶益息 蕭曹絳灌之屬或至四萬 小侯自倍[3] 富厚如之

① 百有餘人 백유여인

색은 살펴건대 아래 글에 고조의 공신은 137인이다. 외척과 왕자를 겸해서는 총 143인이다.

案 下文高祖功臣百三十七人 兼外戚及王子 凡一百四十三人

② 數者十二三 수자십이삼

색은 10분의 겨우 2~3에 있다는 것을 말한 것뿐이다.

言十分纔二三在耳

③ 小侯自倍 소후자배

색은 그 처음 봉했을 때의 호구 수가 갑절이 된 것이다.

倍其初封時戶數也

그러자 자손들은 교만이 넘치고 그의 선조를 망각하고 음란해졌다. 무제의 태초太初까지 100년 동안에 후작을 보유한 자가 5명만 보이고[①] 나머지는 모두 법에 걸리어 목숨을 잃고 국가를 망쳐 소진되었다. 법망이 또한 덜 촘촘해진 탓도 있지만 모두 자신들이 당시의 금지령에 조심함이 없었기 때문이라고 이를 것이다.

子孫驕溢 忘其先 淫嬖 至太初百年之閒 見侯五[①] 餘皆坐法隕命亡國 耗矣
罔亦少密焉 然皆身無兢兢於當世之禁云

① 見侯五견후오

정의 평양후 조종, 곡주후 역종근, 양아후 제인, 대후 비몽, 곡릉후 풍언이다.
謂平陽侯曹宗曲周侯酈終根 陽阿侯齊仁戴侯秘蒙穀陵侯馮偃也

지금 시대에 살면서 옛날의 방법을 기록하는 것은 스스로 거울로 삼으려는 까닭이지만[①] 반드시 다 똑같지는 않다. 제왕이란 각각 예의를 다르게 하고, 힘쓰는 것도 다르며, 성공을 요구하는 것을 법도로 삼는데 어찌 하나로 묶는 것이 가능하겠는가? 존경받고 총애를 얻거나 버림받고 치욕을 당하는 까닭은 당세에 득실의 다소에서도 나타나고 있으니[②] 어찌 꼭 옛 견문으로만 그리하겠는가? 이에 삼가 그들의 끝마치고 시작하는 것을 그 문장에서 표로 나타냈지만, 자못 본말이 미진한 바가 있을 것이다. 그래서 명확한 것은 기록했지만, 의심나는 것은 뺐다. 뒤에 군자가 있어 더 깊이 연구하고 서술하려 한다면 얻어 열람할 수 있을 것이다.

居今之世 志古之道 所以自鏡也[1] 未必盡同 帝王者各殊禮而異務 要以成功爲統紀 豈可緄乎 觀所以得尊寵及所以廢辱 亦當世得失之林也[2] 何必舊聞 於是謹其終始 表其文 頗有所不盡本末 著其明 疑者闕之 後有君子欲推而列之 得以覽焉

[1] 自鏡也자경야

색은 지금 시대에 살면서 옛날의 방법을 기록하는 것은 스스로 당대의 존망을 거울삼아 터득함을 말한다.

言居今之代 志識古之道 得以自鏡當代之存亡也

[2] 當世得失之林也당세득실지림야

색은 지금 신하들이 존중과 총애를 받는 까닭은 반드시 충성이 두터운 것에 말미암고, 쓰러지고 치욕을 당하는 자 또한 교만하고 음란한 것에 말미암은 것을 관찰할 수 있다는 말이다. 이것은 흥성하고 무너지는 것이 또한 당대의 득실의 다소에서도 나타난다는 말이다.

言觀今人臣所以得尊寵者必由忠厚 被廢辱者亦由驕淫 是言見在興廢亦當代得失之林也

고조 공신표

신주 다음은 고조에서 무제까지 황제별 간략 해설이다.

고조 12년	한漢나라 고조高祖 유방劉邦이다. 묘호는 태조太祖인데, 고제高帝라고도 한다. 서기전 202년~195년까지 7년간 제위에 있었는데, 서기전 207년 진秦나라 왕 자영子嬰이 유방에게 항복한 것을 한나라의 원년으로 삼아 12년 동안 제위에 있었던 것으로 계산했다. 대부분의 공신들이 고조 6년에 제후로 봉함을 받는 것은 이 때문이다.
효혜 7년	한나라 2대 황제인 혜제惠帝 유영劉盈을 말한다. 고조 유방과 고후高后 여치呂雉의 아들로 서기전 195년~188년까지 7년간 제위에 있었다.
고후 8년	한나라 3대 황제는 (효)혜제의 서장자庶長子였던 전소제前少帝로 서기전 188~184년까지 만 4년간 제위에 있었지만 이름도 전하지 못한다. 유방의 황후였던 고후 여치가 세상을 떠난 서기전 180년까지 집권했기 때문에 고후가 8년간 제위에 있었던 것으로 표기한 것이다. 여후로도 불린다.
효문 23년	한나라 5대 황제인 (효)문제文帝 유항劉恆을 뜻한다. 유방의 넷째 아들이자 혜제의 서제庶弟로서 서기전 180년~157년까지 23년간 제위에 있었다. 시호가 효문황제다.
효경 16년	한나라 6대 황제인 (효)경제景帝 유계劉啓이다. 효문제 유항의 장자로서 서기전 157~141년까지 16년간 제위에 있었다. 시호는 효경황제인데 효경, 또는 경제라는 약칭으로 부른다.
효무 54년	한나라 7대 황제인 (효)무제 유철劉徹이다. 무제는 건원에서 원봉 6년까지 36년, 태초 원년에서 후원 2년까지 18년, 총 54년간 제위에 있었다. 첫 번째 연호인 건원(서기전 140~135)을 시작으로 원광元光(서기전 134~129), 원삭元朔(서기전 128~123), 원수元狩(서기전 122~117), 원정元鼎(서기전 116~111), 원봉元封(서기전 110~105), 태초太初(서기전 104~101), 천한天漢(서기전 100~97), 태시太始(서기전 96~93), 정화鄭和(서기전 92~89), 후원後元(서기전 88~87)까지 모두 11번의 연호를 썼다. 사마천은 무제 재위 중에 사망하여서 무제 때 일을 모두 적을 수 없었다. 이에 태초 원년 이하의 일은 후대인들이 끼워 넣은 것으로 해석한다.

국명國名	정의 이 국명은 왼쪽 행으로 하나의 길을 이루는데, 모두 제후가 봉함을 받은 나라 이름이다.
	此國名匡左行一道 咸是諸侯所封國名也
	신주 옛날에는 글을 상하가 아니라 우에서 좌로 썼기 때문에, 국명을 맨 먼저 기재하고 좌측으로 내려가면서 딸린 행은 모두 국명에 속한다는 뜻이다.
	한나라 지방행정체계는 '주州→군郡→현縣→향鄕→정亭→리里' 순으로 이루어지고 나누어진다. 이 표에서 제후들이 받은 봉지를 국이라고 썼지만 실제는 클 경우 현 정도였고, 작은 것은 향과 정이었다. 하지만 변화가 많기 때문에 그 고증은 어려운 것이 사실이다. 특히 현도 아닌 향과 정을 고찰하기는 극히 어렵다. 그 어려움을 《사기지의》의 저자 양옥승은 다음과 같이 표현하고 있다.
	"덧붙여 살핀다. 《사기》와 《한서》의 여러 〈표〉에서 국명은 가장 고찰하기 어렵다. 혹 베껴 전한 자가 잘못하거나 혹 후대 사람이 고쳤거나 《사기색은》에서 설명한 것이 뒤섞여 더해졌다. 지금 내가 아는 것에 대해 거론하여 말하지만, 다 자세할 수 없고 전 조망全祖望의 《경사문답經史問答》에 스스로 말한 〈계의稽疑〉 2권이 있어 10분의 8을 얻을 수 있는데, 그것을 보고 따를 수 없음이 한스럽다."
	여기에서는 가능한 한 현재의 위치를 고찰해 넣었다.
후공侯功	**신주** 수봉된 자들의 공적을 말한다.
고조 12년 재위 高祖十二	**신주** 이 표는 황제의 기년을 위주로 삼았다. 고조, 효혜, 고후, 효문, 효경이 각각 한 단락을 이룬다. 고조는 12년간 제위에 있었다는 뜻이다.
효혜 7년 재위 孝惠七	
고후 8년 재위 高后八	
효문 23년 재위 孝文二十三	
효경 16년 재위 孝景十六	
건원에서 원봉 6년까지 36년, 태초 원년에서 후원 2년까지 18년에 마쳤다. 建元至元封六年三十六 太初元年盡後元二年十八	**신주** 태초 원년 이하의 글자는 후대인들이 끼워넣은 것이다. 건원(서기전 140~135)은 한무제의 첫 번째 연호이고, 원봉(서기전 110~105)은 한무제의 여섯 번째 연호로서 원봉 6년은 서기전 105년이다. 태초(서기전 104~101)는 무제의 일곱 번째 연호로서 원년은 서기전 104년이고, 후원(서기전 88~87)은 무제의 열한 번째 연호로서 후원 2년은 서기전 87년이다. 이하 이 책의 표에서는 편의상 "효무 54년"으로 표기한다.

후제侯第

요씨가 말했다.

"소하 1위, 조참 2위, 장오 3위, 주발 4위, 번쾌 5위, 역상 6위, 해연 7위, 하후영 8위, 관영 9위, 부관 10위, 근흡 11위, 왕릉 12위, 진무 13위, 왕흡 14위, 설구 15위, 주창 16위, 정복 17위, 고봉 18위다. 《사기》와 《한서》 〈표〉가 같다. 그러나 《초한춘추》는 같지 않으니 육가陸賈의 기사는 고조와 혜제 때 있다. 《한서》는 곧 뒤에 공신들의 순서를 정하면서 진평이 여후의 명을 받아 정한 것에 닿아 있지만, 간혹 이미 읍호를 바꾸었거나 옛 사람 이름 또한 다른 것이 있다. 게다가 고조는 처음에 오직 18후侯를 정했고, 여후가 진평에게 이하의 열후들 순서를 기록하여 마치라고 했으니 총 143명이다."

姚氏曰 蕭何第一 曹參二 張敖三 周勃四 樊噲五 酈商六 奚涓七 夏侯嬰八 灌嬰九 傅寬十 靳歙十一 王陵十二 陳武十三 王吸十四 薛歐十五 周昌十六 丁復十七 蠱逢十八 史記 與漢表同 而楚漢春秋則不同者 陸賈記事在高祖惠帝時 漢書是後定功臣等列 及陳平受呂后命而定 或已改邑號 故人名亦別 且高祖初定唯十八侯 呂后令陳平終竟以下列侯第錄 凡一百四十三人也

후제侯第는 공신의 서열, 순위라는 뜻이다. 공신 서열은 고조가 죽은 다음에 작성되었기에 고조가 논한 순서와 다르다. 고후의 의중에 따라 작성된 것이다. 그리고 그 순서에 간혹 오차가 있는데, 이에 대해 양옥승이 《사기지의》에서 이렇게 말했다.

"다시 본 〈고조공신후자표〉의 후공을 비교하건대, 공훈이 서로 견주면 이름과 순위가 서로 어깨를 나란히 한다. 고원후는 척구후에 견주고 척구후는 40위이니 고원후는 41위에 있어야 함을 의심할 것이 없다. 그런데 동무후도 41위인데, 이는 필시 21위가 잘못된 것이다. 영평후는 평정후(《혜경간후자연표》에 나옴)에 견주고 평정후는 54위이니, 양평후는 56위에 있어야 함을 의심할 것이 없다. 고량후(여기서는 66위)는 평후에 견주고 평후는 32위이니, 고량후는 38위에 있어야 함을 의심할 것이 없다. 무원후는 고릉후에 견주니 고릉후는 92위이고 무원후는 93위이며, 역후(여기서는 같이 92위)는 97위에 있어야 함을 의심할 것이 없다. 동모후의 공은 균후(로후가 맞음)보다 성대하므로 순위는 마땅히 앞에 있어야 하며, (동모후가 48위이고) 로후가 48위인데, 곧 이는 68위를 잘못 썼음을 의심할 것이 없다. 이 다섯 순위는 확실히 빠뜨린 것을 보충할 수 있다."

계속해서 말했다.

"그 나머지 잃어버린 것을 고찰하여 그 후를 셈하면 호릉후, 임후, 극구후, 리후, 평도후, 부류후, 교후, 남궁후, 박성후, 패후, 양성후, 지후, 호관후(평도후 이후는 〈혜경간후자연표〉에 나옴)이다. 그 순위를 헤아리건대, 138위 이하 빈자리에 임후 등 13인과 딱 들어맞지만, 자리 없이 남겨둘 수 있으며 감히 함부로 배열하지는 못한다. 그리고 홀로 이상하게 《사기》와 《한서》의 양 〈표〉에 실린 것이 어찌 월 사람 137위 육량후의 다음에는 없는가?"

그는 실제 150인일 것이라고 여기는데, 고후 초기에 봉해진 사람들이 모두 공신 숫자에 포함되는지는 알 길이 없다.

1. 평양후

국명國名	평양平陽
	색은 살피건대 《한서》〈지리지〉에는 평양현은 하동군에 속한다. 案 漢書地理志平陽縣屬河東 신주 현재는 산서성 임분시臨汾市 서남쪽이다.
후공侯功	중연으로서 패沛에서 봉기하여 고조를 따랐고, 패상에 이르러 후侯가 되었다. 장군으로서 한중으로 들어갔고, 좌승상으로서 제齊나라와 위魏나라로 출정했으며 우승상으로서 평양후가 되었다. 식읍은 1만 600호이다. 以中涓從起沛 至霸上 侯 以將軍入漢 以左丞相出征齊魏 以右丞相爲平陽侯 萬六百戶 집해 여순이 말했다. "알謁은 문서를 통하는 것을 주관한다. 군주의 명으로 출납하는 것을 말한다. 석분이 알중연謁中涓이 되고, 진평이 알謁을 받았다는 것이 이것이다. 《춘추전》에는 연인涓人 주疇가 나오고, 《한서음의》 주석에 천자에게는 중연이 있는데 황문과 같은 것이라고 했으니 모두 중관中官(환관)이다." 如淳曰 謁主通書 謂出納君命 石奮爲謁中涓 受陳平謁是也 春秋傳曰涓人疇 漢儀注 天子有中涓如黃門 皆中官也
고조 12년 高祖十二	7년간 조참이 의후로 있었다. 고조 6년(서기전 202) 12월 갑신일, 의후懿侯 조참曹參의 원년이다. 七 六年十二月甲申 懿侯曹參元年 색은 의懿는 시호다. 懿 諡也 신주 조참은 고조 6년 12월에 평양의후平陽懿侯로 봉해져서 그해를 원년으로 삼았으며, 7년 동안 의후로 있었다.
효혜 7년 孝惠七	5년간 조참이 의후로 있었다. 효혜 2년에 상국이 되었다. 2년간 조줄이 정후로 있었다. 효혜 6년 10월, 정후靖侯 조줄曹窋의 원년이다. 五 其二年爲相國 二 六年十月 靖侯窋元年
고후 8년 高后八	8년간 조줄이 정후로 있었다. 八
효문 23년 孝文二十三	19년간 조줄이 정후로 있었다. 4년간 조기가 간후로 있었다. 효문 후4년, 간후簡侯 조기曹奇의 원년이다.

	十九 四 後四年 簡侯奇元年
효경 16년 孝景十六	3년간 조기가 간후로 있었다. 13년간 조시가 이후로 있었다. 효경 4년, 이후夷侯 조시曹時의 원년이다. 三 十三 四年 夷侯時元年

색은 이후 조치曹時. 時의 발음은 '지止'이고 또 '시市'이다. 살피건대 〈조상국세가〉에는 '시時'라 했는데, 지금 〈표〉에는 간혹 '치時'라고 한다. 《한서》를 살피건대 〈위청전〉에서 평양후 조수曹壽는 양신공주에게 장가들었다고 하니, 즉 이 사람이다. 마땅히 글자가 와전된 것이다.

夷侯時 音止 又音市 案 曹參系家作時 今表或作時 案漢書衞青傳平陽侯曹壽尙陽信公主 即此人 當是字訛

신주 조시는 경제의 장녀이자 무제의 친누나인 양신공주에게 장가든다. 평양후에게 하가해서 평양공주라고도 한다. 양신공주는 조시 사후에 여음후 하후파夏侯頗에게 재가했고, 원정 2년 하후파가 자살하자 다시 무제의 총애를 받은 위청에게 재가했다.

효무 54년 孝武五十四	10년간 조시가 이후로 있었다. 16년간 조양이 공후로 있었다. 원광 5년, 공후恭侯 조양曹襄의 원년이다. 원정 3년, 금후今侯 조종曹宗의 원년이다. 十 十六 元光五年 恭侯襄元年 元鼎三年 今侯宗元年

신주 원광(서기전 134~129)은 한무제의 두 번째 연호로서 원광 5년은 서기전 130년이다. 원정(서기전 116~111)은 한무제의 다섯 번째 연호로서 원정 3년은 서기전 114년이다.

후제侯第	공신 서열 2위

집해 《한서음의》에서 말한다. "(평양후) 조참의 순위가 2위이지만 〈표〉에서 앞머리에 있는 것은 먼저 봉해지고 뒤에 봉해진 탓이다."

漢書音義曰 曹參位第二而表在首 以前後故

색은 《한서음의》에서 말한다. "조참의 순위가 2위인데 〈표〉에는 앞머리에 있고, 소하의 순위가 1위인데 〈표〉에는 열세 번째에 있으니 봉해진 선후 탓이다. 또 살피건대 조참이 봉해진 것은 6년 12월에 있고, 소하가 봉해진 것은 6년 정월(1월)이다. 고조가 진나라에서 개원한 10월을 정월로 한 것 때문에 12월이 정월(1월) 앞에 있다." 《한서》 〈표〉에는 함께 순위의 차례를 기록했는데 또한 봉한 전후의 기록에 의거했다.

2. 신무후

국명國名	신무信武
	색은 살피건대 〈지리지〉에는 신무현이 없다. 당연히 이는 나중에 폐지되었기 때문이다. 案 地理志無信武縣 當是後廢故也
	신주 신무후는 근흡靳歙(?~서기전 183)이다. 지금의 산동성 하택시荷澤市 원구宛句 사람으로 유방을 도와 한나라 개국공신이 되었다. 신무국이 지금 어디인지는 알 수 없다.
후공侯功	중연으로 완宛과 구朐에서 봉기하여 고조를 따랐고, 한중으로 들어갔다. 기도위로 3진을 평정하고 항우를 쳤으며 따로 강릉을 평정했다. 후侯가 되었을 때 식읍은 5,300호이다. 거기장군으로 경포와 진희를 쳤다. 以中涓從起宛朐 入漢 以騎都尉定三秦 擊項羽 別定江陵 侯 五千三百戶 以車騎將軍攻黥布陳豨
고조 12년 高祖十二	7년간 근흡이 숙후로 있었다. 고조 6년 12월 갑신일, 숙후肅侯 근흡靳歙의 원년이다. 七 六年十二月甲申 肅侯靳歙元年
	색은 靳은 성이다. 발음은 '근[紀覲反]'이다. 歙의 발음은 '섭攝'이고 또한 '흡吸'으로도 발음한다. 靳 姓也 音紀覲反 歙音攝 又音吸
효혜 7년 孝惠七	7년간 근흡이 숙후로 있었다. 七
고후 8년 高后八	5년간 근흡이 숙후로 있었다. 3년간 근정이 이후로 있었다. 고후 6년, 이후夷侯 근정靳亭의 원년이다. 五 三 六年 夷侯亭元年

효문 23년 孝文二十三	18년간 근정이 이후로 있었다. 효문 후3년, 후侯 근정이 신무국 사람들을 법률에 정해진 것 이상으로 부린 일이 죄가 되어 후작 작위를 빼앗기고 나라가 없어졌다. 十八 後三年 侯亭坐事國人過律 奪侯 國除 　신주　사마천은 제후들의 〈표〉에서 작위를 박탈당한 해는 재위 연수에 넣지 않았다.
효경 16년 孝景十六	
효무 54년	
후제侯第	공신 서열 11위

3. 청양후

국명國名	청양清陽 　색은　《한서》〈표〉에는 '청하'라 했다. 〈지리지〉에는 청양현은 청하군에 속한다. 漢表 清河 地理志清陽縣屬清河郡 　신주　청양국은 현재의 하북성 청하현清河縣의 동남쪽에 있었다. 청양후 왕흡王吸(?~서기전 179)은 한나라 개국공신이자 18제후 중 한 명이다.
후공侯功	중연으로 풍豐에서 봉기하여 고조를 따랐고, 패상에 이르러 기랑장이 되어 한중으로 들어갔다. 장군으로 항우를 쳐 공을 세워 후侯가 되었다. 식읍은 3,100호이다. 以中涓從起豐 至霸上 爲騎郎將 入漢 以將軍擊項羽功 侯 三千一百戶
고조 12년 高祖十二	7년간 왕흡이 정후로 있었다. 고조 6년 12월 갑신일, 정후定侯 왕흡王吸의 원년이다. 七 六年十二月甲申 定侯王吸元年 　색은　《초한춘추》는 '청양후 왕릉'이라고 썼다. 楚漢春秋作 清陽侯王隆
효혜 7년 孝惠七	7년간 왕흡이 정후로 있었다. 七

고후 8년 高后八	8년간 왕흡이 정후로 있었다. 八
효문 23년 孝文二十三	7년간 왕강이 애후로 있었다. 효문 원년, 애후哀侯 왕강王彊의 원년이다. 16년간 왕항이 효후로 있었다. 효문 8년, 효후孝侯 왕항王伉의 원년이다. 七 元年 哀侯彊元年 十六 八年 孝侯伉元年 색은 彊은 발음이 '걍[其良反]'이다. 彊 其良反 색은 伉은 발음이 '강[苦浪反]'이다. 伉 苦浪反
효경 16년 孝景十六	4년간 왕항이 효후로 있었다. 12년간 왕불해가 애후로 있었다. 효경 5년, 애후哀侯 왕불해王不害의 원년이다. 四 十二 五年 哀侯不害元年
효무 54년 孝武五十四	7년간 왕불해가 애후로 있었다. 원광 2년, 후侯 왕불해가 세상을 떠났는데, 자식이 없어서 나라가 없어졌다. 七 元光二年 侯不害薨 無後 國除
후제侯第	공신 서열 14위

4. 여음후

국명國名	여음汝陰 색은 여음현은 여남군에 속한다. 무릇 현 이름은 모두 〈지리지〉에 근거했고, 언급하지 않은 것은 따라서 문장을 생략했다. 汝陰縣屬汝南 凡縣名皆據地理志 不言者 從省文也 신주 여음은 현인데 지금의 안휘성 부양시阜陽市다.

후공侯功	영사로 고조를 따라 패沛를 항복시키고, 태복이 되어 항상 봉거를 맡았으며, 등공滕公이 되었다. 마침내 천하를 평정하자 한중으로 들어가 혜제와 노원魯元공주를 온전히 보호하여 후侯가 되었다. 식읍은 6,900호이다. 항상 태복이 되었다. 以令史從降沛 爲太僕 常奉車 爲滕公 竟定天下 入漢中 全孝惠魯元 侯 六千九百戶 常爲太僕
고조 12년 高祖十二	7년간 하후영이 문후로 있었다. 고조 6년 12월 갑신일, 문후文侯 하후영夏侯嬰의 원년이다. 七 六年十二月甲申 文侯夏侯嬰元年
효혜 7년 孝惠七	7년간 하후영이 문후로 있었다. 七
고후 8년 高后八	8년간 하후영이 문후로 있었다. 八
효문 23년 孝文二十三	8년간 하후영이 문후로 있었다. 7년간 하후조가 이후로 있었다. 문제 9년, 이후夷侯 하후조夏侯竈의 원년이다. 8년간 하후사가 공후로 있었다. 문제 16년, 공후恭侯 하후사夏侯賜의 원년이다. 八 七 九年 夷侯竈元年 八 十六年 恭侯賜元年
효경 16년 孝景十六	16년간 하후사가 공후로 있었다. 十六
효무 54년	7년간 하후사가 공후로 있었다. 원광 2년(서기전 133), 후侯 하후파夏侯頗의 원년이다. 19년간 하후파가 후侯로 있었다. 원정 2년(서기전 115), 후侯 하후파는 공주와 결혼했는데, 아버지의 몸종과 간통한 죄로 자살하여 나라가 없어졌다. 七 元光二年 侯頗元年 十九 元鼎二年 侯頗坐尙公主 與父御婢姦罪 自殺 國除 **신주** 평양후 조참 표를 보면 하후파는 조시의 처였던 무제의 누나 양신공주를 받아들인다.
후제侯第	공신 서열 8위

5. 양릉후

국명國名	양릉陽陵
	색은 양릉현은 좌풍익에 속한다. 《초한춘추》에는 '음릉'이라 했다. 陽陵縣屬馮翊 楚漢春秋作 陰陵 신주 양릉은 현 이름으로서 현재 섬서성 경양현涇陽縣 동남쪽에 있다. 이때의 양릉은 음릉陰陵의 오기이다. 양릉현은 경제의 릉을 조성하면서 생긴 현이니 고조 때 양릉현이 있을 수 없기 때문이다. 음릉은 구강군(회남군)에 있고 더구나 〈한흥이래장상명신연표〉에서 경제 6년에 잠매쪽邁를 양릉후로 봉했다고 했다. 그래서 《사기지의》에서는 음릉후라고 해야 한다고 지적한다. 나중에 부언이 회남왕과 연루되어 제거당한 곳도 회남군이다.
후공侯功	사인으로 횡양橫陽에서 봉기하여 고조를 따랐고, 패상에 이르러 기장騎將이 되어 한중으로 들어갔다. 3진을 평정하고 회음후 한신에 귀속해 제나라를 평정하고 제나라 승상이 되었다. 후侯가 되었는데 식읍은 2,600호이다. 以舍人從起橫陽 至霸上 爲騎將 入漢 定三秦 屬淮陰 定齊 爲齊丞相 侯二千六百戶
고조 12년 高祖十二	7년간 부관이 경후로 있었다. 고조 6년 12월 갑신일, 경후景侯 부관傳寬의 원년이다. 七 六年十二月甲申 景侯傳寬元年
효혜 7년 孝惠七	5년간 부관이 경후로 있었다. 2년간 부정이 경후로 있었다. 효혜 6년, 경후頃侯 부정傳靖의 원년이다. 五 二 六年 頃侯靖元年
고후 8년 高后八	8년간 부정이 경후로 있었다. 八
효문 23년 孝文二十三	14년간 부정이 경후로 있었다. 9년간 부칙이 공후로 있었다. 효문 15년, 공후恭侯 부칙傳則의 원년이다. 十四 九 十五年 恭侯則元年
효경 16년 孝景十六	3년간 부칙이 공후로 있었다. 13년간 부언이 후侯로 있었다. 효경 전4년, 후侯 부언傳偃의 원년이다. 三 十三 前四年 侯偃元年

효무 54년	18년간 부언이 후侯로 있었다.
	원수 원년(서기전 122), 부언이 회남왕과 모반한 죄로 나라가 없어졌다.
	十八
	元狩元年 偃坐與淮南王謀反 國除
후제侯第	공신 서열 10위

6. 광엄후

국명國名	광엄廣嚴
	[색은] 《진서》〈지도기〉에 따르면 광현은 동완군에 있다. 엄嚴은 시호다. 아래에서 또 (시호를) '장壯'이라 했는데, 반고와 사마천 두 역사가가 아울러 잘못 기록한 것이다.
	晉書地道記 廣縣在東莞 嚴 謚也 下又云壯 班馬二史並誤也
	[신주] 《사기지의》에 따르면, 시호는 '장壯'인데 《한서》에서는 피휘하여 '엄嚴'으로 고친 것이라고 했다. 《한서》에서 '엄嚴'이라고 한 것은 '壯' 혹은 '莊'으로 고쳐 읽어야 한다고 했다. 따라서 '광엄후'가 아니라 '광후'라 해야 하는데 후대에 잘못 전한 것이다. 아울러 〈지리지〉에 따르면 광현은 제군에 있다. 동완군은 제군의 남쪽을 나누어 후대에 설치한 군이다.
후공侯功	중연으로 패沛에서 봉기하여 고조를 따랐고, 패상에 이르러 연오連敖가 되어 한중으로 들어갔다. 기장으로 연과 조를 평정하고 장군을 잡은 공을 세워 후侯가 되었는데, 식읍은 2,200호이다.
	以中涓從起沛 至霸上 爲連敖 入漢 以騎將定燕 趙 得將軍 侯 二千二百戶
	[신주] 연오는 곡물창고를 관장하는 하급 관리다.
고조 12년 高祖十二	7년간 소구가 장후로 있었다. 고조 6년 12월 갑신일, 장후壯侯 소구召歐의 원년이다.
	七 六年十二月甲申 壯侯召歐元年
	[색은] 歐의 발음은 '우[烏后反]'다.
	歐 烏后反
효혜 7년 孝惠七	7년간 소구가 장후로 있었다.
	七
고후 8년 高后八	8년간 소구가 장후로 있었다.
	八

효문 23년 孝文二十三	19년간 소승이 대후로 있었다. 효문 2년, 대후戴侯 소승召勝의 원년이다. 13년간 소가가 공후로 있었다. 효문 11년, 공후恭侯 소가召嘉의 원년이다. 효문 후7년에 이르러 소가가 죽었는데, 후사가 없어서 나라가 없어졌다. 十九 二年 戴侯勝元年 十三 十一年 恭侯嘉元年 至後七年嘉薨 無後 國除 **신주** 효문제의 연표를 볼 때 9년을 19년으로 잘못 표기한 것으로 보인다.
효경 16년 孝景十六	
효무 54년	
후제侯第	공신 서열 28위

7. 광평후

국명國名	광평廣平 [색은] 현 이름으로 임회군에 속한다. 縣名 屬臨淮 **신주** 광평국의 위치는 현재 자세하지 않은데 후한 때 임회군은 하비군으로 통합된다.
후공侯功	사인으로 풍豊에서 봉기하여 고조를 따랐고, 패상에 이르러 낭중이 되어 한중으로 들어갔다. 장군으로 항우와 종리말(종리매)을 쳐서 공을 세워 후 侯가 되었고 식읍은 4,500호이다. 以舍人從起豊 至霸上 爲郎中入漢 以將軍擊項羽鍾離眛功 侯 四千五百戶
고조 12년 高祖十二	7년간 설구가 경후로 있었다. 고조 6년 12월 갑신일, 경후敬侯 설구薛歐의 원년이다. 七 六年十二月甲申 敬侯薛歐元年
효혜 7년 孝惠七	7년간 설구가 경후로 있었다. 七
고후 8년 高后八	8년간 설산이 정후로 있었다. 고후 원년, 정후靖侯 설산薛山의 원년이다. 八 元年 靖侯山元年

효문 23년 孝文二十三	18년간 설산이 정후로 있었다. 5년간 설택이 후侯로 있었다. 효문 후3년, 후侯 설택薛澤의 원년이다. 十八 五 後三年 侯澤元年
효경 16년 孝景十六	8년간 설택이 후侯로 있었다. 효경 중2년, 죄를 지어 세습이 끊겼다. 평극平棘으로 봉국이 바뀌어 5년간 설택이 절후로 있었다. 효경 중5년, 절후 설택이 평극후로 다시 봉해진 원년이다. 八 中二年 有罪 絕 平棘五 中五年 復封節侯澤元年 **신주** 평극은 상산군에 있다.
효무 54년	15년간 설택이 절후로 있었다. 효무 10년, 승상이 되었다. 3년간 설양이 후侯로 있었다. 원삭 4년(서기전 125), 후侯 설양薛穰의 원년이다. 원수 원년(서기전 122)에 설양이 회남왕의 재물을 받고 신하라고 일컬었는데, 사면 전에 조서로 황제를 속인 죄로 문초 당해 나라가 없어졌다. 十五 其十年 爲丞相 三 元朔四年 侯穰元年 元狩元年 穰受淮南王財物 稱臣 在赦前 詔問謾罪 國除 **신주** 설택이 승상이 된 것은 무제 원광 3년(서기전 132)이니 무제 9년이라 해야 한다. **신주** 광평국의 제후 계보는 경후 설구 14년, 정후 설산 26년, 후侯 설택 13년, 공백 3년이 있고, 평극절후 설택 20년, 설양 3년이다.
후제侯第	공신 서열 15위

8. 박양후

국명國名	박양博陽 |색은| 박양현은 여남군에 있다. 博陽縣在汝南 **신주** 박양현은 현재 하남성 항성시項城市 서북쪽에 있다.
후공侯功	사인으로 탕碭에서 봉기하여 고조를 따랐고, 자객장으로 한중으로 들어갔다. 도위로 항우를 형양에서 치고 용도甬道를 끊었으며, 추격하여 죽인 공

	으로 후侯가 되었다. 以舍人從起碭 以刺客將 入漢 以都尉擊項羽滎陽 絕甬道 擊殺追卒功 侯
고조 12년 高祖十二	7년간 진비가 장후로 있었다. 고조 6년 12월 갑신일, 장후壯侯 진비陳濞의 원년이다. 七 六年十二月甲申 壯侯陳濞元年 색은 《초한춘추》에는 이름을 '분濆'이라고 했다. 楚漢春秋名濆
효혜 7년 孝惠七	7년간 진비가 장후로 있었다. 七
고후 8년 高后八	8년간 진비가 장후로 있었다. 八
효문 23년 孝文二十三	18년간 진비가 장후로 있었다. 5년간 진시가 후侯로 있었다. 효문 후3년, 후侯 진시陳始의 원년이다. 十八 五 後三年 侯始元年
효경 16년 孝景十六	4년간 진시가 후侯로 있었다. 효경 전5년, 후侯 진시가 죄가 있어서 나라가 없어졌다. 새塞로 봉국이 바뀌어 2년간 진시가 후侯가 있었다. 효경 중5년, 새국의 후侯로 진시를 다시 봉했다. 효경 후원년, 진시가 죄가 있어서 나라가 없어졌다. 四 前五年 侯始有罪 國除 塞二 中五年 復封始 後元年 始有罪 國除 색은 새塞는 도림의 서쪽에 있다. 塞在桃林之西也 신주 다른 본은 '새는 도림에 있다塞在桃林也'라고 나오는데, 백납본에는 '새는 도림의 서쪽에 있다'라고 나온다. 이를 따랐다. 신주 박양국은 장후 진비가 40년, 후侯 진시가 9년, 공백이 7년 있었고, 새후 진시가 2년을 이었다.
효무 54년	
후제侯第	공신 서열 19위

9. 곡역후

국명國名	곡역曲逆 색은 현 이름으로 중산군에 속하고, 장제가 '포음蒲陰'이라 고쳤다. 縣名 屬中山 章帝改曰蒲陰也 **신주** 곡역현은 현재 하북성 순평현順平縣 동남쪽에 있었다.
후공侯功	옛 초나라 도위로 한왕 2년 처음으로 수무修武에 따라가서 도위가 되었고, 호군중위로 승진했다. 여섯 가지 기이한 계책을 내서 천하를 평정한 공으로 후侯가 되었는데 식읍은 5,000호이다. 以故楚都尉 漢王二年初從修武 爲都尉 遷爲護軍中尉 出六奇計 定天下 侯 五千戶
고조 12년 高祖十二	7년간 진평이 헌후로 있었다. 고조 6년 12월 갑신일, 헌후獻侯 진평陳平의 원년이다. 七 六年十二月甲申 獻侯陳平元年
효혜 7년 孝惠七	7년간 진평이 헌후로 있었다. 효혜 5년, 좌승상이 되었다. 七 其五年 爲左丞相 **신주** 《사기지의》에 따르면 혜제 6년이다.
고후 8년 高后八	8년간 진평이 헌후로 있었다. 고후 원년, 우승상으로 옮겼다. 뒤에 승상을 전담하여 효문제를 2년간 도왔다. 八 其元年 徙爲右丞相 後專爲丞相 相孝文二年
효문 23년 孝文二十三	2년간 진평이 헌후로 있었다. 2년간 진매가 공후로 있었다. 효문 3년, 공후恭侯 진매陳買의 원년이다. 19년간 진회가 간후로 있었다. 효문 5년, 간후簡侯 진회陳悝의 원년이다. 二 二 三年 恭侯買元年 十九 五年 簡侯悝元年
효경 16년 孝景十六	4년간 진회가 간후로 있었다. 12년간 진하가 후侯로 있었다. 효경 5년, 후侯 진하陳何의 원년이다. 四 十二 五年 侯何元年

효무 54년	10년간 진하가 후侯로 있었다. 원광 5년(서기전 130), 후侯 진하가 다른 사람의 아내를 빼앗은 죄로 기시형에 처해지고, 나라가 없어졌다. 十 元光五年 侯何坐略人妻 棄市 國除 **신주** 진하는 진평의 증손인데, 같은 증손인 진장陳掌은 위소아와 사통하고 있었기 때문에 나중에 귀하게 되었다. 위소아는 무제의 황후이자 위청의 누이인 위자부의 언니이다.
후제侯第	공신 서열 47위

10. 당읍후

국명國名	당읍堂邑 **색은** 현 이름으로 임회군에 속한다. 縣名 屬臨淮也 **신주** 당읍현은 현재 강소성 육합현六合縣 서북쪽에 있었다.
후공侯功	스스로 동양東陽을 평정하고 장군이 되었다. 항량에게 귀속하여 초주국이 되었는데 4년 만에 항우가 죽자 한나라에 귀속하였다. 예장과 절강을 차지하고 절浙에 도읍하여 스스로 왕이 된 장식을 평정하고, 후侯가 되었다. 식읍은 1,800호이다. 다시 초원왕(유교)을 11년간 국상으로 도왔다. 以自定東陽 爲將 屬項梁 爲楚柱國 四歲 項羽死 屬漢 定豫章浙江都浙 自立爲王壯息 侯 千八百戶 復相楚元王十一年 **색은** 살피건대 《한서》〈표〉에 따르면 "절강을 차지하고 절浙에 도읍하여 스스로 즉위하여 왕이 된 장식을 평정하고, 후侯가 되었다. 현손 진융陳融은 공주의 아들로 융려隆慮로 바꿔 봉해졌다."라고 한다. 융려의 발음은 '임려林廬'다. 案 漢表作定浙江都浙自立爲王壯息 侯 玄孫融 以公主子改封隆慮音林廬也 **신주** 현손이 아니라 증손 진융이니 잘못 인용했다. 〈혜경간후자연표〉에는 이름을 '교喬'라 한다.

고조 12년 高祖十二	7년간 진영이 안후로 있었다. 고조 6년 12월 갑신일, 안후安侯 진영陳嬰의 원년이다. 七 六年十二月甲申 安侯陳嬰元年
효혜 7년 孝惠七	7년간 진영이 안후로 있었다. 七
고후 8년 高后八	4년간 진영이 안후로 있었다. 4년간 진록이 공후로 있었다. 고후 5년, 공후恭侯 진록陳祿의 원년이다. 四 四 五年 恭侯祿元年
효문 23년 孝文二十三	2년간 진록이 공후로 있었다. 21년간 진오가 이후로 있었다. 효문 3년, 이후夷侯 진오陳午의 원년이다. 二 二十一 三年 夷侯午元年 신주 경제의 누이 장공주를 아내로 맞아서 딸 아교阿嬌가 무제의 황후가 되었으나 아들을 낳지 못했다. 장공주는 곧 관도館陶공주이며 무제의 고모다. 《이십이사차기》에 따르면, 공주는 진오가 죽은 뒤 나이 쉰 남짓에 미소년 동언董偃을 정부情夫로 두었고, 무제에게 장문원長門園 땅을 바쳤다. 무제는 동언을 보고 기뻐해서 그를 주인옹主人翁이라고 불렀다고 한다. 《한서》〈동방삭전〉에도 이 내용이 나온다. 이 사건 후로 공주들의 부도덕한 행위가 늘어났다고 말하고 있다.
효경 16년 孝景十六	16년간 진오가 이후로 있었다. 十六
효무 54년 孝武五十四	11년간 진오가 이후로 있었다. 원광 6년(서기전 129), 진계수陳季須의 원년이다. 13년간 진계수가 후侯로 있었다. 원정 원년(서기전 116), 후侯 진계수는 어머니인 장공주가 죽었는데 상복을 미처 벗기 전에 간음하고 형제간에 재물로 다투어 죄가 죽음에 해당되자 자살했고 나라가 없어졌다. 十一 元光六年 季須元年 十三 元鼎元年 侯須坐母長公主卒 未除服姦 兄弟爭財 當死 自殺 國除
후제侯第	공신 서열 86위

11. 주려후

국명國名	주려周呂 [색은] 응소가 말했다. "주려는 국명이다." 살피건대 '주'와 '려'는 모두 국명이다. 제음군에 여도현이 있다. 應劭云 周呂 國也 案 周及呂皆國名 濟陰有呂都縣 [신주] 주려국은 현재의 산동성 하택시荷澤市 서남쪽이다. 양옥승의 《사기지의》에 따르면, 주려는 지명이 아니라고 한다. 이처럼 국명이 꼭 지명이 아닌 경우도 있으며, 대체로 좋은 이름을 택하여 짓는다.
후공侯功	여후의 오라버니로 처음에 객客으로 봉기하여 고조를 따랐고, 한중으로 들어가 후侯가 되었다. 돌아와 3진을 평정하고, 병사를 거느리고 먼저 탕碭으로 들어갔다. 한왕이 팽성의 포위를 풀고 떠나자 따라갔으며 다시 군사를 일으켜 고조를 도와 천하를 평정한 공으로 후侯가 되었다. 以呂后兄初起以客從 入漢爲侯 還定三秦 將兵先入碭 漢王之解彭城 往從之 復發兵佐高祖定天下 功侯
고조 12년 高祖十二	3년간 여택이 영무후로 있었다. 고조 6년 정월 병술일, 영무후令武侯 여택呂澤의 원년이다. 4년간 여태가 역후로 있었다. 고조 9년, 아들 여태呂台가 역후酈侯로 봉해진 원년이다. 三 六年正月丙戌 令武侯呂澤元年 四 九年 子台封酈侯元年 [색은] 영과 무는 시호다. 일설에는 '영'은 읍이고 '무'는 시호라고 한다. 또 '영'으로 바꿔 봉했다고 하는데, 영은 현 이름으로 형양滎陽에 있는데, 《진서》〈지도기〉에 나온다. 令武 謚也 一云令邑武謚也 又改封令 令 縣名 在滎陽 出晉地道記 [색은] 酈의 발음은 '역歷'이다. 다른 판본에는 '부郙'라 하는데, 발음은 '부敷'이고 모두 현 이름이다. 酈音歷 一作郙 音敷 皆縣名 [신주] 《사기지의》에 따르면, '부郙'가 맞는데 풍익군에 속한다고 한다. 고후 원년에 여왕呂王으로 옮긴다. 여택은 도무왕悼武王으로 추존된다.
효혜 7년 孝惠七	7년간 여태가 역후로 있었다. 七
고후 8년 高后八	

효문 23년 孝文二十三	
효경 16년 孝景十六	
효무 54년	
후제侯第	**신주** 《사기》에는 여택의 공신 서열이 없다. 주려후 여택은 고조 8년 세상을 떠났고, 영 무령武令라는 시호가 내려졌다. 여후 집정기인 고후 2년(서기전 186) 왕작王爵으로 추존되었 고 도무悼武라는 시호가 내려졌다.

12. 건성후

국명國名	건성建成 **색은** 현 이름으로 패군에 속한다. 縣名 屬沛郡 **신주** 건성은 현의 이름으로 현재의 하남성 영성시永城市 동남쪽이다. 여후의 오라버 니이자 여택의 아우 여석지呂釋之가 후국으로 받은 곳이다.
후공侯功	여후의 오라버니로 처음에 객으로 봉기하여 고조를 따랐고 3진을 쳤다. 한 왕이 한중으로 들어갔지만, 여석지는 풍패로 돌아와 여선왕呂宣王과 태상황 을 호위하여 받들었다. 천하가 평정되자 석지를 봉하여 건성후로 삼았다. 以呂后兄初起以客從 擊三秦 漢王入漢 而釋之還豐沛 奉衛呂宣王太上 皇 天下已平 封釋之爲建成侯 **색은** 여선왕은 여공의 시호다. 呂宣王 呂公諡也 **신주** 태상황은 유방의 부친이다.
고조 12년 高祖十二	7년간 여석지가 강후로 있었다. 고조 6년 정월 병술일, 강후康侯 여석지呂 釋之의 원년이다. 七 六年正月丙戌 康侯釋之元年
효혜 7년 孝惠七	2년간 여석지가 강후로 있었다. 5년간 여칙이 후侯로 있었다. 효혜 3년, 후侯 여칙呂則의 원년이다. (7년) 죄 를 지었다.

	二 五 三年 侯則元年 有罪 **신주** 《한서》〈표〉에 따르면 여칙의 아우 여종呂種은 고후 원년에 봉해졌는데, 여종은 패후沛侯로 봉했다가 7년에 불기후不其侯로 봉해진다. 불기는 낭야군 속현이다.
고후 8년 高后八	호릉胡陵으로 봉국이 바뀌어 7년간 여록이 후侯로 있었다. 고후 원년 5월 병인일, 여칙의 아우 대중대부 여록呂祿의 원년이다. 고후 7년, 여록이 조왕이 되어 나라가 없어졌다. 강후를 추존하여 소왕昭王이 되었다. 여록이 조왕으로 좋지 않을 일을 꾸몄는데 대신들이 여록을 주살하고 마침내 여씨를 멸했다. 胡陵七 元年 五月丙寅 封則弟大中大夫呂祿元年 七年 祿爲趙王 國除 追尊康侯爲昭王 祿以趙王謀爲不善 大臣誅祿 遂滅呂 **신주** 건성국이 호릉국으로 바뀌었다는 뜻이다. 호릉은 연주 산양군에 있다. 현재 산동성 어태현魚台縣 동남쪽에 있었다. 산양군은 제음군 동쪽이고 노국魯國 서쪽이다. 여후가 죽은 후 여록은 여산呂産과 모의해 여씨 천하를 계속 유지하려다가 주발周勃에게 죽임을 당했다.
효문 23년 孝文二十三	
효경 16년 孝景十六	
효무 54년	
후제侯第	

13. 류후

국명國名	류留 색은 위소가 말했다. "류는 지금 팽성이다." 韋昭云 留 今在彭城 **신주** 류는 현의 이름으로 현재의 강소성 패현沛縣 동남쪽에 있었다.

후공侯功	구장廐將으로 하비에서 봉기하여 고조를 따랐고, 한나라 신도申徒(사도)로 한국을 함락하고, 주상에게 웅대한 뜻을 진언하여 진왕이 두려워하며 항복했다. 주상과 항우가 틈이 생긴 것을 풀고, 한왕을 위하여 한중 땅을 청했다. 항상 천하를 평정할 계책을 내서 후侯가 되었는데 식읍은 1만 호이다. 以廐將從起下邳 以韓申徒下韓國 言上張旗志 秦王恐 降 解上與項羽之郤 爲漢王請漢中地 常計謀平天下 侯 萬戶
고조 12년 高祖十二	7년간 장량이 문성후로 있었다. 고조 6년 정월 병오일, 문성후文成侯 장량張良의 원년이다. 七 六年正月丙午 文成侯張良元年 색은 《한서》〈표〉에는 '문평'이라 했다. 살피건대 〈장량전〉에는 시호를 '문성'이라 했다. 漢表文平 案 良傳謚文成也
효혜 7년 孝惠七	7년간 장량이 문성후로 있었다. 七
고후 8년 高后八	2년간 장량이 문성후로 있었다. 6년간 장불의가 후侯로 있었다. 고후 3년, 장불의張不疑의 원년이다. 二 六 三年 不疑元年
효문 23년 孝文二十三	4년간 장불의가 후侯로 있었다. 효문 5년, 후侯 장불의가 가문의 대부들과 옛 초나라 내사를 살해하려는 모의에 연루되어 죽을 죄에 해당했으나 속죄하여 성단城旦의 형벌로 성 쌓는 노역을 했다. 이에 나라가 없어졌다. 四 五年 侯不疑坐與門大夫謀殺故楚內史 當死 贖爲城旦 國除 신주 성단城旦은 진·한秦漢 시대 성 쌓는 형벌을 뜻한다. 주로 남성에게 행해졌고 여성은 곡식 찧는 형벌에 처해졌는데, 이것이 용미春米이다. 이 둘을 합쳐 성단용城旦春이라고 한다. 《한서》〈표〉에 따르면, 선제宣帝 원강 4년(서기전 62)에 조서를 내려 장량 현손의 아들 양릉공승陽陵公乗 장천추張千秋에게 집안을 다시 세우게 했는데, 이 해에 봉록이 끊어진 수많은 공신들의 후손이 다시 집안을 일으키게 된다.
효경 16년 孝景十六	
효무 54년	
후제侯第	공신 서열 62위

14. 사양후

국명國名	사양射陽 [색은] 현 이름으로 임회군에 속한다. 射를 다른 판본에는 '세貰'라고도 한다. 縣名 屬臨淮 射 一作貰 [신주] 현재의 강소성 회안시淮安市 동남쪽에 있었다.
후공侯功	군사가 처음 봉기할 때, 제후들과 함께 진나라를 치고 초나라 좌영윤이 되었다. 한왕이 항우와 홍문에서 틈이 있었는데, 항백 전纏이 어려움을 해소했고, 항우를 깨뜨리고 나서 항전이 일찍이 공이 있었다는 이유로 사양후로 봉했다. 兵初起 與諸侯共擊秦 爲楚左令尹 漢王與項羽有郤於鴻門 項伯纏解難 以破羽纏嘗有功 封射陽侯
고조 12년 高祖十二	7년간 항전이 후侯로 있었다. 고조 6년 정월 병오일, 후侯 항전項纏의 원년이다. 유씨 성을 내려주었다. 七 六年正月丙午 侯項纏元年 賜姓劉氏 [색은] 항백項伯이다. 項伯也
효혜 7년 孝惠七	2년간 항전이 후侯로 있었다. 효혜 3년, 후侯 항전이 죽었다. 후계 아들 유수劉睢가 죄를 지어 나라가 없어졌다. 二 三年 侯纏卒 嗣子睢有罪 國除
고후 8년 高后八	
효문 23년 孝文二十三	
효경 16년 孝景十六	
효무 54년	
후제侯第	

15. 찬후

국명國名	찬酇 [색은] 酇의 발음은 '찬贊'이다. 현 이름으로 패군에 있다. 유씨는 "소하의 아들 소록蕭祿이 후계자가 되었는데 후사가 없어 나라가 없어졌다. 여후가 소하의 부인을 남양군 찬현에 봉했다."라고 하는데, 아마도 잘못일 것이다. 酇音贊 縣名 在沛 劉氏云以何子祿嗣 無後 國除 呂后封何夫人於南陽酇 恐非也 [신주] 찬현은 현재의 하남성 영성시永城市 서남쪽으로 비정하고 있다. 소하蕭何에게 봉해진 후국이다.
후공侯功	객으로 처음 봉기하여 고조를 따랐고 한중으로 들어갔다. 승상이 되어 촉과 관중을 수비했고 군량을 공급했으며, 주상을 도와 제후들을 평정했다. 법령을 제정하고 종묘를 세웠다. 후侯가 되었는데 식읍은 8,000호이다. 以客初起從入漢 爲丞相 備守蜀及關中 給軍食 佐上定諸侯 爲法令 立宗廟 侯 八千戶
고조 12년 高祖十二	7년간 소하가 문종후로 있었다. 고조 6년 정월 병오일, 문종후文終侯 소하蕭何의 원년이다. 고조 원년, 승상이 되었다. 고조 9년, 상국이 되었다. 七 六年正月丙午 文終侯蕭何元年 元年 爲丞相 九年 爲相國 [신주] 승상을 상국으로 변경한 것은 고조 11년이다.
효혜 7년 孝惠七	2년간 소하가 문종후로 있었다. 5년간 소록이 애후로 있었다. 효혜 3년, 애후哀侯 소록蕭祿의 원년이다. 二 五 三年 哀侯祿元年
고후 8년 高后八	1년간 소록이 애후로 있었다. 7년간 소동이 의후로 있었다. 고후 2년, 의후懿侯 소동蕭同의 원년이다. 소동은 소록의 아우이다. 一 七 二年 懿侯同元年 同 祿弟 [신주] 《사기지의》에 따르면, 동은 소록의 어머니고 소하의 부인이라 한다. 《한서》〈표〉와 〈소하전〉에 따르면, 고후 2년에 소하 부인을 찬후로 봉하고 소하의 막내아들 정후定侯 소연蕭延을 축양후로 봉하였다.

효문 23년 孝文二十三	축양筑陽으로 봉국이 바뀌어 19년간 소연이 후侯로 있었다. 효문 원년, 소하 부인 동同이 죄를 지어 소하의 막내아들 소연蕭延을 봉한 원년이다. 1년간 소유가 양후로 있었다. 효문 후4년, 양후煬侯 소유蕭遺의 원년이다. 3년간 소칙이 후侯로 있었다. 효문 후5년, 후侯 소칙蕭則의 원년이다. 筑陽十九 元年 同有罪 封何小子延元年 一 後四年 煬侯遺元年 三 後五年 侯則元年

색은 (축양의) 筑은 발음이 '축逐'인데, 현 이름이다.

筑音逐 縣名

신주 《사기지의》에 따르면, 소하의 부인 동이 체제에 맞지 않아서 문제가 그만두게 하였고, 죽고 난 뒤에 시호를 '의懿'로 내렸다고 한다. 동을 그만두게 한 다음에 축양후로 봉해졌던 소연이 찬후에 봉해졌다. 이때 축양은 남양군 속현이다.

신주 《한서》〈표〉에는 소연이 3년, 소유가 1년, 소칙이 20년 재위했다고 하여 여기와 다르다. 아마 '후년後年'을 '전년前年'으로 인식한 착오로 보인다. 아울러 〈소하전〉에도 소유가 죽고 후사가 없어 아우 소칙을 봉했다고 한다.

효경 16년 孝景十六	1년간 소칙이 후侯로 있었다. (효경 원년) 죄를 지었다. 무양武陽으로 봉국이 바뀌어 7년간 소가가 유후로 있었다. 효경 전2년, 양후의 아우 유후幽侯 소가蕭嘉의 원년이다. 8년간 소승이 후侯로 있었다. 효경 중2년, 후侯 소승蕭勝의 원년이다. 一 有罪 武陽七 前二年 封煬侯弟幽侯嘉元年 八 中二年 侯勝元年

신주 〈경제기〉에는 소가의 이름을 계係라 했다.

신주 《한서》〈표〉에는 앞서 후侯 소칙부터 무양후라고 했으니 여기와 다르다. 하지만 《한서》〈소하전〉에는 경제 2년에 소가에게 조서를 내려 무양후로 삼았다고 한다.

효무 54년	10년간 소승이 후侯로 있었다. 원삭 2년(서기전 127), 후侯 소승이 불경죄에 걸려 세습이 끊겼다. 3년간 소경이 공후로 있었다. 원수 3년(서기전 120), 소하의 증손 공후恭侯 소경蕭慶의 원년이다. 찬鄼으로 봉국이 바뀌어 소수성이 3년간 후侯로 있었다. 원수 6년(서기전 117), 후侯 소수성蕭壽成의 원년이다. 10년간 소수성이 후侯로 있었다. 원봉 4년(서기전 113)에 소수성이 태상이 되었는데, 희생물을 법령과 맞지 않게 써서 나라가 없어졌다.

	十 元朔二年 侯勝坐不敬 絕 三 元狩三年 封何曾孫恭侯慶元年 酇三 元狩六年 侯壽成元年 十 元封四年 壽成爲太常 犧牲不如令 國除 **신주** 선제 지절 4년(서기전 66), 소건세蕭建世가 다시 찬후가 된다.
후제侯第	공신 서열 1위 **신주** 소하는 고조의 공신 중 주로 경제문제를 전담했던 인물로 한나라 건국 후 상국 相國을 맡아 '소상국蕭相國'으로 불렸다. 나라의 건국과 기틀 잡기에 경제가 가장 중요하 다는 한 고조의 인식을 말해준다.

16. 곡주후

국명國名	곡주曲周 **색은** 현 이름으로 광평군에 속한다. 역견소가 봉해진 곳이다. 縣名 屬廣平 堅紹封 **신주** 곡주는 현재 하북성 한단시邯鄲市 산하의 현이다.
후공侯功	장군 출신으로 기岐에서 봉기하여 고조를 따랐다. 장사 이남을 공격하고, 따로 한중과 촉을 평정했다. 3진을 평정하고 항우를 친 공으로 후侯가 되 었는데 식읍은 4,800호이다. 以將軍從起岐 攻長社以南 別定漢中及蜀 定三秦 擊項羽 侯 四千八百戶
고조 12년 高祖十二	7년간 역상이 경후로 있었다. 고조 6년 정월 병오일, 경후景侯 역상酈商의 원년이다. 七 六年正月丙午 景侯酈商元年 **신주** 《사기지의》는 처음 임명된 것은 탁후涿侯인데 10년에 곡주로 옮겼다고 한다.
효혜 7년 孝惠七	7년간 역상이 경후로 있었다. 七
고후 8년 高后八	8년간 역상이 경후로 있었다. 八

효문 23년 孝文二十三	23년간 역기가 후侯로 있었다. 효문 원년, 후侯 역기酈寄의 원년이다. 二十三 元年 侯寄元年
효경 16년 孝景十六	9년간 역기가 후侯로 있었다. (효경 9년에) 죄를 지었다. 무繆로 봉국이 바뀌어 7년간 역련이 정후로 있었다. 효경 중3년, 역상의 다른 아들 정후靖侯 역견酈堅이 봉해진 원년이다. 九 有罪 繆七 中三年 封商他子靖侯堅元年 　신주　《한서》〈표〉에는 다른 아들을 '견소堅紹'라고 했다.
효무 54년	9년간 역견이 정후로 있었다. 원광 4년, 강후康侯 역수酈遂의 원년이다. 5년간 역수가 강후로 있었다. 원삭 3년, 후侯 역종酈宗의 원년이다. 11년간 역종이 후侯로 있었다. 원정 2년, 후侯 역종근酈終根의 원년이다. 28년간 역종근이 후侯로 있었다. 후원 2년, 후侯 역종근이 저주한 죄 때문에 주살되고 나라가 없어졌다. 九 元光四年 康侯遂元年 五 元朔三年 侯宗元年 十一 元鼎二年 侯終根元年 二十八 後元二年 侯終根坐咒詛誅 國除
후제侯第	공신 서열 6위

17. 강후

국명國名	강絳 　색은　현 이름으로 하동군에 속한다. 아들 주아부는 조후가 되었다. 縣名 屬河東 子亞夫爲條侯 　신주　강현은 현재 산서성 강현絳縣 서북쪽에 있었다.
후공侯功	중연으로 패에서 봉기하여 고조를 따랐고, 패상에 이르러 후侯가 되었다. 3진을 평정하여, 식읍을 받고 장군이 되었다. 한으로 들어가서 농서를 평정하고 항우를 쳤으며, 요관嶢關을 수비하고 사수·동해를 평정했다. 식읍은 8,100호이다. 以中涓從起沛 至霸上 爲侯 定三秦 食邑 爲將軍 入漢 定隴西 擊項羽 守嶢關 定泗水東海 八千一百戶

고조 12년 高祖十二	7년간 주발이 무후로 있었다. 고조 6년 정월 병오일, 무후武侯 주발周勃의 원년이다. 七 六年正月丙午 武侯周勃元年
효혜 7년 孝惠七	7년간 주발이 무후로 있었다. 七
고후 8년 高后八	8년간 주발이 무후로 있었다. 고후 4년에 태위가 되었다. 八 其四年爲太尉
효문 23년 孝文二十三	11년간 주발이 무후로 있었다. 효문 원년, 우승상이 되었다. 효문 3년, 면직되었다가 다시 승상이 되었다. 6년간 주승지가 후侯로 있었다. 효문 12년, 후侯 주승지周勝之의 원년이다. 조條로 봉국이 바뀌어 6년간 주아부가 후侯로 있었다. 효문 후2년, 주발의 아들 주아부周亞夫가 봉해진 원년이다. 十一 元年 爲右丞相 三年 免 復爲丞相 六 十二年 侯勝之元年 條六 後二年 封勃子亞夫元年 **신주** 효문 원년에 우승상에서 물러나고 진평이 죽은 뒤 효문 2년 10월에 승상이 된다. 조는 기주 신도군에 있다. 하간군과 중산군 남쪽이고 조국 동쪽이다. 《한서》〈표〉에는 '수修'로 되어 있고, 〈고혜고후문공신표高惠高后文功臣表〉에는 '수脩'로 되어 있다.
효경 16년 孝景十六	13년간 주아부가 후侯로 있었다. 효경 3년, 태위가 되었다. 효경 7년, 승상이 되었다. 죄가 있어서 나라가 없어졌다. 평곡平曲으로 봉국이 바뀌어 3년간 주견이 공후로 있었다. 효경 후원년, 주발의 아들 공후恭侯 주견周堅이 봉해진 원년이다. 十三 其三年爲太尉 七年 爲丞相 有罪 國除 平曲三 後元年 封勃子恭侯堅元年 **신주** 태위는 관명으로서 삼공 중의 하나인데, 군사를 관장하는 최고위직이다. 효무제 때 대사마大司馬로 개칭되었다. '죄'란 주아부의 아들이 천자의 기물을 구입한 죄에 연좌된 것이다. 한편 평곡은 현재 강소성 동해현의 동남쪽에 있었다.
효무 54년	16년간 주견이 공후로 있었다. 원삭 5년(서기전 124), 후侯 주건덕周建德의 원년이다. 12년간 주건덕이 후侯로 있었다. 원성 5년(서기전 112), 후侯 주건덕이 수금酎金에 걸려 나라가 없어졌다.

	十六 元朔五年 侯建德元年 十二 元鼎五年 侯建德坐酎金 國除 **신주** 주금酎金은 천자가 종묘에 제사지낼 때 제후들이 금을 바치는 제도를 말한다. 이때 쓰는 술은 새해 첫날 빚어서 8월까지 여러 번 발효해 숙성시켰는데, 8월에 이 술을 종묘에 바칠 때 열후들에게 봉국의 호구 수에 따라서 일정량의 황금을 징수하였다.
후제侯第	공신 서열 4위

18. 무양후

국명國名	무양舞陽 **색은** 현 이름으로 영천군에 속한다. 縣名 屬潁川 **신주** 무양현은 현재 하남성 무양현 서북쪽에 있다.
후공侯功	사인으로 패에서 봉기하여 고조를 따랐고, 패상에 이르러 후侯가 되었다. 한중으로 들어갔다가 3진을 평정하고, 항적을 쳐서 다시 봉읍을 더했다. 고조를 좇아 연나라를 깨뜨리고 한신을 잡았으며, 후侯가 되었는데 식읍은 5,000호이다. 以舍人起沛 從至霸上 爲侯 入漢 定三秦 爲將軍 擊項籍 再益封 從破燕 執韓信 侯 五千戶
고조 12년 高祖十二	7년간 번쾌가 무후로 있었다. 고조 6년 정월 병오일, 무후武侯 번쾌樊噲의 원년이다. 고조 7년, 장군과 상국이 되었는데 3월의 일이다. 七 六年正月丙午 武侯樊噲元年 其七年 爲將軍相國三月
효혜 7년 孝惠七	6년간 번쾌가 무후로 있었다. 1년간 번항이 후侯로 있었다. 효혜 7년, 후侯 번항樊伉의 원년이다. 번항은 여수(여후의 여동생)의 아들이다. 六 一 七年 侯伉元年 呂須子

고후 8년 高后八	8년간 번항이 후侯로 있었다. (고후 7년) 여씨들의 죄에 걸려 멸족되었다. 八 坐呂氏誅 族 **신주** 《한서》〈번쾌전〉에 따르면, 번쾌의 아내 여수는 임광후로 봉해졌다가 역시 여씨들 및 번항과 같이 제거되었다.
효문 23년 孝文二十三	23년간 번시인이 황후로 있었다. 효문 원년, 번쾌의 아들 황후荒侯 번시인樊市人을 봉한 원년이다. 二十三 元年 封樊噲子荒侯市人元年
효경 16년 재위 孝景十六	6년간 번시인이 황후로 있었다. 효경 7년, 후侯 번타광樊它廣의 원년이다. 6년간 번타광이 후侯로 있었다. 효경 중6년, 후侯 번타광이 번시인의 아들이 아니라고 하여 나라가 없어졌다. 六 七年 侯它廣元年 六 中六年 侯它廣非市人子 國除
효무 54년	
후제侯第	공신 서열 5위

19. 영음후

국명國名	영음潁陰 **색은** 현 이름으로 영천군에 속한다. 縣名 屬潁川 **신주** 영음현은 현재 하남성 허창시許昌市 동쪽에 있었다.
후공侯功	중연으로 탕碭군에서 봉기하여 고조를 따랐고 패상에 이르고 창문군昌文君이 되었다. 한중으로 들어갔다가 3진을 평정하고, 식읍을 받았다. 거기장군으로 한신에게 소속되어 제·회남과 아래에 딸린 읍들을 평정하고 항적을 죽였으며, 후侯가 되었는데 식읍은 5,000호이다. 以中涓從起碭 至霸上 爲昌文君 入漢 定三秦 食邑 以車騎將軍屬淮陰 定齊淮南及下邑 殺項籍 侯 五千戶

고조 12년 高祖十二	7년간 관영이 의후로 있었다. 고조 6년 정월 병오일, 의후懿侯 관영灌嬰의 원년이다. 七 六年正月丙午 懿侯灌嬰元年
효혜 7년 孝惠七	7년간 관영이 의후로 있었다. 七
고후 8년 高后八	8년간 관영이 의후로 있었다. 八
효문 23년 孝文二十三	4년간 관영이 의후로 있었다. 효문 1년, 태위가 되었다. 효문 3년, 승상이 되었다. 19년간 관하가 평후로 있었다. 효문 5년, 평후平侯 관하灌何의 원년이다. 四 其一 爲太尉 三 爲丞相 十九 五年 平侯何元年
효경 16년 孝景十六	9년간 관하가 평후로 있었다. 7년간 관강이 후侯로 있었다. 효경 중3년, 후侯 관강灌彊의 원년이다. 九 七 中三年 侯彊元年
효무 54년 孝武五十四	6년간 관강이 후侯로 있었다. 죄를 지어 세습이 끊겼다. 9년간 관현이 임여후로 있었다. 원광 2년, 관영의 손자 관현을 임여후로 봉했다. 後侯 관현灌賢의 원년이다. 원삭 5년, 후侯 관현이 뇌물을 행한 죄로 나라가 없어졌다. 六 有罪 絕 九 元光二年 封嬰孫賢爲臨汝侯 侯賢元年 元朔五年 侯賢行賕罪 國除 **신주** 무제 6년 관강이 죄를 지어 폐고되었다. 《사기지의》에 따르면, 임여는 여남군에 속한 향 이름이라 한다. '구九'는 임여臨汝에 조응하는 숫자로서 관현이 9년간 임여후로 있었다는 뜻이다.
후제侯第	공신 서열 9위

20. 분음후

국명國名	분음汾陰 색은 현 이름으로 하동군에 속한다. **縣名 屬河東** 신주 분음현은 현재 산서성 만영현萬榮縣 서남쪽에 있었다.
후공侯功	처음 봉기하여 직지로 진나라를 쳐서 깨뜨리고 한중으로 들어갔다. 관중으로 나와 내사로 오창敖倉을 굳게 지키고 어사대부로 제후들을 평정했다. 공이 청양후(왕흡)에 견주었고, 식읍은 2,800호이다. **初起以職志擊破秦 入漢 出關 以內史堅守敖倉 以御史大夫定諸侯 比清陽侯 二千八百戶** 색은 여순이 말했다. "직지는 관직 이름으로, 번기幡旗를 주관한다." **如淳云 職志 官名 主幡旗** 신주 《사기지의》에 따르면, 내사라는 직책은 고제 9년에 생겨서 아마 잘못일 것이라 한다. 사촌형 주가가 어사대부 시절에 주창은 중위中尉였고, 주가가 항우에게 죽은 다음에 어사대부가 되었다.
고조 12년 高祖十二	7년간 주창이 도후로 있었다. 고조 6년 정월 병오일, 도후悼侯 주창周昌의 원년이다. **七 六年正月丙午 悼侯周昌元年**
효혜 7년 孝惠七	3년간 주창이 도후로 있었다. 건평建平으로 봉국이 바뀌어 4년간 주개방이 애후로 있었다. 효혜 4년, 애후哀侯 주개방周開方의 원년이다. **三** **建平四 四年 哀侯開方元年** 신주 〈지리지〉에 건평은 패군의 속현이다.
고후 8년 高后八	8년간 주개방이 애후로 있었다. **八**
효문 23년 孝文二十三	4년간 주개방이 애후로 있었다. 효문 전5년, 후侯 주의周意가 봉해진 원년이다. 13년간 주의가 후侯로 있었다. (효문 후2년) 죄를 지어 세습이 끊겼다. **四 前五年 侯意元年** **十三 有罪 絕**

	주개방은 문제 4년에 세상을 떠났고, 문제 5년에 아들 주의가 부친의 지위를 계승해 后侯가 되었다. 양옥승은 《사기지의》에서 '죄를 지어 세습이 끊겼다[有罪絕]'라는 세 자가 쓸데 없이 덧붙여진 글자라고 했다. 주창의 아들 주개방이 제후의 자리를 이었는데 '죄를 지어 세습이 끊겼다'는 것에 대해서는 듣지 못했다는 이유이다.
효경 16년 孝景十六	안양安陽으로 봉국이 바뀌어 8년간 주좌거가 后侯로 있었다. 효경 중2년, 주창의 손자 주좌거周左車를 봉했다. 安陽八 中二年 封昌孫左車 　신주　〈건원이래후자연표〉에는 상관걸이 안양후로 봉해지는데, 《한서》〈표〉에 따르면 하내군 탕음蕩陰에 있다고 한다. 《사기지의》에서 인용한 《방여기요》에는 진나라에서 안양을 두고 한나라에서 안양을 없애 탕음에 들였다고 하니 곧 주좌거가 봉해진 곳이라고 한다.
효무 54년	건원 원년(서기전 140년), 주좌거가 죄를 지어 나라가 없어졌다. 建元元年 有罪 國除
후제侯第	공신 서열 16위

21. 양추후

국명國名	양추梁鄒 　색은　현 이름으로 제남군에 속한다. 縣名 屬濟南 　신주　현재 산동성 추평현鄒平縣 동북쪽에 있었다.
후공侯功	군사가 처음 봉기할 때 알자로 고조를 따랐고 진나라를 쳐서 깨뜨렸으며 한중으로 들어갔다. 장군으로 제후들을 쳐서 평정한 공으로 박양후(주취)에 견주었고, 식읍은 2,800호이다. 兵初起 以謁者從擊破秦 入漢 以將軍擊定諸侯功 比博陽侯 二千八百戶
고조 12년 高祖十二	7년간 무유가 효후로 있었다. 고조 6년 정월 병오일, 효후孝侯 무유武儒의 원년이다. 七 六年正月丙午 孝侯武儒元年 　색은　《한서》〈표〉에 儒를 '호'라 했다. 漢表儒作虎

효혜 7년 孝惠七	4년간 무유가 효후로 있었다. 3년간 무최가 후侯로 있었다. 효혜 5년, 후侯 무최武最의 원년이다. 四 三 五年 侯最元年
고후 8년 高后八	8년간 무최가 후侯로 있었다. 八
효문 23년 孝文二十三	23년간 무최가 후侯로 있었다. 二十三
효경 16년 孝景十六	16년간 무최가 후侯로 있었다. 十六
효무 54년	6년간 무최가 후侯로 있었다. 원광 원년, 경후頃侯 무영제武嬰齊의 원년이다. 3년간 무영제가 경후로 있었다. 원광 4년, 후侯 무산부武山柎의 원년이다. 20년간 무산부가 후侯로 있었다. 원정 5년, 후侯 무산부가 주금에 걸려 나라가 없어졌다. 六 元光元年 頃侯嬰齊元年 三 元光四年 侯山柎元年 二十 元鼎五年 侯山柎坐酎金 國除 색은 (山柎의) 柎 발음은 '부夫'다. 柎音夫也
후제侯第	공신 서열 20위

22. 성후

국명國名	성成 색은 현 이름으로 탁군에 속한다. 縣名 屬涿郡 신주 성현이 어디인지는 정확하지 않다. 《사기지의》에 따르면, 《수경주》에 태산군 강현剛縣의 성郕에 동설을 봉했다고 했다. 색은 주석에서 탁군으로 비정한 것은 그릇되었다는 것이다.

후공侯功	군사가 처음 봉기할 때, 사인으로 고조를 좇아 진나라를 쳤으며, 도위가 되었다. 한중으로 들어갔다가 3진을 평정했다. 관중으로 나와 장군으로 제후들을 평정한 공으로 염차후 원경에 견주었고, 식읍은 2,800호이다. 兵初起 以舍人從擊秦 爲都尉 入漢 定三秦 出關 以將軍定諸侯功 比厭次侯 二千八百戶
고조 12년 高祖十二	7년간 동설이 경후로 있었다. 고조 6년 정월 병오일, 경후敬侯 동설董渫의 원년이다. 七 六年正月丙午 敬侯董渫元年 색은 渫의 발음은 '셜[息列反]'이다. 아들 동적은 절지후로 봉해졌다. 渫音息列反 子赤 封節氏侯
효혜 7년 孝惠七	7년간 동적이 강후로 있었다. 효혜 원년, 강후康侯 동적董赤의 원년이다. 七 元年 康侯赤元年 신주 《사기지의》에 따르면, 《한서》에는 '혁赫'이며 《사기》에서 글자 절반이 탈락했다고 한다.
고후 8년 高后八	8년간 동적이 강후로 있었다. 八
효문 23년 孝文二十三	23년간 동적이 강후로 있었다. 二十三
효경 16년 孝景十六	6년간 동적이 강후로 있었다. (효경 6년) 죄를 지어 세습이 끊겼다. 절지節氏로 봉국이 바뀌어 5년간 동적이 강후로 있었다. 효경 중5년, 다시 강후 동적을 봉한 원년이다. 六 有罪 絕 節氏五 中五年 復封康侯赤元年 색은 절지는 현 이름이다. 節氏 縣名 신주 절지의 위치는 미상이다.
효무 54년	3년간 동적이 강후로 있었다. 건원 4년, 공후恭侯 동파군董罷軍의 원년이다. 5년간 동파군이 공후로 있었다. 원광 3년, 후侯 동조董朝의 원년이다. 12년간 동조가 후侯로 있었다. 원수 3년, 후侯 동조가 제남태수가 되었는데, 성양왕의 딸과 사통한 불경죄로 나라가 없어졌다. 三 建元四年 恭侯罷軍元年

	五 元光三年 侯朝元年 十二 元狩三年 侯朝爲濟南太守 與成陽王女通 不敬 國除
후제侯第	공신 서열 25위

23. 요후

국명國名	요蓼 색은 현 이름으로 육안에 속한다. 縣名 屬六安 신주 요현은 현재 하남성 고시현固始縣 동북쪽에 있었다.
후공侯功	집순으로 원년 전에 탕碭에서 봉기하여 고조를 따랐다. 좌사마로 한중으로 들어가서 장군이 되었고, 도위로 항우를 세 번 공격하고, 한신에 귀속한 공으로 後侯가 되었다. 以執盾前元年從起碭 以左司馬入漢 爲將軍 三以都尉擊項羽 屬韓信 功侯 색은 즉, 한나라 5년에 해하에서 항우를 포위했는데, 장군 회음후는 40만 병력으로 스스로 담당했으며, 공장군은 거좌였고 비장군은 거우였다. 비장군은 곧 아래의 비후 진하이다. 即漢五年圍羽垓下 淮陰侯將四十萬自當之 孔將軍居左 費將軍居右是也 費將軍即下費侯陳賀也
고조 12년 高祖十二	7년간 공총이 後侯로 있었다. 고조 6년 정월 병오일, 後侯 공총孔蘩의 원년이다. 七 六年正月丙午 侯孔蘩元年 색은 요씨가 《공자가어》를 살피고 말했다. "자무가 자어와 자문을 낳고, 자문이 취取를 낳았으니, 자가 자산이다." 《설문》에 '取'를 '적취積聚(쌓아 모음)'의 글자라 했는데, 여기서는 '총蘩'이라 했으니 똑같지 않다. 姚氏案 孔子家語云子武生子魚及子文 文生取 字子產說文以取爲積聚字 此作蘩 不同 신주 《사기지의》 의견에 따라 종합하면, 이름은 '최最'이며, 또한 '최蘩'라고 했다. 《한서》 〈표〉에는 시호를 이후夷侯라 한다.

효혜 7년 孝惠七	7년간 공총이 후侯로 있었다. 七
고후 8년 高后八	8년간 공총이 후侯로 있었다 八
효문 23년 孝文二十三	8년간 공총이 후侯로 있었다. 15년간 공장이 후侯로 있었다. 효문 9년, 후侯 공장孔臧의 원년이다. 八 十五 九年 侯臧元年
효경 16년 孝景十六	16년간 공장이 후侯로 있었다. 十六
효무 54년	14년간 공장이 후侯로 있었다. 원삭 3년, 후侯 공장이 태상이 되었는데, 남릉교가 무너지고 의관과 수레가 법도에 맞지 않은 일에 걸려 나라가 없어졌다. 十四 元朔三年 侯臧坐爲太常 南陵橋壞 衣冠車不得度 國除 色은 살피건대 공총이 이르기를, "공장은 9경의 지위를 거쳤고 어사대부가 되자 사양하기를, '신은 경학을 했으니 태상이 되어 전례를 맡기 바랍니다. 신의 가문은 공안국孔安國과 더불어 공부했고 옛 가르침에 따라 기강을 맡았습니다.'라고 했다. 무제는 그 뜻을 멀리하기 어려워 마침내 전례를 맡는 태상으로 임명하고 삼공과 같은 지위를 내려주었다. 공장의 아들 공림孔琳의 지위는 제후에 이르렀는데, 공림의 아들 공황孔璜이 후작을 잃었다." 여기서는 공장 때 봉국이 없어졌다고 하니 마땅히 이것은 뒤에 다시 그 아들을 봉한 것이다. 案 孔蕘云 臧歷位九卿 爲御史大夫 辭曰 臣經學 乞爲太常典禮 臣家業與安國 綱紀古訓 武帝難違其意 遂拜太常典禮 賜如三公 臧子琳位至諸侯 琳子璜失侯爵此云臧國除 當是後更封其子也
후제侯第	공신 서열 30위

24. 비후

국명國名	비費 색은 費의 발음은 '비秘'이고, 다른 발음은 '비[扶未反]'이다. 현 이름으로 동해군에 속한다. 費音秘 一音扶未反 縣名 屬東海 신주 비현은 현재 산동성 비현費縣 북쪽이다.
후공侯功	사인으로 원년 전에 탕에서 봉기하여 고조를 따랐고, 좌사마로 한중으로 들어갔다. 도위로 임용되어 한신에 속했고, 항우를 쳐서 공을 세워 장군이 되어 회계·절강·호양을 평정하고 후侯가 되었다. 以舍人前元年從起碭 以左司馬入漢 用都尉屬韓信 擊項羽有功 爲將軍 定會稽浙江湖陽 侯
고조 12년 高祖十二	7년간 진하가 어후로 있었다. 고조 6년 정월 병오일, 어후圉侯 진하陳賀의 원년이다. 七 六年正月丙午 圉侯陳賀元年 집해 서광이 말했다. "圉를 혹 '유幽'라고 한다." 徐廣曰 圉 或作幽
효혜 7년 孝惠七	7년간 진하가 어후로 있었다. 七
고후 8년 高后八	8년간 진하가 어후로 있었다. 八
효문 23년 孝文二十三	23년간 진상이 공후로 있었다. 효문 원년, 공후共侯 진상陳常의 원년이다. 二十三 元年 共侯常元年
효경 16년 孝景十六	1년간 진상이 공후로 있었다. 효경 2년, 후侯 진언陳偃의 원년이다. 효경 중2년, 죄를 지어 세습이 끊겼다. 8년간 진언이 후侯로 있었다. 효경 중6년, 진하의 아들 후侯 진최陳最를 봉한 원년이다. 소巢로 봉국이 바뀌어 4년간 진최가 후侯로 있었다. 효경 후3년, 진최가 죽고 후계자가 없어 나라가 없어졌다. 一 二年 侯偃元年 中二年 有罪 絕 八 中六年 封賀子侯最元年 巢四 後三年 最薨 無後 國除

효무 54년	
후제侯第	**신주** 《한서》〈표〉에는 서열이 31위인데, 여기서는 빠졌다.

25. 양하후

국명國名	양하陽夏 색은 현 이름으로 회음군에 속한다. 縣名 屬淮陰 **신주** 양하현은 현재 하남성 태강현太康縣 북쪽에 있었다.
후공侯功	특장으로 군졸 500명을 거느리고 원년 전에 완宛과 구朐에서 봉기하여 고조를 따랐고, 패상에 이르러 후侯가 되었다. 유격장군으로 따로 대代를 평정하고 장도臧荼를 격파하고 나서 진희를 양하후로 봉했다. 以特將將卒五百人 前元年從起宛朐 至霸上 爲侯 以游擊將軍別定代 已破臧荼 封豨爲陽夏侯 색은 豨의 발음은 '히[虛紀反]'다. 豨音虛紀反
고조 12년 高祖十二	5년간 진희가 후侯로 있었다. 고조 6년 정월 병오일, 후侯 진희陳豨의 원년이다. 고조 10년 8월, 진희는 조나라 상국으로 군사를 거느리고 대를 지켰다. 한나라 사신이 진희를 소환하자 진희는 반란하여 휘하 병력 및 왕황王黃 등과 더불어 대 땅을 공략하고 스스로 즉위하여 왕이 되었다. 한나라는 영구에서 진희를 죽였다. 五 六年 正月丙午 侯陳豨元年 十年 八月 豨以趙相國將兵守代 漢使召豨 豨反 以其兵與王黃等略代 自立爲王 漢殺豨靈丘
효혜 7년 孝惠七	
고후 8년 高后八	

효문 23년 孝文二十三	
효경 16년 孝景十六	
효무 54년	
후제侯第	

26. 융려후

국명國名	융려隆慮 색은 현 이름으로 하내군에 속한다. 발음은 '임려林閭'인데 융이 상제의 휘라서 피하여 고쳤다. 縣名 屬河內 音林閭 隆避殤 帝諱改也 **신주** 융려는 현재 하남성 임주시林州市다. 후한의 5대 상제殤帝 유융劉隆(재위 106년 2월~106년 9월)의 휘를 피해서 고쳤다는 뜻이다.
후공侯功	군졸로 탕에서 봉기하여 고조를 따랐고, 연오로 한중으로 들어갔다가 장피도위로 항우를 쳐서 공을 세워 후侯가 되었다. 以卒從起碭 以連敖入漢 以長鈹都尉擊項羽 有功 侯 색은 서광은 연오를 전객관이라 했다. 徐廣以連敖爲典客官也 색은 살피건대 장피는 관직 이름이며, 《설문》에는 "피鈹는 검과 칼에 장식하는 것이다."라고 했다. 鈹의 발음은 '비[敷皮反]'이다. 《한서》 〈표〉에는 '鉟'라 했는데, 발음은 '비조'이다. 案 以長鈹爲官名 說文云鈹者 劍刀裝也 鈹音敷皮反 漢表作鉟 音丕也
고조 12년 高祖十二	7년간 주조가 애후로 있었다. 고조 6년 정월 정미일, 애후哀侯 주조周竈의 원년이다. 七 六年正月丁未 哀侯周竈元年 색은 哀를 《한서》 〈표〉에는 '극'이라 했다. 哀 漢表作克也
효혜 7년 孝惠七	7년간 주조가 애후로 있었다. 七

고후 8년 高后八	8년간 주조가 애후로 있었다. 八
효문 23년 孝文二十三	17년간 주조가 애후로 있었다. 6년간 주통이 후侯로 있었다. 효문 후2년, 후侯 주통周通의 원년이다. 十七 六 後二年 侯通元年
효경 16년 孝景十六	7년간 주통이 후侯로 있었다. 효경 중원년, 후侯 주통이 죄를 지어 나라가 없어졌다. 七 中元年 侯通有罪 國除 **신주** 〈혜경간후자연표〉를 보면, 경제의 누이 장공주 유표劉嫖의 아들 진교陳蟜(혹은 진융)가 융려후로 봉해진다. 86위 당읍후 편에도 나온다.
효무 54년	
후제侯第	공신 서열 34위

27. 양도후

국명國名	양도陽都 **색은** 《한서》〈지리지〉에는 들어있지 않다. 《진서》〈지도기〉에는 낭야군에 속한다. 漢志闕 晉書地道記屬琅邪 **신주** 《사기지의》에 따르면, 〈지리지〉에는 성양군에 속했고, 후한 때는 낭야군에 속했다고 한다. 양도현은 현재 산동성 기남현沂南縣 남쪽이다.
후공侯功	조나라 장수로 업鄴에서 봉기하여 고조를 따랐고, 패상에 이르러 누번장이 되었다. 한중으로 들어갔다가 3진을 평정하고, 따로 적왕을 항복시켰다. 도무왕 여택呂澤에 속하여 팽성에서 용저를 죽이고 대사마가 되었다. 섭葉에서 항우의 군대를 깨뜨리고 장군으로 임명된 충신으로 후侯가 되었는데 식읍은 7,800호이다. 以趙將從起鄴 至霸上 爲樓煩將 入漢 定三秦 別降翟王 屬悼武王 殺龍且彭城 爲大司馬 破羽軍葉 拜爲將軍 忠臣 侯 七千八百戶

고조 12년 高祖十二	7년간 정복이 경후로 있었다. 고조 6년 정월 무신일, 경후敬侯 정복丁復의 원년이다. 七 六年正月戊申 敬侯丁復元年 색은 復의 발음은 '부伏'다. 復音伏
효혜 7년 孝惠七	7년간 정복이 경후로 있었다. 七
고후 8년 高后八	5년간 정복이 경후로 있었다. 3년간 정녕이 조후로 있었다. 고후 6년, 조후趙侯 정녕丁寗의 원년이다. 五 三 六年 趙侯寗元年
효문 23년 孝文二十三	9년간 정녕이 조후로 있었다. 14년간 정안성이 후侯로 있었다. 효문 10년, 후侯 정안성丁安成의 원년이다. 九 十四 十年 侯安成元年
효경 16년 孝景十六	1년간 정안성이 후侯로 있었다. 효경 2년, 후侯 정안성이 죄를 지어 나라가 없어졌다. 一 二年 侯安成有罪 國除
효무 54년	
후제侯第	공신 서열 17위

28. 신양후

국명國名	신양新陽 색은 《한서》〈표〉에는 '양신陽信'이라 했다. 현 이름으로 여남군에 속한다. 漢表作陽信 縣名 屬汝南 신주 신양현은 현재 안휘성 계수시界首市 북쪽이다. 《한서》에서 말한 양신현은 현재 산동성 무체無棣縣 동남쪽이다.

후공 侯功	한 5년에 좌영윤으로 임용되어 처음 고조를 따랐고, 공이 당읍후(진영)에 견주었으며, 식읍은 1,000호이다. 以漢五年用左令尹初從 功比堂邑侯 千戶
고조 12년 高祖十二	7년간 여청이 호후로 있었다. 고조 6년 정월 임자일, 호후胡侯 여청呂淸의 원년이다. 七 六年正月壬子 胡侯呂淸元年
효혜 7년 孝惠七	3년간 여청이 호후로 있었다. 4년간 여신이 경후로 있었다. 효혜 4년, 경후頃侯 여신呂臣의 원년이다. 三 四 四年 頃侯臣元年
고후 8년 高后八	8년간 여신이 경후로 있었다. 八
효문 23년 孝文二十三	6년간 여신이 경후로 있었다. 2년간 여의가 회후로 있었다. 효문 7년, 회후懷侯 여의呂義의 원년이다. 15년간 여타가 혜후로 있었다. 효문 9년, 혜후惠侯 여타呂它의 원년이다. 六 二 七年 懷侯義元年 十五 九年 惠侯它元年
효경 16년 孝景十六	4년간 여타가 혜후로 있었다. 5년간 여선이 공후로 있었다. 효경 5년, 공후恭侯 여선呂善의 원년이다. 7년간 여담이 후侯로 있었다. 효경 중3년, 후侯 여담呂譚의 원년이다. 四 五 五年 恭侯善元年 七 中三年 侯譚元年
효무 54년	28년간 여담이 후侯로 있었다. 원정 5년, 후侯 여담이 주금에 걸려 나라가 없어졌다. 二十八 元鼎五年 侯譚坐酎金 國除
후제 侯第	공신 서열 81위

29. 동무후

국명國名	동무東武 [색은] 현 이름으로 낭야군에 속한다. **縣名 屬琅邪郡** [신주] 동무현은 현재 산동성 제성시諸城市 동남쪽이다.
후공侯功	호위로 설薛에서 봉기하여 도무왕 여택에 속했으며, 강리에서 진나라 군사와 곡우에서 양웅楊熊의 군사를 무찔렀다. 한중으로 들어가 월장군越將軍이 되어 3진을 평정하고, 도위로 오창을 굳게 지켰으며, 장군으로 항적의 군대를 깨뜨린 공으로 후侯가 되었는데 식읍은 2,000호이다. **以戶衛起薛 屬悼武王 破秦軍杠里 楊熊軍曲遇 入漢 爲越將軍 定三秦 以都尉堅守敖倉 爲將軍 破籍軍 功侯 二千戶** [집해] 서광이 말했다. "越을 일설에는 '종從'이라 한다." **徐廣曰 一云從** [집해] 서광이 말했다. "越을 다른 판본에는 '성城'이라 한다." **徐廣曰 一作城** [신주] 《사기지의》에 따르면, 《한서》〈표〉에는 성장군이라 했으며 안사고가 '성을 쌓는 병력을 거느림'이라고 주석하였다고 한다.
고조 12년 高祖十二	7년간 곽몽이 정후로 있었다. 고조 6년 정월 무오일, 정후貞侯 곽몽郭蒙의 원년이다. **七 六年正月戊午 貞侯郭蒙元年** [신주] 《사기지의》에 따르면, 정월(1월) 초하루 병술로 무오가 없으니 십방후처럼 3월 무자일 것이라 한다.
효혜 7년 孝惠七	7년간 곽몽이 정후로 있었다. **七**
고후 8년 高后八	5년간 곽몽이 정후로 있었다. 3년간 곽타가 후侯로 있었다. 고후 6년, 후侯 곽타郭它의 원년이다. **五** **三 六年 侯它元年**
효문 23년 孝文二十三	23년간 곽타가 후侯로 있었다. **二十三**

효경 16년 孝景十六	5년간 곽타가 후侯로 있었다. 효경 6년, 후侯 곽타가 기시를 당하고 나라가 없어졌다. 五 六年 侯它棄市 國除
효무 54년	
후제侯第	공신 서열 41위 **신주** 양옥승은 《사기지의》에서 21위라고 했다. 이 표에서 41위면 고원후와 겹친다. 고 대에는 四를 '亖'으로 쓰기도 했는데, '二'를 거듭하여 썼기 때문에 필사자가 혼동했을 수 있어 보인다.

30. 십방후

국명國名	십방汁方 **집해** 여순이 말했다. "汁의 발음은 '십什'이다. 邡의 발음은 '방方'이다." 如淳曰 汁音什 邡音方 **색은** 십방은 현 이름으로 광한군에 속한다. 발음은 '십방十方'이다. 汁은 또 가장 통상 적인 발음으로 읽는다. 什邡 縣名 屬廣漢 音十方 汁 又如字 **신주** 십방현은 현재 사천성 십방시什邡市 남쪽이다.
후공侯功	조나라 장수로 원년 3년 전에 고조를 따랐고 제후들을 평정하고 후侯가 되 었는데 식읍은 2,500호를 받았으며, 공은 평정후 제수齊受에 견주었다. 옹 치는 옛 패현의 호족으로 힘이 있었으므로 주상과 틈이 생겼고 늦게 따라 서 모셨다. 以趙將前三年從定諸侯 侯 二千五百戶 功比平定侯 齒故沛豪 有力 與 上有郄 故晚從 **신주** 《사기지의》에 따르면, 위나라 장수일 것이라 한다.
고조 12년 高祖十二	7년간 옹치가 숙후로 있었다. 고조 6년 3월 무자일, 숙후肅侯 옹치雍齒의 원년이다. 七 六年三月戊子 肅侯雍齒元年

효혜 7년 孝惠七	2년간 옹치가 숙후로 있었다. 5년간 옹거가 황후로 있었다. 효혜 3년, 황후荒侯 옹거雍巨의 원년이다. 二 五 三年 荒侯巨元年 　신주　《한서》〈표〉에는 이름을 '거록鉅鹿'이라 한다.
고후 8년 高后八	8년간 옹거가 황후로 있었다. 八
효문 23년 孝文二十三	23년간 옹거가 황후로 있었다. 二十三
효경 16년 孝景十六	2년간 옹거가 황후로 있었다. 10년간 옹야가 후侯로 있었다. 효경 3년, 후侯 옹야雍野의 원년이다. 4년간 옹환이 종후로 있었다. 효경 중6년, 종후終侯 옹환雍桓의 원년이다. 二 十 三年 侯野元年 四 中六年 終侯桓元年
효무 54년	28년간 옹환이 종후로 있었다. 원정 5년, 종후 옹환이 주금에 걸려 나라가 없어졌다. 二十八 元鼎五年 終侯桓坐酎金 國除
후제侯第	공신 서열 57위

31. 극포후

국명國名	극포棘蒲 　색은　《한서》〈지리지〉에는 들어있지 않다. 漢志闕 　신주　현재 하북성 위현魏縣 남쪽이다.
후공侯功	장군으로 원년 전에 2,500명을 거느리고 설薛에서 봉기하여, 별도로 동아 東阿 땅을 구원하고 패상에 이르렀다. 2년 10월, 한중으로 들어가 제나라 역하歷下를 치고 전기田既에 주둔했으며, 그 공으로 후侯가 되었다.

	以將軍前元年率將二千五百人起薛 別救東阿 至霸上 二歲十月入漢 擊齊歷下軍田既 功侯
	신주 《한서》〈표〉에는 전기田既를 '임치臨菑'라고 했다. 임치는 제나라 도읍이다.〈조상국세가〉·〈회음후전〉·〈전담전〉을 고찰하면, 전기는 교동에 주둔했다가 한신이 보낸 조참에게 패했다. 따라서 '軍田既'가 아니라 '破田既'나 '軍臨菑'라고 해야 한다는 견해도 있다.
고조 12년 高祖十二	7년간 진무가 강후로 있었다. 고조 6년 3월 병신일, 강후剛侯 진무陳武의 원년이다. 七 六年三月丙申 剛侯陳武元年
효혜 7년 孝惠七	7년간 진무가 강후로 있었다. 七
고후 8년 高后八	8년간 진무가 강후로 있었다. 八
효문 23년 孝文二十三	16년간 진무가 강후로 있었다. 효문 후원년(서기전 163년)에 후侯 진무가 죽었다. 후계자인 아들 진기陳奇가 모반하여 그 후사를 두지 못했고 이에 나라가 없어졌다. 十六 後元年 侯武薨 嗣子奇反 不得置後 國除 **신주** 진무는 문제 후원년에 사망했다. 뒤를 이른 그의 아들 진기는 문제 6년에 회남왕이 모반하는 데 결탁했다가 피살당했다. 이후 그 후사를 다시 세우지 못해서 나라가 없어졌다.
효경 16년 孝景十六	
효무 54년	
후제侯第	공신 서열 13위

32. 도창후

국명國名	도창都昌
	색은 《한서》〈지리지〉에는 들어있지 않다.
	漢志闕
	신주 〈지리지〉에는 북해군 소속이다. 현재 산동성 유방시濰坊市 동북쪽이다.
후공侯功	사인으로 원년 전에 패에서 봉기하여 고조를 따랐고, 기마부대를 거느리고 먼저 적왕翟王을 항복시키고 장함을 잡은 공으로 후侯가 되었다.
	以舍人前元年從起沛 以騎隊率先降翟王 虜章邯 功侯
	신주 《사기지의》에 따르면, 率 또는 卒이 아니라 《한서》〈표〉에 나오는 '사師'가 옳은 것이라고 한다.
고조 12년 高祖十二	7년간 주진이 장후로 있었다. 고조 6년 3월 경자일, 장후莊侯 주진朱軫의 원년이다.
	七 六年三月庚子 莊侯朱軫元年
효혜 7년 孝惠七	7년간 주진이 장후로 있었다.
	七
고후 8년 高后八	8년간 주솔이 강후로 있었다. 고후 원년, 강후剛侯 주솔朱率의 원년이다.
	八 元年 剛侯率元年
효문 23년 孝文二十三	7년간 주솔이 강후로 있었다. 16년간 주굴이 이후로 있었다. 효문 8년, 이후夷侯 주굴朱詘의 원년이다.
	七 十六 八年 夷侯詘元年
효경 16년 孝景十六	2년간 주언이 공후로 있었다. 효경 원년, 공후恭侯 주언朱偃의 원년이다. 5년간 주벽강이 후侯로 있었다. 효경 3년, 후侯 주벽강朱辟彊의 원년이다. 효경 중원년, 주벽강이 죽고 후계자가 없어 나라가 없어졌다.
	二 元年 恭侯偃元年 五 三年 侯辟彊元年 中元年 辟彊薨 無後 國除
효무 54년	
후제侯第	공신 서열 23위

33. 무강후

국명國名	무강武彊 색은 《한서》〈지리지〉에는 들어있지 않다. 漢志闕 신주 현재 하남성 원양현原陽縣이다.
후공侯功	사인으로 고조를 따랐고, 패상에 이르러 기장이 되어 한중으로 들어갔다. 돌아와 항우를 치고 승상 녕甯에 속하였으며, 공으로 후侯가 되었다. 장군 으로 임용되어 경포를 치고 후侯가 되었다. 以舍人從至霸上 以騎將入漢 還擊項羽 屬丞相甯 功侯 用將軍擊黥布 侯 신주 《사기지의》에 따르면, 승상 녕이란 사람은 없다고 한다. 고조 6년 이전에 이에 해 당하는 인물을 찾을 수 없다. 뒤에 녕후 위속魏遫이 나오는데, 이 사람이 어느 제후국 승 상이었을 수는 있다.
고조 12년 高祖十二	7년간 장불식이 장후로 있었다. 고조 6년 3월 경자일, 장후莊侯 장불식莊不 識의 원년이다. 七 六年三月庚子 莊侯莊不識元年
효혜 7년 孝惠七	7년간 장불식이 장후로 있었다. 七
고후 8년 高后八	6년간 장불식이 장후로 있었다. 2년간 장영이 간후로 있었다. 고후 7년, 간후簡侯 장영莊嬰의 원년이다. 六 二 七年 簡侯嬰元年
효문 23년 孝文二十三	17년간 장영이 간후로 있었다. 6년간 장청적이 후侯로 있었다. 효문 후2년, 후侯 장청적莊青翟의 원년이다. 十七 六 後二年 侯青翟元年
효경 16년 孝景十六	16년간 장청적이 후侯로 있었다. 十六
효무 54년	25년간 장청적이 후侯로 있었다. 원정 2년, 후侯 장청적이 승상이 되었는데 장사 주매신 등과 더불어 어사대부 장탕張湯을 체포할 때 정직하지 못한 것에 걸려 나라가 없어졌다.

	二十五 元鼎二年 侯靑翟坐爲丞相與長史朱買臣等逮御史大夫湯不直國除
후제侯第	공신 서열 33위

34. 세후

국명國名	세채 색은 현 이름으로 거록군에 속한다. 貰의 발음은 '세世'이고, 다른 발음은 '샤[時夜反]'이다. 縣名 屬鉅鹿 貰音世 一音時夜反 신주 현재 하북성 영진현寧晋縣 동북쪽이다.
후공侯功	월 땅의 호장으로 고조를 따라서 진나라를 격파했으며 한중으로 들어갔다. 3진을 평정하고, 도위로 항우를 쳐서 식읍 1,600호를 받고 공은 대후臺侯(대야戴野)에 견주었다. 以越戶將從破秦 入漢 定三秦 以都尉擊項羽 千六百戶 功比臺侯
고조 12년 高祖十二	2년간 려가 제후로 있었다. 고조 6년 3월 경자일, 제후齊侯 려呂의 원년이다. 5년간 여방산이 공후로 있었다. 고조 8년, 공후恭侯 여방산呂方山의 원년이다. 二 六年 三月庚子 齊侯呂元年 五 八年 恭侯方山元年 집해 서광이 말했다. "려呂를 다른 판본에는 '태台'라 한다." 徐廣曰 呂 一作台 색은 제후 여박국이다. 《시법》에 마음을 다잡고 호방함을 이긴 것을 제齊라 한다. 齊侯呂博國 謚法 執心克莊曰齊 신주 《한서》〈표〉에는 이름을 '부호해傅胡害'라 하고 시호를 제합齊合이라고 했다.
효혜 7년 孝惠七	7년간 여방산이 공후로 있었다. 七
고후 8년 高后八	8년간 여방산이 공후로 있었다. 八

효문 23년 孝文二十三	2년간 여적이 양후로 있었다. 효문 원년, 양후煬侯 여적呂赤의 원년이다. 12년간 여유가 강후로 있었다. 효문 12년, 강후康侯 여유呂遺의 원년이다. 二 元年 煬侯赤元年 十二 十二年 康侯遺元年
효경 16년 孝景十六	16년간 여유가 강후로 있었다. 十六
효무 54년 孝武五十四	16년간 여유가 강후로 있었다. 원삭 5년, 후侯 여천呂倩의 원년이다. 8년간 여천이 후侯로 있었다. 원정 원년, 후侯 여천이 살인에 연루되어 기시를 당하고 나라가 없어졌다. 十六 元朔五年 侯倩元年 八 元鼎元年 侯倩坐殺人棄市 國除 색은 倩의 발음은 '천[青練反]'이고, 또 '청[七淨反]'이다. 青練反 又七淨反也
후제侯第	공신 서열 36위

35. 해양후

국명國名	해양海陽 색은 해양은 또한 남월의 현이다. 〈지리지〉에는 들어있지 않다. 海陽 亦南越縣 地理志闕 신주 《사기지의》에 따르면, 당나라 때 양주(장강 하구) 해릉현海陵縣일 것이라 한다. 지금의 강소성 태주泰州다. 일본의 《신역 한문대계》의 〈사기 3하-10표 2〉에서는 지금의 하북성 난현灤縣 서남쪽으로 아주 달리 비정했다.
후공侯功	월 땅의 대장으로 고조를 따라서 진나라를 격파했으며 한중으로 들어갔다. 3진을 평정하고, 도위로 항우를 쳐서 후侯가 되었는데 식읍은 1,800호이다. 以越隊將從破秦 入漢定三秦 以都尉擊項羽 侯 千八百戶
고조 12년 高祖十二	7년간 요무여가 제신후로 있었다. 고조 6년 3월 경자일, 제신후齊信侯 요무여搖母餘의 원년이다. 七 六年三月庚子 齊信侯搖母餘元年

	살피건대 무여는 동월의 족속이다.
	案 母餘 東越之族也
효혜 7년 孝惠七	2년간 요무여가 제신후로 있었다. 5년간 요초양이 애후로 있었다. 효혜 3년, 애후哀侯 요초양搖招攘의 원년이다. 二 五 三年 哀侯招攘元年
	색은 《한서》〈표〉에는 '소양'이라 했다. 漢表作昭襄也
고후 8년 高后八	4년간 요초양이 애후로 있었다. 4년간 요건이 강후로 있었다. 고후 5년, 강후康侯 요건搖建의 원년이다. 四 四 五年 康侯建元年
효문 23년 孝文二十三	23년간 요건이 강후로 있었다. 二十三
효경 16년 孝景十六	3년간 요건이 강후로 있었다. 효경 4년, 애후哀侯 요성搖省의 원년이다. 10년간 요성이 애후로 있었다. 효경 중6년, 후侯 요성이 죽고 후계자가 없어 나라가 없어졌다. 三 四年 哀侯省元年 十 中六年 侯省薨 無後 國除
	신주 요건은 경제 3년에 세상을 떠났다.
효무 54년	
후제侯第	공신 서열 37위

36. 남안후

국명國名	남안南安
	색은 현 이름으로 건위군에 속한다. 건안군에 또한 이러한 현이 있다. 縣名 屬犍爲 建安亦有此縣

	《사기지의》에 따르면, 건위와 건안은 무제 때 설치한 것이므로 그릇된 말이라 한다. 삼국시대 때 생긴 것을 후인들이 잘못 고친 것이라고 한다. 남안현은 현재 사천성 낙산시樂山市, 또는 강서성 남강시南康市 서남쪽이라고도 한다.
후공侯功	하남 땅의 장군으로 한왕 3년 진양을 항복시키고, 아장으로 장도를 격파하여 후侯가 되었는데 식읍은 900호이다. 以河南將軍漢王三年降晉陽 以亞將破臧荼 侯 九百戶 색은 亞將을 《한서》〈표〉에서는 '연장'이라 했다. 亞將 漢表作連將也 신주 《사기지의》에 따르면, 《한서》〈표〉에는 '중장重將'이라 하며 보급 수레를 담당한다고 한다.
고조 12년 高祖十二	7년간 선호가 장후로 있었다. 고조 6년 3월 경자일, 장후莊侯 선호宣虎의 원년이다. 七 六年三月庚子 莊侯宣虎元年
효혜 7년 孝惠七	7년간 선호가 장후로 있었다. 七
고후 8년 高后八	8년간 선호가 장후로 있었다. 八
효문 23년 孝文二十三	8년간 선호가 장후로 있었다. 11년간 선융이 공후로 있었다. 효문 9년, 공후共侯 선융宣戎의 원년이다. 4년간 선천추가 후侯로 있었다. 효문 후4년, 후侯 선천추宣千秋의 원년이다. 八 十一 九年 共侯戎元年 四 後四年 侯千秋元年
효경 16년 孝景十六	7년간 선천추가 후侯로 있었다. 효경 중원년, 선천추가 사람을 다치게 한 일에 걸려 작위를 잃었다. 七 中元年 千秋坐傷人免 신주 경제 8년이 중원년이다.
효무 54년	
후제侯第	공신 서열 63위

37. 비여후

국명國名	비여肥如
	색은 현 이름으로 요서에 속한다. 응소가 말했다. "비자肥子가 도망쳐오니 연나라가 이곳에 봉해주었다. 肥는 국명이고 如는 간 것이다. 그로 인해 현이 되었다." 縣名 屬遼西 應劭云 肥子奔燕 燕封於此 肥 國也 如 往也 因以爲縣也 신주 비여현에 대해 일본의 〈사기 3하-10표2-〉는 현재의 하북성 노룡현盧龍縣으로 보는 반면 대만의 《신역사기 2 표》는 비여현을 다스리는 곳은 하북성 천안시遷安市 동북 쪽이라고 보고 있다. 요서, 요동 등에 있던 군현들에 대해서는 후대 학자들이 대부분 혼동 하고 있다. 비자가 연나라로 간 것이 현 이름의 유래가 되었다면 연나라 강역 내에서 찾아 야 할 것이니 지금의 북경 부근에 있었을 것이다.
후공侯功	위나라 태복으로 3년에 처음 고조를 따랐고, 거기도위로 용저를 격파하고 팽성에 이르렀으며, 후侯가 되었는데 식읍은 1,000호이다. 以魏太僕三年初從 以車騎都尉破龍且及彭城 侯 千戶 신주 《사기지의》에 따르면 《한서》 〈표〉에도 거기도위라 하는데, 거기장군이 옳다고 한 다. 그리고 서열이 66위로 고량후高梁侯와 겹치지만 고량후의 순위가 잘못되었을 가능성 이 크다.
고조 12년 高祖十二	7년간 채인이 경후로 있었다. 고조 6년 3월 경자일, 경후敬侯 채인蔡寅의 원 년이다. 七 六年三月庚子 敬侯蔡寅元年
효혜 7년 孝惠七	7년간 채인이 경후로 있었다. 七
고후 8년 高后八	8년간 채인이 경후로 있었다. 八
효문 23년 孝文二十三	2년간 채인이 경후로 있었다. 14년간 채성이 장후로 있었다. 효문 3년, 장후莊侯 채성蔡成의 원년이다. 7년간 채노가 후侯로 있었다. 효문 후원년, 후侯 채노蔡奴의 원년이다. 二 十四 三年 莊侯成元年 七 後元年 侯奴元年
효경 16년 孝景十六	효경 원년, 후侯 채노가 죽고 후계자가 없어 나라가 없어졌다. 元年 侯奴薨 無後 國除

효무 54년	
후제侯第	공신 서열 66위

38. 곡성후

국명國名	곡성曲城
	색은 곡성현은 《한서》〈지리지〉에는 들어있지 않으며, 〈표〉에는 탁군에 있다. 曲成縣 漢志闕 表在涿郡 신주 〈지리지〉에 따르면 동래군에 있는 현이며, 《사기지의》에 따르면 탁군에 있는 것은 향 이름이라 한다. 전후 사정이나 주석으로 미루어 동래군 속현이 맞다. 현재 산동성 초원招遠시 서북쪽에 있었다. 《한서》〈고혜고후공신표高惠高后功臣表〉에는 곡성曲成으로 되어 있다.
후공侯功	곡성 땅의 호장으로 졸병 37명을 데리고 처음 탕에서 봉기하여 고조를 따랐고, 패상에 이르러 집규가 되었다. 두 대隊의 장수로 도무왕 여택에 속하여 한중으로 들어갔다. 3진을 평정하고, 도위로 항우의 군대를 진陳 아래에서 격파한 공으로 후侯가 되었는데 식읍은 4,000호이다. 한나라가 통일하고 장군이 되어 연과 대를 쳐서 함락시켰다. 以曲城戶將卒三十七人初從起碭 至霸上 爲執珪 爲二隊將 屬悼武王 入漢 定三秦 以都尉破項羽軍陳下 功侯 四千戶 爲將軍 擊燕代 拔之
고조 12년 高祖十二	7년간 고봉이 어후로 있었다. 고조 6년 3월 경자일이 어후圉侯 고봉蟲逢의 원년이다. 七 六年三月庚子 圉侯蟲逢元年 색은 곡성어후 고달蟲達이다. 고蟲의 발음은 가장 통상적인 발음으로 읽는다. 《초한춘추》에는 '야후夜侯 고달'이라 했는데 아마 봉국을 고쳤기 때문이다. 야현은 동래군에 속한다. 또 《시법》에 위엄과 덕으로 무武를 강하게 하는 것을 어圉라 한다. 아들 공후 고첩이 원垣에 봉해졌으므로 다음에 지위를 '야후원夜侯垣'이라 했는데 또한 잘못이다. 曲城圉侯蟲達 蟲音如字 楚漢春秋云夜侯蟲達 蓋改封也 夜縣屬東萊 又謚法 威德彊武曰圉 子恭侯捷封垣 故位次曰夜侯垣 亦誤 신주 《사기지의》에 따르면, '달達'은 '봉逢'이 잘못 변한 것이라고 한다.

효혜 7년 孝惠七	7년간 고봉이 어후로 있었다. 七
고후 8년 高后八	8년간 고봉이 어후로 있었다. 八
효문 23년 孝文二十三	8년간 고첩이 후侯로 있었다. 효문 원년, 후侯 고첩蠱捷의 원년이다. 죄를 지어 세습이 끊겼다. 5년간 고첩이 공후로 있었다. 효문 후3년, 다시 봉해진 공후恭侯 고첩의 원년이다. 八 元年 侯捷元年 有罪 絕 五 後三年 復封恭侯捷元年
효경 16년 孝景十六	13년간 고첩이 공후로 있었다. (효경 13년) 죄를 지어 세습이 끊겼다. 원垣으로 봉국이 바뀌어 5년간 고첩이 공후로 있었다. 효경 중5년, 공후 고첩이 다시 봉해진 원년이다. 十三 有罪 絕 垣五 中五年 復封恭侯捷元年 신주 원垣은 하동군에 있다.
효무 54년	1년간 고첩이 공후로 있었다. 건원 2년, 후侯 고고유蠱皐柔의 원년이다. 25년간 고고유가 후侯로 있었다. 원정 3년, 후侯 고고유가 여남 태수가 되었는데, 백성들이 적측전을 부세로 사용하지 않은 것에 걸려서 나라가 없어졌다. 一 建元二年 侯皐柔元年 二十五 元鼎三年 侯皐柔坐爲汝南太守知民不用赤側錢爲賦 國除 색은 적측을 사용하지 않고 세금을 냈다. 살피건대 이때는 적측전을 사용했는데, 여남 태수가 그것을 사용하지 않고 세금을 걷은 것을 말한다. 不用赤側爲賦 案 時用赤側錢 而汝南不以爲賦也 신주 적측전은 위조 화폐가 많이 나돌자 한무제가 원정元鼎 2년(서기전 115)에 만들게 한 통전이다. 《사기》〈평준서〉에 따르면 1개 당 5전의 가치가 있었는데, 여순은 적동赤銅으로 그 둘레를 만들었다고 설명했다. 2년 사용하고 폐지되었다.
후제侯第	공신 서열 18위

39. 하양후

국명國名	하양河陽 [색은] 현 이름으로 하내군에 속한다. **縣名 屬河內** [신주] 현재 하남성 맹주시孟州市 서쪽이다.
후공侯功	군졸로 원년 전에 탕에서 봉기하여 고조를 따랐고, 두 대隊의 장수가 되어 한중으로 들어갔다. 항우를 쳐서 낭장의 지위를 얻었으며, 공으로 후侯가 되었다. 승상으로 제나라를 평정했다. 以卒前元年起碭從 以二隊將入漢 擊項羽 身得郎將處 功侯 以丞相定齊地
고조 12년 高祖十二	7년간 진연이 장후로 있었다. 고조 6년 3월 경자일, 장후莊侯 진연陳涓의 원년이다. 七 六年三月庚子 莊侯陳涓元年
효혜 7년 孝惠七	7년간 진연이 장후로 있었다. 七
고후 8년 高后八	8년간 진연이 장후로 있었다. 八
효문 23년 孝文二十三	3년간 진신이 후侯로 있었다. 효문 원년, 후侯 진신陳信의 원년이다. 효문 4년, 후侯 진신이 다른 사람에게 상을 주지 않고 6개월 동안 잘못을 꾸짖은 일에 걸려 후작 작위를 빼앗기고 나라가 없어졌다. 三 元年 侯信元年 四年 侯信坐不償人責過六月 奪侯 國除
효경 16년 孝景十六	
효무 54년	
후제侯第	공신 서열 29위

40. 회음후

국명國名	회음淮陰 색은 현 이름으로 임회군에 속한다. **縣名 屬臨淮** 신주 회음현은 현재 강소성 회음시淮陰市 서남쪽에 있었다.
후공侯功	군사가 처음 봉기할 때, 군졸로 항량을 따랐다. 항량이 죽고 항우에 속하여 낭중이 되어 함양에 이르렀다가 도망쳐 고조를 따라 한중으로 들어갔다. 연오전객이 되었는데, 소하의 건의로 대장군이 되었다. 따로 위와 제를 평정하고 제왕이 되었다. 초왕으로 옮겨졌는데, 멋대로 군사를 움직인 일에 걸려 폐위되고 회음후가 되었다. **兵初起 以卒從項梁 梁死屬項羽爲郎中 至咸陽 亡從入漢 爲連敖典客 蕭何言爲大將軍 別定魏齊 爲王 徙楚 坐擅發兵 廢爲淮陰侯** 색은 典客은 《한서》 〈표〉에서는 '속객粟客'이라 하는데, 아마 글자가 잘못된 것이다. 〈회음후전〉에서 '치속도위'라 했는데, 아마도 앞서 연오나 전객이라고 했기 때문일 것이다. **典客 漢表作粟客 蓋字誤 傳作治粟都尉 或先爲連敖典客也** 신주 《사기지의》에 따르면, '전객'이 아니라 '속객'이 옳다고 한다.
고조 12년 高祖十二	5년간 한신이 후侯로 있었다. 고조 6년 4월, 후侯 한신韓信의 원년이다. 고조 11년, 한신이 관중에서 모반하자 여후가 한신을 주살하고 3족을 멸했으며 나라가 없어졌다. **五 六年四月 侯韓信元年** **十一年 信謀反關中 呂后誅信 夷三族 國除** 신주 3족에 대해서는 부친, 아들, 손자라는 설과 부족父族, 모족母族, 처족妻族이라는 설 등이 있다.
효혜 7년 孝惠七	
고후 8년 高后八	
효문 23년 孝文二十三	
효경 16년 孝景十六	
효무 54년	

41. 망후

국명國名	망芒
	색은 현 이름으로 패군에 속한다.
	縣名 屬沛
	신주 망현은 현재 하삼성 영성시永城市 북쪽으로 비정한다.
후공侯功	문위로 원년 전에 처음 탕에서 봉기하여 패상에 이르러 무정군武定君이 되었고, 한중으로 들어갔다. 돌아와 3진을 평정하고, 도위로 항우를 쳐서 후侯가 되었다.
	以門尉前元年初起碭 至霸上 爲武定君 入漢 還定三秦 以都尉擊項羽 侯
고조 12년 高祖十二	3년간 이소가 후侯로 있었다. 고조 6년, 후侯 이소疢昭의 원년이다. 고조 9년, 후侯 이소가 죄를 지어 나라가 없어졌다. 三 六年 侯昭元年 九年 侯昭有罪 國除
	집해 서광이 말했다. "소昭를 다른 판본에는 '기起'라 하고, 《한서》〈표〉에는 망후 이척疢跖이라 했다. 徐廣曰 昭 一作起 漢書年表云芒侯疢跖
	색은 疢跖의 발음은 '이而'와 '척隻', 두 가지다. 疢는 또한 '애[人才反]'로도 발음한다. 《자림》에는 덥수룩한 구레나룻을 疢라 한다고 했다. 疢는 성인데, 《좌전》에는 송나라에 이반疢班이 있다. 疢跖音而隻二音 疢 又音人才反 字林以多須髮曰疢 疢 姓也 左傳宋有疢班
	신주 《한서》〈표〉는 설명이 다르다. 이척이 고조 6년에 죽고 후사가 없었는데, 고조 9년에 이소를 봉했고 4년 만에 박탈되었다가 경제 3년에 다시 장후가 되었다고 한다.
효혜 7년 孝惠七	
고후 8년 高后八	
효문 23년 孝文二十三	

효경 16년 孝景十六	장張으로 봉국이 바뀌어 11년간 이소祉昭가 후侯로 있었다. 효경 3년, 이소가 옛 망후 자격으로 병력을 거느리고 태위 주아부를 따라 오와 초를 쳐서 공을 세워 다시 후侯가 되었다. 3년간 이신이 후侯로 있었다. 효경 후원년 3월, 후侯 이신祉申의 원년이다. 張十一 孝景三年 昭以故芒侯將兵從太尉亞夫擊吳楚有功 復侯 三 後元年三月 侯申元年 **신주** 경제 3년 이소는 오초吳楚 7국의 난을 평정하는데 참가한 공으로 장후張侯가 되었다가 경제 16년에 세상을 떠났다.
효무 54년	17년간 이신이 후侯로 있었다. 원삭 6년, 후侯 이신이 남궁공주를 처로 삼은 불경죄에 걸려 나라가 없어졌다. 十七 元朔六年 侯申坐尚南宮公主不敬 國除 **색은** 남궁공주는 경제의 딸이다. 애초에 남궁후 장좌張坐가 공주에게 장가들었다가 죄를 지었는데, 뒤에 장후 이신이 공주를 처로 삼았다. 南宮公主 景帝女 初 南宮侯張坐尙之 有罪 後張侯祉申尙之也 **신주** 경제와 황후 왕미인 사이에서 난 차녀로 무제의 친누나다. 남궁후에게 시집가서 남궁공주라 했으며 앞의 관도공주에서 볼 수 있듯이 한나라는 공주들의 사생활에 대해 관대했다. 그래서 이신이 봉국을 잃은 정도로 그친 것이다.
후제侯第	

42. 고시후

국명國名	고시故市 **색은** 현 이름으로 하남군에 속한다. 縣名 屬河南 **신주** 《한서》〈표〉에는 잘못하여 '경시敬市'라 했다. 현재 하남성 형양시榮陽市 동북쪽에 있었다.
후공侯功	집순으로 처음 봉기하여 한중으로 들어갔다. 하상수가 되고 가상假相(임시 승상)으로 승진하여, 항우를 쳐서 후侯가 되었는데 식읍은 1,000호를 받고, 공이 평정후(제수齊受)에 견주었다. 以執盾初起 入漢 爲河上守 遷爲假相 擊項羽 侯 千戶 功比平定侯

고조 12년 高祖十二	3년간 염택적이 후侯로 있었다. 고조 6년 4월 계미일, 후侯 염택적閻澤赤의 원년이다. 4년간 염무해가 이후로 있었다. 고조 9년, 이후夷侯 염무해閻毋害의 원년이다. 三 六年四月癸未 侯閻澤赤元年 四 九年 夷侯毋害元年
효혜 7년 孝惠七	7년간 염무해가 이후로 있었다. 七
고후 8년 高后八	8년간 염무해가 이후로 있었다. 八
효문 23년 孝文二十三	19년간 염무해가 이후로 있었다. 4년간 염속이 대후로 있었다. 효문 후4년, 대후戴侯 염속閻續의 원년이다. 十九 四 後四年 戴侯續元年 [신주] 염무해는 문제 19년, 즉 후원 3년 세상을 떠났다.
효경 16년 孝景十六	4년간 염속이 대후로 있었다. 12년간 염곡이 후侯로 있었다. 효경 5년, 후侯 염곡閻縠이 후계자가 되었다. 四 十二 孝景五年 侯縠嗣
효무 54년 孝武五十四	28년간 염곡이 후侯로 있었다. 원정 5년, 후侯 염곡이 주금에 걸려 나라가 없어졌다. 二十八 元鼎五年 侯縠坐酎金 國除
후제侯第	공신 서열 55위

43. 유구후

국명國名	유구柳丘 [색은] 현 이름으로 발해군에 속한다. 縣名 屬渤海

신주	색은 주석에서 북해北海에 유현柳縣이 있다고 했는데, 유구현은 없다. 《사기지의》에 따르면, 발해군 유구는 무제 때 제효왕의 아들을 봉한 곳이므로 이곳은 발해의 유구가 아니라고 한다.
후공侯功	연오로 설薛에서 봉기하여 고조를 따랐고, 두 부대의 장수로 한중으로 들어갔다. 3진을 평정하고, 도위로 항적의 군대를 격파하고 장군이 되었다. 후侯가 되었는데 식읍은 1,000호이다. 以連敖從起薛 以二隊將入漢 定三秦 以都尉破項籍軍 爲將軍 侯 千戶
고조 12년 高祖十二	7년간 융사가 제후로 있었다. 고조 6년 6월 정해일, 제후齊侯 융사戎賜의 원년이다. 七 六年六月丁亥 齊侯戎賜元年
효혜 7년 孝惠七	7년간 융사가 제후로 있었다. 七
고후 8년 高后八	4년간 융사가 제후로 있었다. 4년간 융안국이 정후로 있었다. 고후 5년, 정후定侯 융안국戎安國의 원년이다. 四 四 五年 定侯安國元年
효문 23년 孝文二十三	23년간 융안국이 정후로 있었다. 二十三
효경 16년 孝景十六	3년간 융안국이 정후로 있었다. 효경 4년, 경후敬侯 융가성戎嘉成의 원년이다. 10년간 융가성이 경후로 있었다. 효경 후원년, 후侯 융각戎角이 후계자가 되었으나 죄를 지어 나라가 없어졌다. 三 四年 敬侯嘉成元年 十 後元年 侯角嗣 有罪 國除 **신주** 경제 3년 융안국이 세상을 떠났다. 경제 4년 융가성이 제후의 자리를 이었는데, 융가성은 중원 6년 세상을 떠났다.
효무 54년	
후제侯第	공신 서열 26위 **신주** 《한서》〈표〉에 따르면 39위이다.

44. 위기후

국명國名	위기魏其
	색은 현 이름으로 낭야군에 속한다. 縣名 屬琅邪 신주 현재 산동성 임기시臨沂市 동남쪽에 있었다. 산동성 남부의 임기시는 중부의 곡부와 함께 산동성 동이족의 중심지역이다.
후공侯功	사인으로 패에서 고조를 따랐고, 낭중으로 한중에 들어갔다. 주신후周信侯가 되어 3진을 평정하고 낭중기장으로 승진했으며, 동성에서 항적을 깨뜨려 후侯가 되었는데 식읍은 1,000호이다. 以舍人從沛 以郎中入漢 爲周信侯 定三秦 遷爲郎中騎將 破籍東城 侯 千戶
고조 12년 高祖十二	7년간 주정이 장후로 있었다. 고조 6년 6월 정해일, 장후莊侯 주정周定의 원년이다. 七 六年六月丁亥 莊侯周定元年
효혜 7년 孝惠七	7년간 주정이 장후로 있었다. 七
고후 8년 高后八	4년간 주정이 장후로 있었다. 4년간 주간이 후侯로 있었다. 고후 5년, 후侯 주간周閒의 원년이다. 四 四 五年 侯閒元年 신주 《사기지의》에 따르면, 《한서》〈표〉의 '簡'이 옳은데, 여기서 잘못하여 부수 '竹'이 탈락한 것이라고 한다.
효문 23년 孝文二十三	23년간 주간이 후侯로 있었다. 二十三
효경 16년 孝景十六	2년간 주간이 후侯로 있었다. 효경 전3년, 후侯 주간이 모반하여 나라가 없어졌다. 二 前三年 侯閒反 國除 신주 이 뒤로 경제의 어머니 두태후의 조카 두영竇嬰이 대장군이 되어 오초칠국의 난을 제압한다. 그리고 위기후에 봉해져서 〈위기무안후전〉에 실리게 되었다.
효무 54년	
후제侯第	공신 서열 44위

45. 기후

국명國名	기祁 색은 현 이름으로 태원군에 속한다. 縣名 屬太原 신주 기현은 현재의 하남성 맹진현孟津縣 동쪽에 있었다.
후공侯功	집순으로 한왕 3년에 처음 봉기하여 진양에서 고조를 따랐고, 연오로 항적을 쳤다. 한왕이 패하여 달아나자 증하가 군대를 거느리고 초나라를 쳤으므로, 추격하는 기병들이 그 때문에 나아가지 못했다. 한왕이 증하를 돌아보고 말했다. "그대는 팽성에 남아 집규執圭의 지위를 사용하여 동쪽의 항우를 쳐서 그들이 성벽에 가까이 오는 것을 끊어라." 나중에 후侯가 되었는데 식읍은 1,400호이다. 以執盾漢王三年初起從晉陽 以連敖擊項籍 漢王敗走 賀方將軍擊楚 追騎以故不得進 漢王顧謂賀 子留彭城 用執圭東擊羽 急絕其近壁 侯千四百戶 집해 서광이 말했다. "팽성에서 싸울 때 위尉가 되어 장수를 무찔러 베었다." 또 "한왕이 하기賀祁를 돌아보며 탄식하자 팽성에서 싸워 장수를 베었다."라고 한다. 徐廣曰 戰彭城 爲尉敗斬將 又云 漢王顧歎賀祁 戰彭城斬將
고조 12년 高祖十二	7년간 증하가 곡후로 있었다. 고조 6년 6월 정해일, 곡후穀侯 증하繪賀의 원년이다. 七 六年六月丁亥 穀侯繪賀元年 색은 《시법》에는 안팎을 보며 행동하는 것을 '곡'이라 한다. 謚法 行見中外曰穀
효혜 7년 孝惠七	7년간 증하가 곡후로 있었다. 七
고후 8년 高后八	8년간 증하가 곡후로 있었다. 八
효문 23년 孝文二十三	11년간 증하가 곡후로 있었다. 12년간 증호가 경후로 있었다. 효문 12년, 경후頃侯 증호繪湖의 원년이다. 十一 十二 十二年 頃侯湖元年

효경 16년 孝景十六	5년간 증호가 경후로 있었다. 11년간 증타가 후侯로 있었다. 효경 6년, 후侯 증타繪它의 원년이다. 五 十一 六年 侯它元年
효무 54년	8년간 증타가 후侯로 있었다. 원광 2년, 후侯 증타가 황제를 모시다가 활쏘기 대회에서 멋대로 그만둔 불경죄에 걸려 나라가 없어졌다. 八 元光二年 侯它坐從射擅罷 不敬 國除 [집해] 서광이 말했다. "射를 다른 판본에는 '주酎(술을 올림)'라고 한다." 徐廣曰 射 一作酎
후제侯第	공신 서열 51위

46. 평후

국명國名	평平 [색은] 현 이름으로 하남군에 속한다. 縣名 屬河南 [신주] 평현은 현재의 하남성 맹진현 동쪽에 있었다.
후공侯功	군사가 처음 봉기할 때 사인으로 고조를 따라 진나라를 쳤으며 낭중이 되어 한중으로 들어갔다. 장군으로 제후들을 평정하고, 낙양을 지킨 공으로 후侯가 되었다. 비후 진하陳賀에 견주었으며, 식읍은 1,300호이다. 兵初起 以舍人從擊秦 以郎中入漢 以將軍定諸侯 守洛陽 功侯 比費侯賀 千三百戶
고조 12년 高祖十二	6년간 패가가 도후로 있었다. 고조 6년 6월 정해일, 도후悼侯 패가沛嘉의 원년이다. 1년간 패노가 정후로 있었다. 고조 12년, 정후靖侯 패노沛奴의 원년이다. 六 六年六月丁亥 悼侯沛嘉元年 一 十二年 靖侯奴元年
효혜 7년 孝惠七	7년간 패노가 정후로 있었다. 七

고후 8년 高后八	8년간 패노가 정후로 있었다. 八
효문 23년 孝文二十三	15년간 패노가 정후로 있었다. 8년간 패집이 후侯로 있었다. 효문 16년, 후侯 패집沛執의 원년이다. 十五 八 十六年 侯執元年
효경 16년 孝景十六	11년간 패집이 후侯로 있었다. 효경 중5년(서기전 145), 후侯 패집이 죄를 지어 나라가 없어졌다. 十一 中五年 侯執有罪 國除
효무 54년	
후제侯第	공신 서열 32위

47. 노후

국명國名	노魯
	[색은] 현 이름으로 노국에 속한다. **縣名 屬魯國** [신주] 노현은 현재의 산동성 곡부시曲阜市 동쪽에 있었다.
후공侯功	사인으로 패에서 봉기하여 고조를 따랐고, 함양에 이르고 낭중이 되어 한 중으로 들어갔다. 장군으로 고조를 따라 제후들을 평정했고, 후侯가 되어 식읍 4,800호를 받았으며, 공은 무양후(번쾌)에 견주었다. 업무 중에 죽어, 어머니가 대신 후侯가 되었다. **以舍人從起沛 至咸陽爲郎中 入漢 以將軍從定諸侯 侯 四千八百戶 功 比舞陽侯 死事 母代侯** [집해] 서광이 말했다. "《한서》에는 노후 연涓이라 하고, 연이 죽고 자식이 없어 어머니 자疵를 봉했다고 한다." **徐廣曰 漢書云魯侯涓 涓死無子 封母疵** [색은] 연이 죽고 자식이 없어서 모후 자를 봉했다. **涓無子 封母侯疵也**

	신주 《한서》〈표〉에는 노후 '해연奚涓'이고 중평重平에 어머니 저底를 봉했다고 했는데, 그 주석에 중평은 발해군의 현이라고 한다. 어쩌면 어머니가 봉해진 지역일지도 모른다. 이처럼 여자가 봉해진 것도 꽤 된다. 양옥승의 말이다. "부인이 봉해진 것은 천고에 가끔 있는 일로, 대개 고조가 노후 및 명자후 허부許負를 봉한 것에서 시작했다. 그 뒤에 소하와 곽광의 처를 찬후로, 번쾌의 처(여수)를 임광후로, 유백의 처 구수丘嫂를 음안후로 봉했다. 후한 때는 동해왕 유강劉彊의 딸 셋을 모두 후侯로 삼았으니 봉하여 임명한 것이 넘쳐났다(주석에 고조는 연향延鄕을 적모翟母에 봉했다고 한다)."
고조 12년 高祖十二	7년간 자가 모후로 있었다. 고조 6년 연간, 모후母侯 자疵의 원년이다. 七 六年中 母侯疵元年
효혜 7년 孝惠七	7년간 자가 모후로 있었다. 七
고후 8년 高后八	4년간 자가 모후로 있었다. 고후 5년, 모후 자가 죽고 후계자가 없어 나라가 없어졌다. 四 五年 母侯疵薨 無後 國除
효문 23년 孝文二十三	
효경 16년 孝景十六	
효무 54년	
후제侯第	공신 서열 7위

48. 고성후

국명國名	고성故城 **색은** 《한서》〈표〉에는 '성보城父'라고 했는데, 패군에 속한다. 漢表作城父 屬沛郡 **신주** 《한서》〈표〉에 성보라고 되어 있는 곳은 현재 안휘성 호주시豪州市 동남쪽이다. 《사기지의》도 《한서》〈표〉의 '성보'가 옳다고 했다.

후공侯功	군사가 처음 봉기할 때 알자로 고조를 따랐고 한중으로 들어갔다. 장군으로 제후들을 공격하고, 우승상으로 회양을 지킨 공으로 염차후 원경에 견주었으며 식읍은 2,000호이다. 兵初起 以謁者從 入漢 以將軍擊諸侯 以右丞相備守淮陽功 比厭次侯 二千戶
고조 12년 高祖十二	7년간 윤회가 장후로 있었다. 고조 6년 연간, 장후莊侯 윤회尹恢의 원년이다. 七 六年中 莊侯尹恢元年
효혜 7년 孝惠七	2년간 윤회가 장후로 있었다. 5년간 윤개방이 후侯로 있었다. 효혜 3년, 후侯 윤개방尹開方의 원년이다. 二 五 三年 侯開方元年
고후 8년 高后八	2년간 윤개방이 후侯로 있었다. 고후 3년, 후侯 윤개방이 후작 작위를 빼앗기고 관내후(봉읍이 없는 제후)가 되었다. 二 三年 侯方奪侯 爲關內侯
효문 23년 孝文二十三	
효경 16년 孝景十六	
효무 54년	
후제侯第	공신 서열 26위

49. 임후

국명國名	임任 색은 현 이름으로 광평군에 속한다. 縣名 屬廣平 신주 임현은 현재의 하북성 임구시任丘市 동쪽에 있었다.
후공侯功	기도위로 한 5년 동원東垣에서 봉기하여 고조를 따랐고, 연·대를 공격하고 옹치雍齒에 속하여 공을 세워 후侯가 되었다. 거기장군이 되었다. 以騎都尉漢五年從起東垣 擊燕代 屬雍齒 有功 侯 爲車騎將軍

고조 12년 高祖十二	7년간 장월이 후侯로 있었다. 고조 6년, 후侯 장월張越의 원년이다. 七 六年 侯張越元年 색은 임후 장월張戌이다. 《한서》〈표〉에는 '장월張越'이라 했다. 任侯張戌 漢表作張越
효혜 7년 孝惠七	7년간 장월이 후侯로 있었다. 七
고후 8년 高后八	2년간 장월이 후侯로 있었다. 고후 3년, 후侯 장월이 죽을죄를 지은 자를 숨겼다가 걸려 작위를 잃고 서인이 되었고, 나라가 없어졌다. 二 三年 侯越坐匿死罪 免爲庶人 國除
효문 23년 孝文二十三	
효경 16년 孝景十六	
효무 54년	
후제侯第	

50. 극구후

국명國名	극구棘丘 색은 《한서》〈지리지〉에는 극구 땅은 들어있지 않다. 漢志棘丘地闕 신주 극구현은 현재 어디인지 알 수 없다. 양옥승은 《사기지의》에서 당시의 양적현陽翟縣 서북쪽의 상극上棘이라고 보았다.
후공侯功	집순대사로 원년 전에 탕에서 봉기하여 고조를 따랐고, 진나라를 격파했으며, 치속내사로 한중으로 들어갔다. 상군수로 서위의 땅을 쳐서 평정한 공으로 후侯가 되었다. 以執盾隊史前元年從起碭 破秦 以治粟內史入漢 以上郡守擊定西魏地功侯

고조 12년 高祖十二	7년간 양이 후侯로 있었다. 고조 6년, 후侯 양襄의 원년이다. 七 六年 侯襄元年 색은 襄은 이름이다. 역사에서 성과 시호를 잃었다. 襄 名也 史失姓及謚
효혜 7년 孝惠七	7년간 양이 후侯로 있었다. 七
고후 8년 高后八	4년간 양이 후侯로 있었다. 고후 4년, 후侯 양이 후작을 빼앗기고 사오士伍 (사졸)가 되어 나라가 없어졌다. 四 四年 侯襄奪侯 爲士伍 國除
효문 23년 孝文二十三	
효경 16년 孝景十六	
효무 54년	
후제侯第	

51. 아릉후

국명國名	아릉阿陵 색은 현 이름으로 탁군에 속한다. 縣名 屬涿郡 신주 아릉현은 현재 하북성 임구시任丘市 동북쪽에 있었다.
후공侯功	연오로 원년 전에 선보에서 봉기하여 고조를 따랐고, 샛길로 한중에 들어 갔다. 以連敖前元年從起單父 以塞疏入漢 집해 서광이 말했다. "일설에는 '새로'라 하고, 일설에는 '무리를 이끌고 한중으로 들어 갔다.'라고 한다." 徐廣曰 一云塞路 一云以眾入漢中

색은	선보에서 봉기하여 샛길로 한중으로 들어갔다고 했는데, 일설에는 '새소塞疏'라고 했고, 일설에는 무리를 이끌고 한중으로 들어가 길을 텄다고 한다. 살피건대 '새로塞路'라는 글자를 잘못 써서 '소疏'라고 한 것이다. 소안(안사고)은 좁은 지름길을 막는 것을 주관했다고 했다. 起單父塞路入漢 一云塞疏 一云以眾疏入漢 案 塞路字誤爲疏 小顏云主遮塞要路也
고조 12년 高祖十二	7년간 곽정이 경후로 있었다. 고조 6년 7월 경인일, 경후頃侯 곽정郭亭의 원년이다. 七 六年七月庚寅 頃侯郭亭元年
효혜 7년 孝惠七	7년간 곽정이 경후로 있었다. 七
고후 8년 高后八	8년간 곽정이 경후로 있었다. 八
효문 23년 孝文二十三	2년간 곽정이 경후로 있었다. 21년간 곽구가 혜후로 있었다. 효문 3년, 혜후惠侯 곽구郭歐의 원년이다. 二 二十一 三年 惠侯歐元年
효경 16년 孝景十六	1년간 곽구가 혜후로 있었다. 8년간 곽승객이 후侯로 있었다. 효경 전2년, 후侯 곽승객郭勝客의 원년이다. 죄를 지어 세습이 끊겼다. 남南으로 봉국이 바뀌어 4년간 곽연거가 정후로 있었다. 효경 중6년, 정후靖侯 곽연거郭延居의 원년이다. 一 八 前二年 侯勝客元年 有罪 絕 南四 中六年 靖侯延居元年 신주 어떤 판본은 18로 되어 있고, 어떤 판본은 1과 8로 되어 있다. 경제 원년 곽구가 죽었으므로 1이 맞을 것이다. 《사기지의》에 《수경주》를 인용하여 남군을 형주 남군에 속한다고 했다. 남군은 한수漢水를 끼고 있고 남양군 남쪽이다.
효무 54년	11년간 곽연거가 정후로 있었다. 원광 6년, 후侯 곽칙郭則의 원년이다. 17년간 곽칙이 후侯로 있었다. 원정 5년, 후侯 곽칙이 주금에 걸려 나라가 없어졌다. 十一 元光六年 侯則元年 十七 元鼎五年 侯則坐酎金 國除

후제侯第	공신 서열 27위

52. 창무후

국명國名	창무昌武 **색은** 《한서》〈지리지〉에는 창무가 들어있지 않다. 漢志昌武闕 **신주** 창무현에 대해서는 연구자들의 견해가 일치하지 않는다. 대만의 《신역사기》는 현을 다스리던 곳을 현재의 산동성 청도靑島 부근이라고 말하고 있고, 일본의 《사기 3하-10표2》는 현재 산동반도 중심부에 있던 교동국膠東國의 현으로 설명하면서 자세한 위치는 알 수 없다고 말하고 있다.
후공侯功	처음 봉기하여 사인으로 고조를 따랐고, 낭중이 되어 한중으로 들어갔다. 3진을 평정하고, 낭중장으로 제후들을 쳐서 후侯가 되었는데 식읍은 980호를 받았으며, 위기후(주정 周定)에 견주었다. 初起以舍人從 以郎中入漢 定三秦 以郎中將擊諸侯 侯 九百八十戶 比魏其侯
고조 12년 高祖十二	7년간 선녕이 정신후로 있었다. 고조 6년 7월 경인일, 정신후靖信侯 선녕單甯의 원년이다. 七 六年七月庚寅 靖信侯單甯元年 **색은** 單甯의 발음은 '선녕善佞'이다. 單甯音善佞
효혜 7년 孝惠七	5년간 선녕이 정신후로 있었다. 2년간 선여의가 이후로 있었다 효혜 6년, 이후夷侯 선여의單如意의 원년이다. 五 二 六年 夷侯如意元年
고후 8년 高后八	8년간 선여의가 이후로 있었다. 八

효문 23년 孝文二十三	23년간 선여의가 이후로 있었다. 二十三
효경 16년 孝景十六	10년간 선여의가 이후로 있었다. 6년간 선가성이 강후로 있었다. 효경 중4년, 강후康侯 선가성單賈成의 원년이다. 十 六 中四年 康侯賈成元年
효무 54년	10년간 선가성이 강후로 있었다. 원광 5년, 후侯 선득單得의 원년이다. 4년간 선득이 후侯로 있었다. 원삭 3년, 후侯 선득이 사람을 다치게 하여 20일 안에 죽게 만든 일에 걸려 기시를 당하고 나라가 없어졌다. 十 元光五年 侯得元年 四 元朔三年 侯得坐傷人二旬內死 棄市 國除 **신주** 무제 10년, 즉 원광 4년에 선가성이 세상을 떠났다.
후제侯第	공신 서열 45위

53. 고원후

국명國名	고원高苑 **색은** 고원은 현 이름으로 천승군에 속한다. 高宛 縣名 屬千乘 **신주** 고원현은 현재 산동성 치박시淄博市 서북쪽으로 비정한다. 천승군은 후한 때 낙안군으로 이름이 바뀐다.
후공侯功	처음 봉기하여 사인으로 고조를 따랐고, 한중으로 들어갔다. 3진을 평정하고, 중위로 항적을 격파하고 후侯가 되어 식읍 1,600호를 받았으며, 척구후(당려唐厲)에 견주었다. 初起以舍人從 入漢 定三秦 以中尉破籍 侯 千六百戶 比斥丘侯
고조 12년 高祖十二	7년간 병천이 제후로 있었다. 고조 6년 7월 무술일, 제후制侯 병천丙倩의 원년이다. 七 六年七月戊戌 制侯丙倩元年

	색은 倩의 발음은 '천[七淨反]'이다 倩音七淨反
효혜 7년 孝惠七	7년간 병득이 간후로 있었다. 효혜 원년, 간후簡侯 병득丙得의 원년이다. 七 元年 簡侯得元年
고후 8년 高后八	8년간 병득이 간후로 있었다. 八
효문 23년 孝文二十三	15년간 병득이 간후로 있었다. 8년간 병무가 효후로 있었다. 효문 16년, 효후孝侯 병무丙武의 원년이다. 十五 八 十六年 孝侯武元年
효경 16년 孝景十六	16년간 병무가 효후로 있었다. 十六
효무 54년	2년간 병신이 후侯로 있었다. 건원 원년, 후侯 병신丙信의 원년이다. 건원 3년, 후侯 병신이 황제의 부거副車 사이로 출입한 것에 걸려 후작을 빼앗기고 나라가 없어졌다. 二 建元元年 侯信元年 建元三年 侯信坐出入屬車間 奪侯 國除
후제侯第	공신 서열 41위 신주 고원후는 척구후에 공이 준한다고 했는데, 척구후 순위가 40위이니 고원후는 41위가 맞을 것이다. 따라서 앞서 동무후의 공신 서열을 41위로 쓴 것은 오류로 보인다.

54. 선곡후

국명國名	선곡宣曲 색은 《한서》〈지리지〉에는 들어있지 않다. 漢志闕

	신주 선곡현은 현재 어디인지 분명하지 않다. 아마도 수도 및 그 근방을 뜻하는 경보京輔 일대로 추정한다. 《신역사기》는 지금의 서안西安 남교南郊와 우두산牛頭山과 서로 가깝다고 보고 있다.
후공侯功	군졸로 류留에서 봉기하여 고조를 따랐고, 기장이 되어 한중으로 들어갔다. 3진을 평정하고, 형양에서 항적의 군대를 격파했으며, 낭기장이 되어 고릉固陵에서 종리말(종리매)의 군대를 격파해 후侯가 되고 식읍은 670호이다. 以卒從起留 以騎將入漢 定三秦 破籍軍滎陽 爲郎騎將 破鍾離昧軍固陵 侯 六百七十戶
고조 12년 高祖十二	7년간 정의가 제후로 있었다. 고조 6년 7월 무술일, 제후齊侯 정의丁義의 원년이다. 七 六年七月戊戌 齊侯丁義元年
효혜 7년 孝惠七	7년간 정의가 제후로 있었다. 七
고후 8년 高后八	8년간 정의가 제후로 있었다. 八
효문 23년 孝文二十三	10년간 정의가 제후로 있었다. 13년간 정통이 후侯로 있었다. 효문 11년, 후侯 정통丁通의 원년이다. 十 十三 十一年 侯通元年
효경 16년 孝景十六	4년간 정통이 후侯로 있었다. 죄를 지어 나라가 없어졌다. 발루發婁로 봉국이 바뀌었다. 효경 중5년, 후侯 정통이 다시 봉해진 원년이다. 효경 중6년, 후侯 정통이 죄를 지어 나라가 없어졌다. 四 有罪 除 發婁 中五年 復封侯通元年 中六年 侯通有罪 國除 **신주** 경제 중5년, 정통은 발루후로 바뀌었다가 이듬해 폐고되었다. 발루의 위치는 미상이다.
효무 54년	
후제侯第	공신 서열 43위

55. 강양후

국명國名	강양絳陽
	색은 《한서》〈지리지〉에는 들어있지 않으며, 《한서》〈표〉에는 '종릉終陵'이라 했다. 漢志闕 漢表作終陵也 신주 강양현의 위치는 알 수 없다.
후공侯功	월 땅의 장수로 류留에서 봉기하여 고조를 따랐고, 한중으로 들어갔다. 3진을 평정하고, 장도를 쳐서 후侯가 되었는데 식읍은 740호이다. 고조를 따라 마읍 땅과 영포를 공격했다. 以越將從起留 入漢 定三秦 擊臧荼 侯 七百四十戶 從攻馬邑及布
고조 12년 高祖十二	7년간 화무해가 제후로 있었다. 고조 6년 7월 무술일, 제후齊侯 화무해華無害의 원년이다. 七 六年七月戊戌 齊侯華無害元年
효혜 7년 孝惠七	7년간 화무해가 제후로 있었다. 七
고후 8년 高后八	8년간 화무해가 제후로 있었다. 八
효문 23년 孝文二十三	3년간 화무해가 제후로 있었다. 16년간 화발제가 공후로 있었다. 효문 4년, 공후恭侯 화발제華勃齊의 원년이다. 4년간 화록이 후侯로 있었다. 효문 후4년, 후侯 화록華祿의 원년이다. 三 十六 四年 恭侯勃齊元年 四 後四年 侯祿元年
효경 16년 孝景十六	3년간 화록이 후侯로 있었다. 효경 4년, 후侯 화록이 봉국의 경계를 나간 일로 죄를 지어 나라가 없어졌다. 三 四年 侯祿坐出界 有罪 國除
효무 54년	
후제侯第	공신 서열 46위

56. 동모후

국명國名	동모東茅 [색은] 《한서》〈지리지〉에는 들어있지 않다. 다른 판본에는 茅를 '유柔'라고 한다. 漢志闕 一作柔也 [신주] 동모현의 현재의 위치는 알 수 없다.
후공侯功	사인으로 탕에서 봉기하여 고조를 따랐고, 패상에 이르러 두 대를 이끌고 한중으로 들어갔다. 3진을 평정하고, 도위로 항우를 쳤으며, 장도를 격파해 후侯가 되었다. 한신을 잡아 장군이 되었으며, 식읍 1,000호를 더했다. 以舍人從起碭 至霸上 以二隊入漢 定三秦 以都尉擊項羽 破臧荼 侯 捕 韓信 爲將軍 益邑千戶
고조 12년 高祖十二	7년간 유쇠가 경후로 있었다. 고조 6년 8월 병진일, 경후敬侯 유쇠劉釗의 원년이다. 七 六年八月丙辰 敬侯劉釗元年 [신주] 《한서》〈표〉에는 유쇠가 유도劉到로 되어 있다.
효혜 7년 孝惠七	7년간 유쇠가 경후로 있었다. 七
고후 8년 高后八	8년간 유쇠가 경후로 있었다. 八
효문 23년 孝文二十三	2년간 유쇠가 경후로 있었다. 효문 3년, 후侯 유길劉吉의 원년이다. 13년간 유길이 후侯로 있었다. 효문 16년, 후侯 유길이 작위를 박탈당하고 나라가 없어졌다. 二 三年 侯吉元年 十三 十六年 侯吉奪爵 國除 [신주] 유쇠는 문제 2년에 세상을 떠났다.
효경 16년 孝景十六	
효무 54년	
후제侯第	공신 서열 48위

57. 척구후

국명國名	척구斥丘 [색은] 현 이름으로 위군에 속한다. 縣名 屬魏郡 [신주] 척구현에 대해 《신역사기》는 하북성 성안현成安縣 동남쪽으로 비정하고, 일본의 〈사기 3하-10표2-〉는 하북성 위현魏縣 서쪽으로 비정한다.
후공侯功	사인으로 풍에서 봉기하여 고조를 따랐고, 좌사마로 한중에 들어갔다. 아 장亞將으로 항적을 공격해 승리하고, 동군도위가 되었다. 무성武城에서 항 적을 격파하고 후侯가 되었다. 한중위가 되어 영포를 치고 척구후가 되었으 며, 식읍은 1,000호이다. 以舍人從起豐 以左司馬入漢 以亞將攻籍 剋敵 爲東郡都尉 擊破籍武 城 侯 爲漢中尉 擊布 爲斥丘侯 千戶 [집해] 서광이 말했다. "무성을 일설에는 '성무'라 한다." 徐廣曰 一云城武 [색은] 무성에서 항적을 격파하고 처음에는 무성후가 되었다. 나중에 경포를 격파해 척 구후로 바꿔 봉해졌다. 破籍武城 初爲武城侯 後擊布 改封斥丘
고조 12년 高祖十二	7년간 당려가 의후로 있었다. 고조 6년 8월 병진일, 의후懿侯 당려唐厲의 원 년이다. 七 六年八月丙辰 懿侯唐厲元年
효혜 7년 孝惠七	7년간 당려가 의후로 있었다. 七
고후 8년 高后八	8년간 당려가 의후로 있었다. 八
효문 23년 孝文二十三	8년간 당려가 의후로 있었다. 13년간 당조가 공후로 있었다. 효문 9년, 공후恭侯 당조唐鼂의 원년이다. 2년간 당현이 후侯로 있었다. 효문 후6년, 후侯 당현唐賢의 원년이다. 八 十三 九年 恭侯鼂元年 二 後六年 侯賢元年

효경 16년 孝景十六	16년간 당현이 후侯로 있었다. 十六
효무 54년	25년간 당현이 후侯로 있었다. 원정 2년, 후侯 당존唐尊의 원년이다. 3년간 당존이 후侯로 있었다. 원정 5년, 후侯 당존이 주금에 걸려 나라가 없어졌다. 二十五 元鼎二年 侯尊元年 三 元鼎五年 侯尊坐酎金 國除 　**신주**　무제 25년, 즉 원정 원년에 당현이 세상을 떠났다.
후제侯第	공신 서열 40위

58. 대후

국명國名	대臺 　**색은**　살피건대 임치군에 대향현이 있다. 案 臨淄郡有臺鄉縣 　**신주**　대만의 《신역사기》는 대현의 현치縣治에 대해 현재의 산동성 제양濟陽 동남쪽으로 비정하는데, 일본의 〈사기 3하-10표2-〉는 산동성 제남시齊南市 역성구歷城區 동북으로 비정한다. 〈지리지〉에는 제군 소속이고 《후한서》 〈군국지〉에도 제남군 소속으로 되어 있으므로 색은 주석에서 임치군 소속이라 한 것은 오류일 것이다.
후공侯功	사인으로 탕에서 봉기하여 고조를 따랐고, 대솔로 임용되어 한중으로 들어갔다. 도위로 항적을 쳤고, 항적이 죽자 되돌려 임강臨江 땅을 쳤다. 장군 유가劉賈에 속하고 공으로 후侯가 되었다. 장군으로 연나라를 쳤다. 以舍人從起碭 用隊率入漢 以都尉擊籍 籍死 轉擊臨江 屬將軍賈 功侯 以將軍擊燕
고조 12년 高祖十二	7년간 대야가 정후로 있었다. 고조 6년 8월 갑자일, 정후定侯 대야戴野의 원년이다. 七 六年八月甲子 定侯戴野元年
효혜 7년 孝惠七	7년간 대야가 정후로 있었다. 七

고후 8년 高后八	8년간 대야가 정후로 있었다. 八
효문 23년 孝文二十三	3년간 대야가 정후로 있었다. 20년간 대재가 후侯로 있었다. 효문 4년, 후侯 대재戴才의 원년이다. 三 二十 四年 侯才元年 **신주** 문제 3년에 대야가 죽었다.
효경 16년 孝景十六	2년간 대재가 후侯로 있었다. 효경 3년, 후侯 대재가 모반하여 나라가 없어졌다. 二 三年 侯才反 國除
효무 54년	
후제侯第	공신 서열 35위

59. 안국후

국명國名	안국安國 **색은** 현 이름으로 중산군에 속한다. 縣名 屬中山 **신주** 현재의 하북성 안국시安國市 동남쪽에 있었다.
후공侯功	객으로 풍에서 봉기하여 고조를 따랐고, 구장廐將으로 따로 동군과 남양을 평정하고 고조를 따라 패상에 이르렀다. 한중으로 들어갔으며 풍豐 땅을 지켰다. 주상이 동쪽으로 가고 그로 인해 고조를 따라 싸웠으나 불리하자 혜제와 노원공주를 받들어 수수睢水에서 탈출하여 풍 땅을 군게 지키고 옹후雍侯에 봉해졌다. 식읍은 5,000호이다. 以客從起豐 以廐將別定東郡南陽 從至霸上 入漢 守豐 上東 因從戰不利 奉孝惠魯元出睢水中 及堅守豐 封雍侯 五千戶 **신주** 《사기지의》는 《경사문답經史問答》의 설을 따라서 왕릉은 무리를 모아 남양을 평정하고 고조를 따라 관중 등으로 들어가지 않았으며 고조가 남겨두어 외원으로 삼았을 뿐이라고 했다.

고조 12년 高祖十二	7년간 왕릉이 무후로 있었다. 고조 6년 8월 갑자일, 무후武侯 왕릉王陵의 원년이다. 후侯가 안국安國으로 정해졌다. 七 六年八月甲子 武侯王陵元年 定侯安國
효혜 7년 孝惠七	7년간 왕릉이 무후로 있었다. 효혜 6년, 우승상이 되었다. 七 其六年 爲右丞相
고후 8년 高后八	7년간 왕릉이 무후로 있었다. 1년간 왕기가 애후로 있었다. 고후 8년, 애후哀侯 왕기王忌의 원년이다. 七 一 八年 哀侯忌元年
효문 23년 孝文二十三	23년간 왕유가 종후로 있었다. 효문 원년, 종후終侯 왕유王游의 원년이다. 二十三 元年 終侯游元年 색은 서광이 말했다. "游를 다른 판본에는 '소昭'라 한다." 徐廣曰 游 一作昭
효경 16년 孝景十六	16년간 왕유가 종후로 있었다. 十六
효무 54년	20년간 왕벽방이 안후로 있었다. 건원 원년 3월, 안후安侯 왕벽방王辟方의 원년이다. 8년간 왕정이 후侯로 있었다. 원수 3년, 후侯 왕정王定의 원년이다. 원정 5년, 후侯 왕정이 주금에 걸려 나라가 없어졌다. 二十 建元元年 三月 安侯辟方元年 八 元狩三年 侯定元年 元鼎五年 侯定坐酎金 國除
후제侯第	공신 서열 12위

60. 낙성후

국명國名	낙성樂成 색은 《한서》〈지리지〉에는 들어있지 않다. 漢志闕

	대만의 《신역사기》와 일본의 〈사기 3하-10표2-〉는 모두 현재 하남성 등주시鄧州市 서남쪽에 비정한다. 〈지리지〉에는 남양군과 하간군에 이 이름을 가진 현이 있다. 《사기지의》에 따르면, 하간군 낙성은 제후왕의 도읍이므로 아마 정례는 남양 낙성에 봉해졌을 것이라 한다.
후공侯功	중연기로 탕에서 봉기하여 고조를 따랐고, 기장으로 한중으로 들어갔다. 3진을 평정하고, 후侯가 되었다. 도위로 항적을 치고 관영에 속하여 용저를 죽이고 다시 낙성후가 되었는데 식읍은 1,000호이다. 以中涓騎從起碭中 爲騎將 入漢 定三秦 侯 以都尉擊籍 屬灌嬰 殺龍且 更爲樂成侯 千戶
고조 12년 高祖十二	7년간 정례가 절후로 있었다. 고조 6년 8월 갑자일, 절후節侯 정례丁禮의 원년이다. 七 六年八月甲子 節侯丁禮元年
효혜 7년 孝惠七	7년간 정례가 절후로 있었다. 七
고후 8년 高后八	8년간 정례가 절후로 있었다. 八
효문 23년 孝文二十三	4년간 정례가 절후로 있었다. 18년간 정마종이 이후로 있었다. 효문 5년, 이후夷侯 정마종丁馬從의 원년이다. 1년간 정객이 무후로 있었다. 효문 후7년, 무후武侯 정객丁客의 원년이다. 四 十八 五年 夷侯馬從元年 一 後七年 武侯客元年
효경 16년 孝景十六	16년간 정객이 무후로 있었다. 十六
효무 54년 孝武五十四	25년간 정객이 무후로 있었다. 원정 2년, 후侯 정의丁義의 원년이다. 3년간 정의가 후侯로 있었다. 원정 5년, 후侯 정의가 방사 오리후 난대欒大의 노리가 아닌 인행에 걸려 기시를 당하고 나라가 없어졌다. 二十五 元鼎二年 侯義元年 三 元鼎五年 侯義坐言五利侯不道 棄市 國除 정객은 무제 25년, 즉 원정元鼎 원년(서기전 116)에 세상을 떠났다. 정의는 무제의 딸인 악읍장공주鄂邑長公主의 남편이었으나 난대 사건에 걸려 죽임을 당했다. 양옥승은

	《사기지의》에서 정의는 정례와 형제로 동시에 후侯로 봉해졌다고 하며, 《한서》〈교사지〉에는 난대에 걸려 제거된 사람의 이름은 '등豰'이라 한다.
후제侯第	공신 서열 42위

61. 벽양후

국명國名	벽양辟陽 색은 현 이름으로 신도군에 속한다. 縣名 屬信都 신주 벽양현은 대만과 일본학계는 모두 현재 하북성 조강현棗强縣 서남쪽으로 비정한다. 양옥승은 《사기지의》에서 이 벽양은 신도군信都郡의 벽양이 아니라 임치군臨淄郡 근처이며, 나중에 무제가 성양경왕의 아들 유장劉壯을 봉한 곳이라고 했다. 그러나 신도군은 현재 하북성 기주구冀州區 일대로 비정하고, 임치군은 현재 산동성 치박시淄博市 임치구로 비정한다는 점에서 대만과 일본 학자들은 모두 현재 하북성 일대에 있던 현으로 보고 있다.
후공侯功	사인으로 처음 봉기하여, 여후와 혜제를 패에서 3년 10개월간(실제 2년 7개월) 모셨다. 여후가 초나라로 들어가자 심이기가 1년간(실제 3년) 따랐고, 후侯가 되었다. 以舍人初起 侍呂后孝惠沛三歲十月 呂后入楚 食其從一歲 侯
고조 12년 高祖十二	7년간 심이기가 유후로 있었다. 고조 6년 8월 갑자일, 유후幽侯 심이기審食其의 원년이다. 七 六年八月甲子 幽侯審食其元年
효혜 7년 孝惠七	7년간 심이기가 유후로 있었다. 七
고후 8년 高后八	8년간 심이기가 유후로 있었다. 八
효문 23년 孝文二十三	3년간 심이기가 유후로 있었다. 20년간 심평이 후侯로 있었다. 효문 4년, 후侯 심평審平의 원년이다. 三 二十 四年 侯平元年

효경 16년 孝景十六	2년간 심평이 후侯로 있었다. 효경 3년, 심평이 모반에 걸려 나라가 없어졌다. 二 三年 平坐反 國除
효무 54년	
후제侯第	공신 서열 59위

62. 안평후

국명國名	안평安平
	색은 현 이름으로 탁군에 속한다. 縣名 屬涿郡 신주 안평현은 현재 하북성 안평현으로 비정한다.
후공侯功	알자로 한왕 3년 처음 고조를 따랐고, 제후들을 평정했으며, 공훈의 차례를 정할 때 소하를 1위로 천거한 공으로 후侯가 되었는데 식읍은 2,000호이다. 以謁者漢王三年初從 定諸侯 有功秩 舉蕭何 功侯 二千戶
고조 12년 高祖十二	7년간 악천추가 경후로 있었다. 고조 6년 8월 갑자일, 경후敬侯 악천추諤千 秋의 원년이다. 七 六年八月甲子 敬侯諤千秋元年
효혜 7년 孝惠七	2년간 악천추가 경후로 있었다. 5년간 악가가 간후로 있었다. 효혜 3년, 간후簡侯 악가諤嘉의 원년이다. 二 五 孝惠三年 簡侯嘉元年
고후 8년 高后八	7년간 악가가 간후로 있었다. 1년간 악응이 경후로 있었다. 고후 8년, 경후頃侯 악응諤應의 원년이다. 七 一 八年 頃侯應元年
효문 23년 孝文二十三	13년간 악응이 경후로 있었다. 10년간 악기가 양후로 있었다. 효문 14년, 양후煬侯 악기諤寄의 원년이다. 十三 十 十四年 煬侯寄元年

효경 16년 孝景十六	15년간 악기가 양후로 있었다. 1년간 악단이 후侯로 있었다. 효경 후3년, 후侯 악단諤但의 원년이다. 十五 一 後三年 侯但元年
효무 54년	18년간 악단이 후侯로 있었다. 원수 원년, 회남왕의 딸 유릉劉陵과 사통하고 회남왕에 서신을 보내 신하를 일컫고 힘을 다하겠다고 한 일에 걸려 기시를 당하고 나라가 없어졌다. 十八 元狩元年 坐與淮南王女陵通 遺淮南書稱臣盡力 棄市 國除 **신주** 무제 19년, 즉 원수 원년(서기전 122) 악단은 회남왕의 딸과 사통하고 회남왕에게 서신을 보내 충심을 드러냈다가 무제에게 죽임을 당했다. 회남왕 유안劉安은 유방의 손자이자 유장劉長의 아들이었다. 부친 회남왕 유장은 서기전 174년 흉노 등과 결탁한 혐의로 사형에 해당했으나 문제의 사면을 받고 왕호를 박탈당한 후 촉군蜀郡(사천성)으로 귀양 가던 중 식사를 끊고 죽었다.
후제侯第	공신 서열 61위

63. 괴성후

국명國名	괴성䣙成 **색은** 《한서》 〈지리지〉에는 들어있지 않으며, 《진서》 〈지도기〉에는 북지군에 속한다고 했다. 살피건대 주설은 지양池陽에 봉해졌다가 뒤에 괴성에 봉해졌다. 발음은 '괴[苦壞反]'이다. 소안(안사고)은 발음을 '붕[普肯反]'이라 했다. 漢志闕 晉書地道記屬北地 案 緤封池陽 後定封䣙成 音苦壞反 小顔音普肯反 **신주** 괴성현의 위치는 정확하지 않은데 양옥승은 《사기지의》에서 부풍현扶風縣에 해당한다면서 지금의 서안시西安市 서쪽으로 비정했다.
후공侯功	사인으로 패에서 봉기하여 고조를 따랐고, 패상에 이르러 후侯가 되었다. 한중으로 들어갔다가 3진을 평정하고, 지양池陽을 식읍으로 받았다. 항우의 군대를 형양에서 치고 용도를 끊었다. 고조를 따라 출전하여 평음平陰을 건너 한신의 군대와 양국襄國에서 만났다. 초와 한이 홍구를 기점으로 천하를 나눌 것을 약속할 때 주설을 보증으로 삼았다. 전황이 불리할 때도 감히 주상 곁을 떠나지 않았다. 후侯가 되었는데 식읍은 3,300호이다.

	以舍人從起沛 至霸上 侯 入漢 定三秦 食邑池陽 擊項羽軍滎陽 絕甬道 從出 度平陰 遇淮陰侯軍襄國 楚漢約分鴻溝 以緤爲信 戰不利 不敢離 上 侯 三千三百戶
고조 12년 高祖十二	7년간 주설이 존후로 있었다. 고조 6년 8월 갑자일, 존후尊侯 주설周緤의 원년이다. 고조 12년 10월 을미일, 괴성으로 정해졌다. 七 六年八月甲子 尊侯周緤元年 十二年十月乙未 定蒯成 **신주** 〈부근괴성전〉에는 시호를 '정후貞侯'라 하며 6년에 봉해진 곳은 신무信武이다.(지양→신무→괴성)
효혜 7년 孝惠七	7년간 주설이 존후로 있었다. 七
고후 8년 高后八	8년간 주설이 존후로 있었다. 八
효문 23년 孝文二十三	5년간 주설이 존후로 있었다. 주설이 죽고 아들 주창周昌이 대를 이었다. 죄를 지어 세습이 끊기고 나라가 없어졌다. 五 緤薨 子昌代 有罪 絕 國除
효경 16년 孝景十六	단鄲으로 봉국이 바뀌어 1년간 주응이 강후로 있었다. 효경 중원년, 주설의 아들 강후康侯 주응周應의 원년이다. 8년간 주중거가 후侯로 있었다. 효경 중2년, 후侯 주중거周中居의 원년이다. 鄲一 中元年 封緤子康侯應元年 八 中二年 侯中居元年 **색은** 주설의 아들 소紹가 단에 봉해졌다. 살피건대 단은 《한서》〈지리지〉에 따르면 패군에 속한다고 하며, 여순은 감인의 《주지》를 인용하여 발음을 '다多'라고 했다. 緤子紹封鄲 案 漢志屬沛郡 如淳引闞駰騆州志音多 **색은** 中의 발음은 '중仲'이다. 中音仲
효무 54년 孝武五十四	26년간 주중거가 후侯로 있었다. 원정 3년, 주중거가 태상이 된 후 죄를 지은 일에 걸려 나라가 없어졌다. 二十六 元鼎三年 居坐爲太常有罪 國除
후제侯第	공신 서열 21위 **신주** 중화서국본에는 공신 서열 순위가 21위이나 백납본에는 22위다. 《한서》〈표〉에도 22위다. 21위는 동무후東武侯일 것인데, 《사기》와 《한서》는 41위로 되어 있다. 고원후가 41위이므로 아마 21위를 잘못 베껴 전한 것으로 추측된다.

64. 북평후

국명國名	북평北平 색은 현 이름으로 중산군에 속한다. 縣名 屬中山 신주 현재 하북성 만성현滿城縣 동북쪽으로 비정한다.
후공侯功	객으로 양무陽武에서 봉기하여 고조를 따랐고, 패상에 이르렀다. 상산군 수가 되어 진여를 잡고, 대상代相이 되었다가 조상趙相으로 옮기고, 후侯가 되었다. 계상計相을 4년 하고, 회남상을 14년 했다. 식읍은 1,300호이다. 以客從起陽武 至霸上 爲常山守 得陳餘 爲代相 徙趙相 侯 爲計相四歲 淮南相十四歲 千三百戶
고조 12년 高祖十二	7년간 장창이 문후로 있었다. 고조 6년 8월 정축일, 문후文侯 장창張倉의 원년이다. 七 六年八月丁丑 文侯張倉元年
효혜 7년 孝惠七	7년간 장창이 문후로 있었다. 七
고후 8년 高后八	8년간 장창이 문후로 있었다. 八
효문 23년 孝文二十三	23년간 장창이 문후로 있었다. 효문 4년에 승상이 되어 5년 만에 그만두었다. 二十三 其四爲丞相 五歲罷 색은 계상이 되었다. 爲計相也 신주 장창은 15년 만에 승상을 그만두었고, 색은 주석에서 계상이 되었다고 한 것은 잘못이다. 계상이 된 것은 소하가 승상일 때 소하 밑에서 있었던 일이다.
효경 16년 孝景十六	5년간 장창이 문후로 있었다. 8년간 장봉이 강후로 있었다. 효경 6년, 강후康侯 장봉張奉의 원년이다. 3년간 장예가 후侯로 있었다. 효경 후원년, 후侯 장예張預의 원년이다. 五 八 六年 康侯奉元年 三 後元年 侯預元年 신주 〈장승상전〉과 《한서》의 〈표〉 그리고 〈장창전〉에는 장예의 이름을 모두 '류類'라 고 한다.

효무 54년	4년간 장예가 후侯로 있었다. 건원 5년, 후侯 장예가 제후의 상례에 임한 후에 어전에 나간 불경죄에 걸려 나라가 없어졌다. 四 建元五年 侯預坐臨諸侯喪後 不敬 國除
후제侯第	공신 서열 65위

65. 고호후

국명國名	고호高胡 색은 《한서》〈지리지〉에는 들어있지 않다. 漢志闕 신주 고호현의 현재 위치는 알 수 없다.
후공侯功	군졸로 강리杠里에서 봉기하여 고조를 따랐고, 한중으로 들어갔다. 도위로 항적을 치고, 연나라를 평정하여 후侯가 되었는데 식읍은 1,000호이다. 以卒從起杠里 入漢 以都尉擊籍 以都尉定燕 侯 千戶 신주 《사기지의》에 따르면, 《한서》〈표〉에는 연나라를 칠 때는 '장군'이라 한다.
고조 12년 高祖十二	7년간 진부걸이 후侯로 있었다. 고조 6년 연간, 후侯 진부걸陳夫乞의 원년이다. 七 六年中 侯陳夫乞元年
효혜 7년 孝惠七	7년간 진부걸이 후侯로 있었다. 七
고후 8년 高后八	8년간 진부걸이 후侯로 있었다. 八
효문 23년 孝文二十三	4년간 진부걸이 후侯로 있었다. 효문 5년, 상후殤侯 진정陳程이 후계자가 되었다. 그가 죽고 후계자가 없어 나라가 없어졌다. 四 五年 殤侯程嗣 薨 無後 國除
효경 16년 孝景十六	
효무 54년	
후제侯第	공신 서열 82위

66. 염차후

국명國名	염차厭次
	색은 《한서》〈지리지〉에는 들어있지 않다. 《진서》〈지도기〉에는 평원군에 속했다가 뒤에 낙릉국에 속했다고 한다. 漢志闕 晉書地道記屬平原 後乃屬樂陵國也 신주 대만의 《신역사기》는 현재 산동성 혜민현惠民縣 동북쪽으로 비정하는데, 일본의 〈사기 3하-10표2-〉는 산동성 양신현陽信縣 동남쪽으로 비정한다.
후공侯功	신장 신분으로 원년 전에 류에서 봉기하여 고조를 따랐고, 한중으로 들어갔다. 도위로 광무廣武를 수비하여 공으로 후侯가 되었다. 以慎將前元年從起留 入漢 以都尉守廣武 功侯
고조 12년 高祖十二	7년간 원경이 후侯로 있었다. 고조 6년 연간, 후侯 원경元頃의 원년이다. 七 六年中 侯元頃元年 집해 서광이 말했다. "《한서》에는 '원류'라 했다." 徐廣曰 漢書作爰類
효혜 7년 孝惠七	7년간 원경이 후侯로 있었다. 七
고후 8년 高后八	8년간 원경이 후侯로 있었다. 八
효문 23년 孝文二十三	5년간 원하가 후侯로 있었다. 효문 원년, 후侯 원하元賀의 원년이다. 효문 6년, 후侯 원하가 모반하여 나라가 없어졌다. 五 元年 侯賀元年 六年 侯賀謀反 國除
효경 16년 孝景十六	
효무 54년	
후제侯第	공신 서열 24위

67. 평고후

국명國名	평고平皐 색은 현 이름으로 하내군에 속한다. 縣名 屬河內 신주 현재 하남성 온현溫縣 동남, 혹은 동북쪽으로 비정한다.
후공侯功	항타이다. 한 6년 탕군장碭郡長의 신분으로 처음 고조를 따랐고, 성을 내려줘 유씨로 삼았다. 공이 대후 팽조彭祖에 견주었고 식읍은 580호이다. 項它 漢六年以碭郡長初從 賜姓爲劉氏 功比戴侯彭祖 五百八十戶
고조 12년 高祖十二	6년간 유타가 양후로 있었다. 고조 7년 10월 계해일, 양후煬侯 유타劉它의 원년이다. 六 七年十月癸亥 煬侯劉它元年
효혜 7년 孝惠七	4년간 유타가 양후로 있었다. 3년간 유원이 공후로 있었다. 효혜 5년, 공후恭侯 유원劉遠의 원년이다. 四 三 五年 恭侯遠元年
고후 8년 高后八	8년간 유원이 공후로 있었다. 八
효문 23년 孝文二十三	23년간 유원이 공후로 있었다. 二十三
효경 16년 孝景十六	16년간 유광이 절후로 있었다. 효경 원년, 절후節侯 유광劉光의 원년이다. 十六 元年 節侯光元年
효무 54년	28년간 유승이 후侯로 있었다. 건원 원년, 후侯 유승劉勝의 원년이다. 원정 5년, 후侯 유승이 주금에 걸려 나라가 없어졌다. 二十八 建元元年 侯勝元年 元鼎五年 侯勝坐酎金 國除
후제侯第	공신 서열 121위

68. 복양후

국명國名	복양復陽
	색은 현 이름으로 남양군에 속한다. 復의 발음은 '복伏'이다. 응소가 말했다. "동백산 아래에 있으며, 복수의 북쪽이다." 縣名 屬南陽 復音伏 應劭云 在桐柏山下 復水之陽也 신주 현재 하남성 동백현桐柏縣 동북쪽으로 비정한다. 《사기지의》에 따르면, 남양군 복양은 원제元帝 때 설치되었으므로 《수경주》에 나오는 '청하군 복양현'이 옳다고 한다.
후공侯功	군졸로 설에서 봉기하여 고조를 따랐고, 장군으로 한중으로 들어갔다. 우사마로 항적을 쳐서 후侯가 되었는데 식읍은 1,000호이다. 以卒從起薛 以將軍入漢 以右司馬擊項籍 侯 千戶
고조 12년 高祖十二	6년간 진서가 강후로 있었다. 고조 7년 10월 갑자일, 강후剛侯 진서陳胥의 원년이다. 六 七年十月甲子 剛侯陳胥元年
효혜 7년 孝惠七	7년간 진서가 강후로 있었다. 七
고후 8년 高后八	8년간 진서가 강후로 있었다. 八
효문 23년 孝文二十三	10년간 진서가 강후로 있었다. 13년간 진가가 공후로 있었다. 효문 11년, 공후恭侯 진가陳嘉의 원년이다. 十 十三 十一年 恭侯嘉元年
효경 16년 孝景十六	5년간 진가가 공후로 있었다. 11년간 진습이 강후로 있었다. 효경 6년, 강후康侯 진습陳拾의 원년이다. 五 十一 六年 康侯拾元年
효무 54년 孝武五十四	12년간 진습이 강후로 있었다. 원삭 원년, 후侯 진강陳彊의 원년이다. 7년간 진강이 후侯로 있었다. 원수 2년, 부친 진습이 진가의 아들이 아니라는 일에 걸려 나라가 없어졌다. 十二 元朔元年 侯彊元年 七 元狩二年 坐父拾非嘉子 國除 신주 진습은 무제 12년, 즉 원광元光 6년(서기전 129)에 세상을 떠났다.
후제侯第	공신 서열 49위

69. 양하후

국명國名	양하陽河 [색은] 현 이름으로 상당군에 속한다. 縣名 屬上黨 [신주] 지금의 산서성 양성陽城 서북쪽으로 비정한다. 양옥승은 《사기지의》에서 '양하陽河'가 아니라 '양아陽阿'가 옳다고 말했다. 그는 또한 조일청의 《수경주석》에서는 "만흔萬訢을 평원군 아양阿陽에, 제후 기석其石을 양아陽阿에 봉했다고 해서 한 후侯를 두 사람이 한 것으로 나누었는데, 이는 역도원(수경 주석자)이 양쪽에 똑같이 기재한 잘못 때문에 비롯된 것"이라고 한다. 《한서》에 따른다면 성은 '其'이다.
후공侯功	중알자로 고조를 따라 한중으로 들어갔다. 낭중기로 고조를 따라 제후들을 평정하고 후侯가 되었는데 식읍은 500호를 받았으며, 공은 고호후(진부걸)에 견주었다. 以中謁者從入漢 以郎中騎從定諸侯 侯五百戶 功比高胡侯
고조 12년 高祖十二	3년간 제애후가 후侯로 있었다. 고조 7년 10월 갑자일, 제애후齊哀侯의 원년이다. 3년간 기안국이 후侯로 있었다. 고조 10년, 후侯 기안국丌安國의 원년이다. 三 七年十月甲子 齊哀侯元年 三 十年 侯安國元年 [색은] 제애후는 양하제후 변흔卞訢이다. 《한서》〈표〉에는 '기석其石'이라 한다. 陽河齊侯卞訢 漢表作其石 [신주] 제齊는 시호이고, 애哀는 쓸데없이 덧붙인 글이다. 여기의 후侯는 기흔丌訢을 뜻하는데, '기丌' 자는 '기其' 자와 서로 통하니 제애후는 기흔을 뜻한다. 기소는 고조 9년 세상을 떠났다. 《사기지의》에는 왕효겸의 설을 인용하여 '卞' 자는 '丌' 자가 잘못 바뀐 것이며, '丌' 자는 옛 '其' 자라고 한다.
효혜 7년 孝惠七	7년간 기안국이 후侯로 있었다. 七
고후 8년 高后八	8년간 기안국이 후侯로 있었다. 八
효문 23년 孝文二十三	23년간 기안국이 후侯로 있었다. 二十三

효경 16년 孝景十六	10년간 기안국이 후侯로 있었다. 6년간 기오가 후侯로 있었다. 효경 중4년, 후侯 기오丌午의 원년이다. 중간에 세습이 끊겼다. 十 六 中四年 侯午元年 中絕 [신주] 기안국은 경제 10년, 즉 중3년에 세상을 떠났다. 《사기지의》에 따르면, '중간에 세습이 끊긴 것'은 덧붙여진 글자이며 그런 일이 없다고 한다.
효무 54년	27년간 기오가 후侯로 있었다. 원정 4년, 공후恭侯 기장丌章의 원년이다. 비산埤山으로 봉국이 바뀌어 3년간 기장이 공후로 있었다. 원봉 원년, 후侯 기인丌仁의 원년이다. 20년간 기인이 후侯로 있었다. 정화 3년 10월, 기인이 어머니와 함께 저주한 대역죄에 걸려 나라가 없어졌다. 二十七 元鼎四年 恭侯章元年 埤山三 元封元年 侯仁元年 二十 征和三年 十月 仁與母坐祝詛 大逆無道 國除 [색은] 埤의 발음은 '비卑'다. 埤音卑 [신주] 《한서》 〈표〉에는 원정 4년 기장 때부터 비산으로 봉국이 바뀌었다고 했다. 비산의 위치는 미상이다.
후제侯第	공신 서열 83위

70. 조양후

국명國名	조양朝陽 [색은] 현 이름으로 남양군에 속한다. 縣名 屬南陽 [신주] 대만의 《신역사기》는 현재 산동성 제양濟陽 동북쪽이라고 보고 있다. 일본의 〈사기 3하–10표2–〉는 현재의 하남성 신야현新野縣 서쪽으로 보고 있다. 양옥승은 《사기지의》에서 《사기고이》를 인용하여, "제남군에 조양이 있는데, 《수경주》에 화기華寄가 봉해진 곳이라 한다."라고 했다.

후공侯功	사인으로 설에서 봉기하여 고조를 따랐고, 연오로 한중으로 들어갔다. 도위로 항우를 치고 나중에 한왕 신을 공격했으며, 후侯가 되었는데 식읍은 1,000호이다. 以舍人從起薛 以連敖入漢 以都尉擊項羽 後攻韓王信 侯 千戶
고조 12년 高祖十二	6년간 화기가 제후로 있었다. 고조 7년 3월 임인일, 제후齊侯 화기華寄의 원년이다. 六 七年三月壬寅 齊侯華寄元年
효혜 7년 孝惠七	7년간 화기가 제후로 있었다. 七
고후 8년 高后八	8년간 화요가 문후로 있었다. 고후 원년, 문후文侯 화요華要의 원년이다. 八 元年 文侯要元年
효문 23년 孝文二十三	13년간 화요가 문후로 있었다. 10년간 화당이 후侯로 있었다. 효문 14년, 후侯 화당華當의 원년이다. 十三 十 十四年 侯當元年
효경 16년 孝景十六	16년간 화당이 후侯로 있었다. 十六
효무 54년	13년간 화당이 후侯로 있었다. 원삭 2년, 후侯 화당이 다른 사람을 교사해 글을 올려 법을 왜곡한 죄에 걸려 나라가 없어졌다. 十三 元朔二年 侯當坐教人上書枉法罪 國除
후제侯第	공신 서열 69위

71. 극양후

국명國名	극양棘陽 색은 棘의 발음은 '격[紀力反]'이고, 현 이름으로 남양군에 속한다. 棘音紀力反 縣名 屬南陽 신주 현재 하남성 남양시南陽市 남쪽으로 비정한다.

후공侯功	군졸로 호릉胡陵에서 봉기하여 고조를 따랐고, 한중으로 들어갔다. 낭장으로 좌승상의 군대를 맞이하여 항적을 쳤으며, 후侯가 되었는데 식읍은 1,000호이다. 以卒從起胡陵 入漢 以郎將迎左丞相軍以擊項籍 侯 千戶
고조 12년 高祖十二	6년간 두득신이 장후로 있었다. 고조 7년 7월 병신일, 장후莊侯 두득신杜得臣의 원년이다. 六 七年七月丙申 莊侯杜得臣元年 색은 장후이다. 壯侯
효혜 7년 孝惠七	7년간 두득신이 장후로 있었다. 七
고후 8년 高后八	8년간 두득신이 장후로 있었다. 八
효문 23년 孝文二十三	5년간 두득신이 장후로 있었다. 18년간 두단이 질후로 있었다. 효문 6년, 질후質侯 두단杜但의 원년이다. 五 十八 六年 質侯但元年
효경 16년 孝景十六	16년간 두단이 질후로 있었다. 十六
효무 54년 孝武五十四	9년간 두단이 질후로 있었다. 원광 4년, 회후懷侯 두무杜武의 원년이다. 7년간 두무가 회후로 있었다. 원삭 5년, 두무가 죽고 후계자가 없어 나라가 없어졌다. 九 元光四年 懷侯武元年 七 元朔五年 薨 無後 國除 신주 두단은 무제 9년, 즉 원광 3년(서기전 132)에 세상을 떠났다.
후제侯第	공신 서열 81위

72. 열양후

국명國名	열양涅陽 색은 현 이름으로 남양군에 속한다. 縣名 屬南陽 신주 대만의 《신역사기》는 현재의 하남성 남양시南陽市 서남쪽으로 비정하고, 일본의 〈사기 3하–10표2–〉는 현재 하남성 진평현鎭平縣 남쪽으로 비정한다.
후공侯功	기사로 한왕 2년 고조를 따라 함곡관을 나왔고, 낭장으로 항우를 쳐서 벰 으로써 후侯가 되었고, 식읍은 1,500호를 받았다. 두연후杜衍侯(왕예王翳)에 견주었다. 以騎士漢王二年從出關 以郎將擊斬項羽 侯 千五百戶 比杜衍侯
고조 12년 高祖十二	6년간 여승이 장후로 있었다. 고조 7년 연간, 장후莊侯 여승呂勝의 원년이다. 六 七年中 莊侯呂勝元年 색은 장후壯侯다. 살피건대 다섯 후侯가 항적을 베니 모두 '壯'이라 시호했다. 《한서》 〈표〉에는 '莊'이라 했는데, 모두 휘를 피하여 '엄嚴'이라 고쳤으니 잘못이다. 壯侯 案 五侯斬項籍 皆謚壯 漢表以爲莊 皆避諱改作嚴 誤也
효혜 7년 孝惠七	7년간 여승이 장후로 있었다. 七
고후 8년 高后八	8년간 여승이 장후로 있었다. 八
효문 23년 孝文二十三	4년간 여승이 장후로 있었다. 효문 5년, 장후의 아들 성成이 실제 아들이 아닌데 부당하게 후侯가 되었다고 하여 나라가 없어졌다. 四 五年 莊侯子成實非子 不當爲侯 國除
효경 16년 孝景十六	
효무 54년	
후제侯第	공신 서열 104위

73. 평극후

국명國名	평극平棘 색은 현 이름으로 상산군에 속한다. 縣名 屬常山 신주 현재 하북성 조현趙縣 동남쪽으로 비정한다.
후공侯功	객으로 항보亢父에서 봉기하여 고조를 따랐고, 장함에게 임명된 촉군수를 베고 연상燕相으로 임용되었으며, 후侯가 되었는데 식읍은 1,000호이다. 以客從起亢父 斬章邯所署蜀守 用燕相侯 千戶
고조 12년 高祖十二	6년간 임집이 의후로 있었다. 고조 7년 연간, 의후懿侯 임집林執의 원년이다. 六 七年中 懿侯執元年 집해 서광이 말했다. "《한서》〈표〉에는 '임지林摯'라 했다." 徐廣曰 漢表作林摯
효혜 7년 孝惠七	7년간 임집이 의후로 있었다. 七
고후 8년 高后八	7년간 임집이 의후로 있었다. 1년간 임벽강이 후侯로 있었다. 고후 8년, 후侯 임벽강林辟彊의 원년이다. 七 一 八年 侯辟彊元年 신주 《한서》〈표〉에는 임집의 재위가 20년이 아니라 24년이라고 한다.
효문 23년 孝文二十三	5년간 임벽강이 후侯로 있었다. 효문 6년, 후侯 임벽강이 죄를 지어 귀신鬼薪(종묘의 땔나무를 베는 형벌)에 처해지고 나라가 없어졌다. 五 六年 侯辟彊有罪 爲鬼薪 國除 신주 이후로 경제 중5년에 광평후를 지내다가 세습이 끊긴 설택薛澤이 평극후로 봉해진다. 설택은 무제 원광 4년에 승상이 된다.
효경 16년 孝景十六	
효무 54년	
후제侯第	공신 서열 64위

74. 갱힐후

국명國名	갱힐羹頡
	신주 갱힐에 대해서는 여러 설이 있다. 하나는 갱힐은 봉호封號이지 실제 땅을 받은 것이 아니라고 한다. 또한 하북성 탁록涿鹿에 갱힐산羹頡山이 있는데, 유방이 이를 취해 호를 삼은 것이라고 한다. 또한 지금 안휘성 서성舒城 서북쪽에 갱힐성羹頡城이 있는데, 유신劉信이 쌓은 것이라고 한다. 어느 것이 옳은지 알 수 없다.
후공侯功	고조 형의 아들로 종군했고, 반란을 일으킨 한왕 신을 쳐서 낭중장이 되었다. 유신의 어머니가 일찍이 고조가 미천한 시절에 죄를 지었지만, 태상황이 그를 가련히 여겼기에 갱힐후로 봉했다.
	以高祖兄子從軍 擊反韓王信 爲郎中將 信母嘗有罪高祖微時 太上憐之 故封爲羹頡侯
	신주 〈초원왕세가〉에는 고조가 미천했던 시절에 유신의 어머니 집에서 밥을 얻어먹는데 국(羹)이 없어서 이를 한탄해 유신을 봉할 때 갱힐로 지었다고 한다. 〈효문본기〉에 나오는 삼가주석을 종합해보면, 고후 원년에 유신은 관내후가 되었지만, 그 어머니(고조의 큰 형수)이자 백伯의 아내는 음안후陰安侯로 봉해진 것으로 나온다. 그 주석에서 여순이 대代의 경왕후頃王后(고조의 작은 형수)를 음안후로 인식한 것은 이와 모순된다. 경왕후는 중仲(유희劉喜)의 부인이며 오왕 유비劉濞의 어머니이기 때문이다.
고조 12년 高祖十二	6년간 유신이 후侯로 있었다. 고조 7년 연간, 후侯 유신劉信의 원년이다. 六 七年中 侯劉信元年
효혜 7년 孝惠七	7년간 유신이 후侯로 있었다. 七
고후 8년 高后八	고후 원년, 유신이 죄를 지어 작위 한 등급을 깎여 관내후가 되었다. 元年 信有罪 削爵一級 爲關內侯
효문 23년 孝文二十三	
효경 16년 孝景十六	
효무 54년	
후제侯第	

75. 심택후

국명國名	심택深澤 색은 현 이름으로 중산군에 속한다. 縣名 屬中山 신주 현재 산서성 심택현深澤縣으로 비정한다.
후공侯功	조나라 장수로 한왕 3년 항복하여 회음후 한신에 속했다. 조·제·초를 평정하고, 평성平城 땅을 쳤으며, 후侯가 되었는데 식읍은 700호이다. 以趙將漢王三年降 屬淮陰侯 定趙齊楚 以擊平城 侯 七百戶
고조 12년 高祖十二	5년간 조장야가 제후로 있었다. 고조 8년 10월 계축일, 제후齊侯 조장야趙將夜의 원년이다. 五 八年十月癸丑 齊侯趙將夜元年 색은 《한서》〈표〉에는 이름을 '장석'이라 했다. 漢表作將夕
효혜 7년 孝惠七	7년간 조장야가 제후로 있었다. 七
고후 8년 高后八	1년간 조장야가 제후로 있었다. (고후 2년) 작위를 빼앗기고 세습이 끊겼다. 고후 3년에 다시 봉해졌는데, 1년 만에 세습이 끊겼다. 一 奪 絕 三年復封 一年絕
효문 23년 孝文二十三	4년간 조장야가 후侯로 있었다. 효문 14년, 다시 조장야를 봉한 원년이다. 6년간 조두가 대후로 있었다. 효문 후2년, 대후戴侯 조두趙頭의 원년이다. 四 十四年 復封將夜元年 六 後二年 戴侯頭元年
효경 16년 孝景十六	2년간 조두가 대후로 있었다. 7년간 조순이 후侯로 있었다. 효경 3년, 후侯 조순趙循의 원년이다. 죄를 지어 세습이 끊겼다. 경更으로 봉국이 바뀌어 5년간 조호가 이후로 있었다. 효경 중5년, 조두의 아들 이후夷侯 조호趙胡가 봉해진 원년이다. 二 七 三年 侯循元年 罪 絕 更五 中五年 封頭子夷侯胡元年

	《사기지의》에 따르면, 경갱은 《한서》〈표〉에 나오는 '유뉴'가 맞으며, 태산군 남무양에 있는 '전유顓臾'를 말하는 것이다.
효무 54년	16년간 조호가 이후로 있었다. 원삭 5년, 이후 조호가 죽고 후계자가 없어 나라가 없어졌다. 十六 元朔五年 夷侯胡薨 無後 國除
후제侯第	공신 서열 98위

76. 백지후

국명國名	백지柏至 색은 《한서》〈지리지〉에는 들어있지 않다. 漢志闕 **신주** 현재 위치는 분명하지 않다.
후공侯功	병련騈憐으로 창읍에서 봉기하여 고조를 따랐고, 세위로 한중으로 들어갔다. 중위로 항적을 치고 후侯가 되었는데 식읍은 1,000호이다. 以騈憐從起昌邑 以說衞入漢 以中尉擊籍 侯 千戶 집해 《한서》〈표〉에서 안사고가 말했다. "말 두 마리를 병련이라 하고, 騈은 양 기병이 군의 날개가 되는 것을 말한다. 說은 '세稅'로 해독한다. 세위란 군대가 행진하다 숙영할 때 호위를 주관하는 것을 말한다." 漢表師古曰 二馬曰騈憐 謂騈兩騎爲軍翼也 說 讀曰稅 說衞謂軍行止舍主爲衞也 색은 요씨는 련憐과 린鄰은 소리가 서로 비슷하니, 병린騈鄰은 비린比鄰과 같다고 한다. 說衞에서 說은 세稅이며, 세위는 군대가 행군하는 것을 말하는 것으로 처음 숙영할 때 호위를 주관한다. 姚氏憐鄰聲相近 騈鄰猶比鄰也 說衞者 說 稅也 稅衞謂軍行初稅之時 主爲衞也
고조 12년 高祖十二	6년간 허온이 정후로 있었다. 고조 7년 10월 무진일, 정후靖侯 허온許溫의 원년이다. 六 七年十月戊辰 靖侯許溫元年 색은 《한서》〈표〉에는 '허앙'이라 했다. 漢表作許盎

효혜 7년 孝惠七	7년간 허온이 정후로 있었다. 七
고후 8년 高后八	1년간 허온이 정후로 있었다. 고후 2년, 죄를 지어 세습이 끊겼다. 6년간 허온이 정후로 있었다. 고후 3년, 다시 허온을 예전처럼 봉했다. 一 二年 有罪 絕 六 三年 復封溫如故
효문 23년 孝文二十三	14년간 허록이 간후로 있었다. 효문 원년, 간후簡侯 허록許祿의 원년이다. 9년간 허창이 애후로 있었다. 효문 15년, 애후哀侯 허창許昌의 원년이다. 十四 元年 簡侯祿元年 九 十五年 哀侯昌元年
효경 16년 孝景十六	16년간 허창이 애후로 있었다. 十六
효무 54년	7년간 허창이 애후로 있었다. 원광 2년, 공후共侯 허안여許安如의 원년이다. 13년간 허안여가 공후로 있었다. 원수 3년, 후侯 허복許福의 원년이다. 5년간 허복이 후侯로 있었다. 원정 2년, 후侯 허복이 죄를 지어 나라가 없어 졌다. 七 元光二年 共侯安如元年 十三 元狩三年 侯福元年 五 元鼎二年 侯福有罪 國除 신주 허창은 무제 7년, 즉 원광 원년에 세상을 떠났다.
후제侯第	공신 서열 58위

77. 중수후

국명國名	중수中水 색은 현 이름으로 탁군에 속한다. 응소가 말했다. "이易와 구구溝 두 하천의 가운데이다." 縣名 屬涿郡 應劭云 易溝二水之中 신주 중수현은 현재 하북성 헌현獻縣 서북쪽으로 비정한다.

후공侯功	낭중기장으로 한왕 원년 호치好峙에서 봉기하여 고조를 따랐고, 사마로 용저를 치고 다시 함께 항우를 베었으며, 후侯가 되었는데 식읍은 1,500호이다. 以郎中騎將漢王元年從起好峙 以司馬擊龍且 復共斬項羽 侯 千五百戶
고조 12년 高祖十二	6년간 여마동이 장후로 있었다. 고조 7년 정월 기유일, 장후莊侯 여마동呂馬童의 원년이다. 六 七年正月己酉 莊侯呂馬童元年 　색은　장후이다. 莊侯
효혜 7년 孝惠七	7년간 여마동이 장후로 있었다. 七
고후 8년 高后八	8년간 여마동이 장후로 있었다. 八
효문 23년 孝文二十三	9년간 여마동이 장후로 있었다. 3년간 여가가 이후로 있었다. 효문 10년, 이후夷侯 여가呂假의 원년이다. 11년간 여청견이 공후로 있었다. 효문 13년, 공후共侯 여청견呂青肩의 원년이다. 九 三 十年 夷侯假元年 十一 十三年 共侯青肩元年 　신주　《한서》〈표〉에는 여가 이름을 '하가呂瑕', 청견을 '청미青眉'라 한다.
효경 16년 孝景十六	16년간 여청견이 공후로 있었다. 十六
효무 54년	5년간 여청견이 공후로 있었다. 건원 6년, 정후靖侯 여덕呂德의 원년이다. 1년간 여덕이 정후로 있었다. 원광 원년, 후侯 여의성呂成의 원년이다. 23년간 여의성이 후侯로 있었다. 원정 5년, 여의성이 주금에 걸려 나라가 없어졌다. 五 建元六年 靖侯德元年 一 元光元年 侯宜成元年 二十三 元鼎五年 宜成坐酎金 國除 　신주　여청견은 무제 건원 5년 세상을 떠났고, 여덕은 건원 6년 중수후의 지위를 세습했지만 같은 해 세상을 떠났다. 사마천은 삭탈된 해를 재위기간에 삽입하지 않았는데, 이를 따르면 여의성의 재위기간은 〈표〉와 달리 23년이 아니라 22년이다.

78. 두연후

국명國名	두연杜衍
	색은 현 이름으로 남양군에 속한다.
	縣名 屬南陽
	신주 두연현은 현재 하남성 남양시南陽市 서남쪽이다.
후공侯功	낭중기로 한왕 3년 하비에서 봉기하여 고조를 따랐고 한신에 속했으며, 관영을 따라 함께 항우를 베고 후侯가 되었는데 식읍은 1,700호이다.
	以郎中騎漢王三年從起下邳 屬淮陰 從灌嬰共斬項羽 侯 千七百戶
고조 12년 高祖十二	6년간 왕예가 장후로 있었다. 고조 7년 정월 기유일, 장후莊侯 왕예王翳의 원년이다.
	六 七年正月己酉 莊侯王翳元年
	색은 《한서》〈표〉에는 '왕저'라 했다.
	漢表作王翥也
효혜 7년 孝惠七	7년간 왕예가 장후로 있었다.
	七
고후 8년 高后八	5년간 왕예가 장후로 있었다. 3년간 왕복이 공후로 있었다. 고후 6년, 공후共侯 왕복王福의 원년이다.
	五 三 六年 共侯福元年
효문 23년 孝文二十三	4년간 왕복이 공후로 있었다. 7년간 왕시신이 후侯로 있었다. 효문 5년, 후侯 왕시신王市臣의 원년이다. 12년간 왕흡이 후侯로 있었다. 효문 12년, 후侯 왕흡王翕의 원년이다.
	四 七 五年 侯市臣元年 十二 十二年 侯翕元年
	신주 《한서》〈표〉에는 왕시신의 시호를 효후, 왕흡의 이름을 '사술'라 한다.

효경 16년 孝景十六	12년간 왕흡이 후로 있었다. (13년) 죄를 지어 세습이 끊겼다. 3년간 왕영인 강후로 있었다. 효경 후원년, 다시 왕예의 아들 강후彊侯 왕 영인王郢人을 봉한 원년이다. 十二 有罪 絕 三 後元年 復封翳子彊侯郢人元年 집해 서광이 말했다. "彊을 다른 판본에는 '경景'이라 한다." 徐廣曰 彊 一作景
효무 54년 孝武五十四	9년간 왕영인이 강후로 있었다. 원광 4년, 후侯 왕정국王定國의 원년이다. 12년간 왕정국이 후侯로 있었다. 원수 4년, 후侯 왕정국이 죄를 지어 나라 가 없어졌다. 九 元光四年 侯定國元年 十二 元狩四年 侯定國有罪 國除 신주 무제 9년, 즉 원광 3년에 왕영인이 세상을 떠났다.
후제侯第	102위

79. 적천후

국명國名	적천赤泉 색은 《한서》〈지리지〉에는 들어있지 않다. 漢志闕 신주 적천현은 현재 그 위치가 분명하지 않은데 어떤 이는 현재 하남성 노산魯山 동 북쪽으로 보기도 한다.
후공侯功	낭중기로 한왕 2년 두杜에서 봉기하여 고조를 따랐고, 한신에게 속했다. 뒤 에 관영을 따라 함께 항우를 베고, 후侯가 되었는데 식읍은 1,900호이다. 以郎中騎漢王二年從起杜 屬淮陰 後從灌嬰共斬項羽 侯 千九百戶
고조 12년 高祖十二	6년간 양희가 장후로 있었다. 고조 7년 정월 기유일, 장후莊侯 양희楊喜의 원년이다. 六 七年正月己酉 莊侯楊喜元年

효혜 7년 孝惠七	7년간 양희가 장후로 있었다. 七
고후 8년 高后八	고후 원년, 작위를 빼앗기고 세습이 끊겼다. 7년간 양희가 장후로 있었다. 고후 2년, 다시 봉해졌다. 元年 奪 絶 七 二年 復封
효문 23년 孝文二十三	11년간 양희가 장후로 있었다. 12년간 양은이 정후로 있었다. 효문 12년, 정후定侯 양은이楊殷의 원년이다. 十一 十二 十二年 定侯殷元年 **신주** 《한서》〈표〉에는 이름을 '부敷'라 하는데, 《사기지의》에 따르면 그게 옳다고 한다.
효경 16년 孝景十六	3년간 양은이 정후로 있었다. 효경 4년, 후侯 양무해가楊無害의 원년이다. 6년간 양무해가 후侯로 있었다. 죄를 지어 세습이 끊겼다. 임여臨汝로 봉국이 바뀌어 5년간 양무해가 후侯로 있었다. 효경 중5년, 다시 후侯 양무해를 봉한 원년이다. 三 四年 侯無害元年 六 有罪 絶 臨汝五 中五年 復封侯無害元年
효무 54년 孝武五十四	7년간 양무해가 후侯로 있었다. 원광 2년, 후侯 양무해가 죄를 지어 나라가 없어졌다. 七 元光二年 侯無害有罪 國除 **신주** 임여후 자리는 곧바로 영음후穎陰侯 관영의 증손자 관현灌賢이 봉국을 바꿔서 임명된다.
후제侯第	공신 서열 103위

80. 순후

국명國名	순구
	[색은] 현 이름으로 우부풍에 속한다. 발음은 '순句'이고, 옛날 주문왕이 그 아들을 봉한 읍이다. 하동군에 순성郇城이 있다. 縣名 屬扶風 音荀 故周文王封其子之邑 河東亦有郇城也 [신주] 순현은 현재 섬서성 순읍현旬邑縣 동북쪽으로 비정한다.
후공侯功	연나라 장군 출신으로 한왕 4년 항우의 부장 조구曹咎의 군대를 (격파하는데) 따랐고, 연상燕相이 되었고, 연왕 장도의 반란을 알려 후侯가 되었고, 연상국으로 노노盧奴를 평정했으며, 식읍은 1,900호이다. 以燕將軍漢王四年從曹咎軍 爲燕相 告燕王荼反 侯 以燕相國定盧奴 千九百戶
고조 12년 高祖十二	5년간 온개가 경후로 있었다. 고조 8년 10월 병진일, 경후頃侯 온개溫疥의 원년이다. 五 八年十月丙辰 頃侯溫疥元年
효혜 7년 孝惠七	7년간 온개가 경후로 있었다. 七
고후 8년 高后八	8년간 온개가 경후로 있었다. 八
효문 23년 孝文二十三	5년간 온개가 경후로 있었다. 17년간 온인이 문후로 있었다. 효문 6년, 문후文侯 온인溫仁의 원년이다. 1년간 온하가 후侯로 있었다. 효문 후7년, 후侯 온하溫河의 원년이다. 五 十七 六年 文侯仁元年 一 後七年 侯河元年
효경 16년 孝景十六	10년간 온하가 후侯로 있었다. 효경 중4년, 후侯 온하가 죄를 지어 나라가 없어졌다. 十 中四年 侯河有罪 國除 [신주] 《한서》 〈표〉에는 이름을 '하何'라 하는데, 《사기지의》에서는 그게 옳다고 한다.
효무 54년	
후제侯第	공신 서열 91위

81. 무원후

국명國名	무원武原
	
	  색은 《한서》〈지리지〉에는 들어있지 않다.
	漢志闕
	  신주 무원현은 현재 강소성 비주시邳州市 서북쪽으로 비정한다. 〈지리지〉에는 초국에 속한 현이라고 한다.

후공侯功	한 7년, 양梁 장군 출신으로 처음 고조를 따라 한신 · 진희 · 경포를 친 공으로 후侯가 되었고 식읍은 2,800호를 받았다. 공은 고릉후(왕주王周)에 견주었다. 漢七年 以梁將軍初從擊韓信陳豨黥布功 侯 二千八百戶 功比高陵
고조 12년 高祖十二	5년간 위거가 정후로 있었다. 고조 8년 12월 정미일, 정후靖侯 위거衛肬의 원년이다. 五 八年十二月丁未 靖侯衛肬元年 색은 《한서》《표》에는 肬를 '肱'라 했는데, 발음은 '협脅'이고, 또 발음은 '겁怯'이다. 漢表肬作肱 音脅 又音怯
효혜 7년 孝惠七	3년간 위거가 정후로 있었다. 4년간 위기가 공후로 있었다. 효혜 4년, 공후共侯 위기衛寄의 원년이다. 三 四 四年 共侯寄元年
고후 8년 高后八	8년간 위기가 공후로 있었다. 八
효문 23년 孝文二十三	23년간 위기가 공후로 있었다. 二十三
효경 16년 孝景十六	3년간 위기가 공후로 있었다. 효경 4년, 후侯 위불해衛不害의 원년이다. 13년간 불해가 후侯로 있었다. 효경 후2년, 위불해가 법률을 넘어 장례를 치른 것에 걸려 나라가 없어졌다. 三 四年 侯不害元年 十三 後二年 不害坐葬過律 國除 신주 경제 3년에 위기가 세상을 떠났다. 위불해의 재위 기간을 원문에서는 13년이라 했으나 11년일 것이다(효경 4년: 서기전 153년, 효경 후2년: 서기전 142년).

효무 54년	
후제侯第	공신 서열 93위

82. 마후

국명國名	마磨
	색은 마는 《한서》 〈지리지〉에는 들어있지 않으며, 〈표〉에는 '역歷'이라 했다. 역현은 신도군에 있다. 유씨는 글자의 독음에 의거하여 천하의 지명을 설명한 것이 많은데, 딱히 증거라고 할 것이 없다. 또 글자에 의거하고도 결정하는 이야기를 하지 않았다. 지명 중 읍과 함께하는 '마磨'가 없으니 잘못된 것이다. 磨 漢志闕 表作歷 歷縣在信都 劉氏依字讀 言天下地名多 既無定證 且依字是不決之詞 地之與邑並無磨 誤也 신주 양옥승은 《사기지의》에서 '역歷'을 잘못 써서 '마磨'가 되었다면서 《한서》 〈표〉의 기록이 옳다고 했다. 즉 마현이 아니라 역현이라는 것이다. 《제노봉니집존齊魯封泥集存》에 '역성지인歷城之印'이라는 봉니가 발견되었다. 마(역)현의 위치는 알 수 없다.
후공侯功	조나라 위장군 출신으로 한왕 3년 노노盧奴에서 봉기하여 고조를 따랐고, 항우를 오창敖倉 아래서 쳤다. 장군이 되어 장도를 공격하여 공을 세워 후侯가 되었는데 식읍은 1,000호이다. 以趙衞將軍漢王三年從起盧奴 擊項羽敖倉下 爲將軍 攻臧荼有功 侯千戶
고조 12년 高祖十二	5년간 정흑이 간후로 있었다. 고조 8년 7월 계유일, 간후簡侯 정흑程黑의 원년이다. 五 八年七月癸酉 簡侯程黑元年
효혜 7년 孝惠七	7년간 정흑이 간후로 있었다. 七
고후 8년 高后八	2년간 정흑이 간후로 있었다. 6년간 정리가 효후로 있었다. 고후 3년, 효후孝侯 정리程釐의 원년이다. 二 六 三年 孝侯釐元年

효문 23년 孝文二十三	16년간 정리가 효후로 있었다. 7년간 정조가 후侯로 있었다. 효문 후원년, 후侯 정조程竈의 원년이다. 十六 七 後元年 侯竈元年
효경 16년 孝景十六	7년간 정조가 후侯로 있었다. 효경 중원년, 정조가 죄를 지어 나라가 없어졌다. 七 中元年 竈有罪 國除
효무 54년	
후제侯第	공신 서열 92위 신주 《사기》와 《한서》는 모두 공신 서열을 92위라 하는데 이는 뒤에 나오는 고릉후高陵侯와 겹친다. 대신 공신 서열 97위는 빠져 있다. 여러 상황을 고려하면 역후가 97위인데 옮길 때 잘못 적은 것으로 보인다.

83. 고후

국명國名	고후高
	색은 《한서》 〈지리지〉에 고현은 산양군에 속한다. 漢志薧縣屬山陽也 신주 청나라 역사학자 왕념손王念孫은 고후는 탁후을 잘못 쓴 것이라고 말했고, 양옥승도 마찬가지로 말했다. 《사기》와 《한서》가 모두 고후로 썼지만 〈지리지〉에는 산양군의 탁현薧縣이 맞다고 했다. 현재 산동성 추현鄒縣 서남쪽이다.
후공侯功	고제 7년, 장군이 되어 고조를 따라 대에서 진희를 쳐서 공을 세워 후侯가 되었는데 식읍은 600호이다. 高帝七年 爲將軍 從擊代陳豨有功 侯 六百戶
고조 12년 高祖十二	5년간 진조가 지후로 있었다. 고조 8년 12월 정미일, 지후祗侯 진조陳錯의 원년이다. 五 八年十二月丁未 祗侯陳錯元年 색은 《한서》 〈표〉에는 '개착'라 했는데, 발음은 '해착'다. 《삼창》에서 말한다. "구강군에서 사람 이름 철鐵을 '개錯(쇠)'라 한다." 漢表作錯 音楷 三倉云 九江人名鐵曰 錯

	《한서》〈표〉에는 시호를 '조후祖侯'라 한다. 《사기지의》에 따르면, '祗'의 다른 글자 '지秪'를 잘못 쓴 것이라고 한다.
효혜 7년 孝惠七	2년간 진조가 지후로 있었다. 5년간 진영이 회후로 있었다. 효혜 3년, 회후懷侯 진영陳嬰의 원년이다. 二 五 三年 懷侯嬰元年
고후 8년 高后八	8년간 진영이 회후로 있었다. 八
효문 23년 孝文二十三	6년간 진영이 회후로 있었다. 14년간 진응이 공후로 있었다. 효문 7년, 공후共侯 진응陳應의 원년이다. 3년간 진안이 후侯로 있었다. 효문 후5년, 후侯 진안陳安의 원년이다. 六 十四 七年 共侯應元年 三 後五年 侯安元年 신주 《한서》〈표〉에는 진안의 시호를 '절節'이라 한다.
효경 16년 孝景十六	16년간 진안이 후侯로 있었다. 十六
효무 54년 孝武五十四	12년간 진안이 후侯로 있었다. 진부득陳不得은 진천추陳千秋의 부친이다. 7년간 진부득이 후侯로 있었다. 원수 2년, 후侯 진천추의 원년이다. 9년간 진천추가 후侯로 있었다. 원정 5년, 후侯 진천추가 주금에 걸려 나라가 없어졌다. 十二 不得 千秋父 七 元狩二年 侯千秋元年 九 元鼎五年 侯千秋坐酎金 國除 집해 서광이 말했다. "진천추의 부친은 원삭 원년에 후작에 올랐다." 徐廣曰 千秋父以元朔元年立 신주 7년간의 재위기간(원삭 원년에서 원수 원년까지)이 누구인지 빠져있으나 《집해》는 진부득으로 해석했다.
후제侯第	공신 서열 124위

84. 송자후

국명國名	송자宋子
	색은 《한서》〈지리지〉에 따르면 송자현은 거록군에 속한다. 漢志宋子縣屬鉅鹿也 신주 송자현에 대해 대만의 《신역사기》는 그 현치縣治를 지금의 하북성 동록東鹿 서남쪽으로 보는데, 일본의 〈사기 3하-10표2-〉는 하북성 조현趙縣 동북쪽으로 보고 있다.
후공侯功	한 3년에 조나라 우림장 출신으로 처음 고조를 따라 제후들을 쳐서 평정했으며, 공은 마후磨侯(정흑 程黑)에 견주었고 식읍은 540호이다. 以漢三年以趙羽林將初從 擊定諸侯 功比磨侯 五百四十戶
고조 12년 高祖十二	4년간 허계가 혜후로 있었다. 고조 8년 12월 정묘일, 혜후惠侯 허계許瘛의 원년이다. 1년간 허불의가 공후로 있었다. 고조 12년, 공후共侯 허불의許不疑의 원년이다. 四 八年十二月丁卯 惠侯許瘛元年 一 十二年 共侯不疑元年 집해 瘛의 발음은 '치[充志反]'이다. 瘛音充志反 색은 瘛의 발음은 '체[尺制反]'이다. 곽박은 발음을 '혜[胡計反]'라고 했다. 또한 이름을 '궐愿'이라 하는데, 《자림》에는 발음을 '궐[巨月反]'이라 했다. 音尺制反 郭璞音胡計反 亦作愿 字林音巨月反 신주 《한서》〈표〉에는 허불의의 이름을 '류留'라 한다.
효혜 7년 孝惠七	7년간 허불의가 공후로 있었다. 七
고후 8년 高后八	8년간 허불의가 공후로 있었다. 八
효문 23년 孝文二十三	9년간 허불의가 공후로 있었다. 14년간 허구가 후侯로 있었다. 효문 10년, 후侯 허구許九의 원년이다. 九 十四 十年 侯九元年

효경 16년 孝景十六	8년간 허구가 후侯로 있었다. 효경 중2년, 후侯 허구가 새외에서 금지한 물건을 매매한 죄로 나라가 없어졌다. 八 中二年 侯九坐買塞外禁物罪 國除
효무 54년	
후제侯第	공신 서열 99위

85. 의지후

국명國名	의지猗氏 색은 현 이름으로 하동군에 속한다. 縣名 屬河東 신주 의지현은 지금의 산서성 임의현臨猗縣 남쪽으로 비정한다.
후공侯功	사인으로 풍에서 봉기하여 고조를 따랐고, 한중으로 들어갔다가 도위로 항우를 쳐서 후侯가 되었고 식읍은 2,400호이다. 以舍人從起豐 入漢 以都尉擊項羽 侯 二千四百戶
고조 12년 高祖十二	5년간 진속이 경후로 있었다. 고조 8년 3월 병술일, 경후敬侯 진속陳遬의 원년이다. 五 八年三月丙戌 敬侯陳遬元年 색은 遬의 발음은 '속速'이다. 遬音速
효혜 7년 孝惠七	6년간 진속이 경후로 있었다. 1년간 진교가 정후로 있었다. 효혜 7년, 정후靖侯 진교陳交의 원년이다. 六 一 七年 靖侯交元年
고후 8년 高后八	8년간 진교가 정후로 있었다. 八
효문 23년 孝文二十三	23년간 진교가 정후로 있었다. 二十三

효경 16년 孝景十六	2년간 진교가 정후로 있었다. 효경 3년, 경후頃侯 진차陳差의 원년이다. 진차가 죽고 후계자가 없어 나라가 없어졌다. 二 三年 頃侯差元年 薨 無後 國除
	[신주] 《한서》〈표〉에는 진교 이름을 '지支'라 하고, 진차 이름을 '강羌'이라 한다.
효무 54년	
후제侯第	공신 서열 50위

86. 청후

국명國名	청淸
	[색은] 현 이름으로 동군에 속한다. 縣名 屬東郡 [신주] 청현은 현재 산동성 료성시聊城市 서쪽으로 비정한다.
후공侯功	노장弩將으로 처음 봉기하여 고조를 따라 한중으로 들어갔다. 도위로 항우와 대를 쳐서 후侯가 되었고, 팽후(진동秦同)에 견주었으며, 식읍은 1,000호이다. 以弩將初起 從入漢 以都尉擊項羽代 侯 比彭侯 千戶
고조 12년 高祖十二	5년간 공중이 간후로 있었다. 고조 8년 3월 병술일, 간후簡侯 공중空中의 원년이다. 五 八年三月丙戌 簡侯空中元年
	[집해] 서광이 말했다. "空을 다른 판본에는 '질窒'이라 한다." 徐廣曰 空 一作窒 [색은] 청간후 공중동空中同이다. 공을 다른 판본에는 '질窒'이라 하는데, 질중窒中은 성이며, 《풍속통》에 보인다. 淸簡侯空中同 空 一作窒 窒中 姓 見風俗通 [신주] 양옥승은 《사기지의》에서 간후는 질중동窒中同이라 했다. 질중은 성이고, 동은 이름이다. 《한서》〈표〉에는 '질窒'을 '실室'이라 했는데, 고대에는 서로 통하는 글자라고 했다. 주석자들의 견해는 대부분 청후의 성은 공중空中이 아니라 질중窒中이라는 것인데, 여기에서는 현재 전하는 《사기》〈표〉에 따라서 공중으로 기록한다.
효혜 7년 孝惠七	7년간 공중성이 경후로 있었다. 효혜 원년, 경후頃侯 공중성空中聖의 원년이다. 七 元年 頃侯聖元年

고후 8년 高后八	8년간 공중성이 경후로 있었다. 八
효문 23년 孝文二十三	7년간 공중성이 경후로 있었다. 16년간 공중부가 강후로 있었다. 효문 8년, 강후康侯 공중부空中鮒의 원년 이다. 七 十六 八年 康侯鮒元年
효경 16년 孝景十六	16년간 공중부가 강후로 있었다. 十六
효무 54년	20년간 공중부가 강후로 있었다. 원수 3년, 공후恭侯 공중석空中石의 원년 이다. 7년간 공중석이 공후로 있었다. 원정 4년, 후侯 공중생空中生의 원년이다. 1년간 공중생이 후侯로 있었다. 원정 5년, 공중생이 주금에 걸려 나라가 없 어졌다. 二十 元狩三年 恭侯石元年 七 元鼎四年 侯生元年 一 元鼎五年 生坐酎金 國除
후제侯第	공신 서열 71위

87. 강후

국명國名	강彊 색은 《한서》 〈지리지〉에는 강은 들어있지 않다. 漢志彊闕 신주 강현은 현재 위치를 알 수 없다. 《제노봉니집존齊魯封泥集存》에는 '강후읍승彊 侯邑丞'이란 봉니가 있다.
후공侯功	객리로 처음 봉기하여 고조를 따라 한중으로 들어갔다. 도위로 항우·대를 쳐서 후侯가 되었고, 팽후(진동)에 견주었으며 식읍은 1,000호이다. 以客吏初起 從入漢 以都尉擊項羽代 侯 比彭侯千戶

고조 12년 高祖十二	3년간 유승이 간후로 있었다. 고조 8년 3월 병술일, 간후簡侯 유승留勝의 원년이다. 2년간 유장이 대후로 있었다. 고조 11년, 대후戴侯 유장留章의 원년이다. 三 八年三月丙戌 簡侯留勝元年 二 十一年 戴侯章元年 **신주** 《한서》〈표〉에는 간후를 어후圉侯 유힐留肸이라 한다.
효혜 7년 孝惠七	7년간 유장이 대후로 있었다. 七
고후 8년 高后八	8년간 유장이 대후로 있었다. 八
효문 23년 孝文二十三	12년간 유장이 대후로 있었다. 효문 13년, 후후 유복留服의 원년이다. 2년간 유복이 후후로 있었다. 효문 15년, 후후 유복이 죄를 지어 나라가 없어졌다. 十二 十三年 侯服元年 二 十五年 侯服有罪 國除 **신주** 유장은 문제 12년에 세상을 떠났다.
효경 16년 孝景十六	
효무 54년	
후제侯第	공신 서열 72위

88. 팽후

국명國名	팽彭 **색은** 《한서》〈왕자후표〉에는 동해군에 속한다고 한다. 漢表屬東海郡 **신주** 팽현은 현재 위치를 알 수 없다. 《제노봉니집존齊魯封泥集存》에는 '팽후읍승彭侯邑丞'이란 봉니가 있다.

후공侯功	군졸로 설해에서 봉기하여 고조를 따랐고, 노장弩將으로 한중으로 들어갔다. 도위로 항우와 대를 쳐서 후侯가 되었는데 식읍은 1,000호이다. 以卒從起薛 以弩將入漢 以都尉擊項羽代 侯 千戶
고조 12년 高祖十二	5년간 진동이 간후로 있었다. 고조 8년 3월 병술일, 간후簡侯 진동秦同의 원년이다. 五 八年三月丙戌 簡侯秦同元年
효혜 7년 孝惠七	7년간 진동이 간후로 있었다. 七
고후 8년 高后八	8년간 진동이 간후로 있었다. 八
효문 23년 孝文二十三	2년간 진동이 간후로 있었다. 21년간 진집이 대후로 있었다. 효문 3년, 대후戴侯 진집秦執의 원년이다. 二 二十一 三年 戴侯執元年
효경 16년 孝景十六	2년간 진집이 대후로 있었다. 효경 3년, 후侯 진무秦武의 원년이다. 11년간 진무가 후侯로 있었다. 효경 후원년, 후侯 진무가 죄를 지어 나라가 없어졌다. 二 三年 侯武元年 十一 後元年 侯武有罪 國除 **신주** 진집은 경제 2년 세상을 떠났다.
효무 54년	
후제侯第	공신 서열 70위

89. 오방후

국명國名	오방吳房 **색은** 현 이름으로 여남군에 속한다. 縣名 屬汝南 **신주** 오방현은 현재 하남성 수평현遂平縣이다.

후공侯功	낭중기장으로 한왕 원년에 하규下邽에서 봉기하여 고조를 따랐고, 양하陽夏 땅을 공격했다. 도위로 항우를 베고 공을 세워 후侯가 되었는데 식읍은 700호이다. 以郎中騎將漢王元年從起下邽 擊陽夏 以都尉斬項羽 有功 侯 七百戶
고조 12년 高祖十二	5년간 양무가 장후로 있었다. 고조 8년 3월 신묘일, 장후莊侯 양무楊武의 원년이다. 五 八年三月辛卯 莊侯楊武元年
효혜 7년 孝惠七	7년간 양무가 장후로 있었다. 七
고후 8년 高后八	8년간 양무가 장후로 있었다. 八
효문 23년 孝文二十三	12년간 양무가 장후로 있었다. 11년간 양거질이 후侯로 있었다. 효문 13년, 후侯 양거질楊去疾의 원년이다. 十二 十一 十三年 侯去疾元年
효경 16년 孝景十六	14년간 양거질이 후侯로 있었다. 효경 후원년, 양거질이 죄를 지어 나라가 없어졌다. 十四 後元年 去疾有罪 國除
효무 54년	
후제侯第	공신 서열 94위

90. 영후

국명國名	영甯 색은 《한서》〈표〉에는 영양甯陽이며 제남군에 속한다. 漢表甯陽屬濟南也 신주 《한서》〈표〉에는 영현이 영양이고 제남군에 속한다고 했지만 제남군에는 이런 현이 없다. 양옥승은 《사기지의》에서 《수경주》에 하내군 수무현修武縣은 고대 '녕甯'이고 고조가 위속魏遫을 봉했다고 한다. 태산군 영양현甯陽縣은 무제가 노공왕의 아들 유회劉恢를 봉한 곳이라 한다. 지금의 하남군 획가獲嘉이다.

후공侯功	사인으로 탕에서 봉기하여 고조를 따랐고, 한중으로 들어갔다. 도위로 장도를 친 공으로 후侯가 되었는데 식읍은 1,000호이다. 以舍人從起碭 入漢 以都尉擊臧荼功 侯 千戸
고조 12년 高祖十二	5년간 위선이 장후로 있었다. 고조 8년 4월 신유일, 장후莊侯 위선魏選의 원년이다. 五 八年四月辛酉 莊侯魏選元年 **신주** 《한서》 및 〈한흥이래장상명신연표〉와 《수경주》 모두 위속魏遬이라고 했다.
효혜 7년 孝惠七	7년간 위선이 장후로 있었다. 七
고후 8년 高后八	8년간 위선이 장후로 있었다. 八
효문 23년 孝文二十三	15년간 위선이 장후로 있었다. 8년간 위련이 공후로 있었다. 효문 16년, 공후恭侯 위련魏連의 원년이다. 十五 八 十六年 恭侯連元年
효경 16년 孝景十六	3년간 위지가 후侯로 있었다. 효경 원년, 후侯 위지魏指의 원년이다. 효경 4년, 후侯 위지가 봉국의 경계를 벗어난 죄에 걸려 나라가 없어졌다. 三 元年 侯指元年 四年 侯指坐出國界 有罪 國除 **신주** 출국계出國界란 자신의 봉지를 허락없이 벗어난 것을 뜻한다.
효무 54년	
후제侯第	공신 서열 78위

91. 창후

국명國名	창昌 색은 현 이름으로 낭야군에 속한다. 縣名 屬琅邪 신주 창현은 지금 산동성 제성시諸城市 동남쪽으로 비정한다. 일본의 〈사기 3하-10 표2-〉는 제성시 동북쪽으로 비정한다.
후공侯功	제나라 장수 출신으로 한왕 4년 회음후 한신을 따라 무염無鹽에서 봉기하여 제나라를 평정했다. 항적을 치고 대 땅에서 한왕 신을 쳐서 후侯가 되었는데 식읍은 1,000호이다. 以齊將漢王四年從淮陰侯起無鹽 定齊 擊籍及韓王信於代 侯 千戶
고조 12년 高祖十二	5년간 노경이 어후로 있었다. 고조 8년 6월 무신일, 어후圉侯 노경盧卿의 원년이다. 五 八年六月戊申 圉侯盧卿元年 색은 《한서》〈표〉에는 성을 '노삼盧'라 했는데, 삼盧는 곧 '노盧'이며, 옛날 '노궁盧弓'이란 글자 역시 그러하다. 漢表姓盧 盧即盧 古盧弓字亦然也
효혜 7년 孝惠七	7년간 노경이 어후로 있었다. 七
고후 8년 高后八	8년간 노경이 어후로 있었다. 八
효문 23년 孝文二十三	14년간 노경이 어후로 있었다. 9년간 노통이 후侯로 있었다. 효문 15년, 후侯 노통盧通의 원년이다. 十四 九 十五年 侯通元年
효경 16년 孝景十六	2년간 노통이 후侯로 있었다. 효경 3년, 후侯 노통이 모반하여 나라가 없어졌다. 二 三年 侯通反 國除
효무 54년	
후제侯第	공신 서열 109위

92. 공후

국명國名	공共
	색은 현 이름으로 하내군에 속한다. 縣名 屬河內 신주 공현은 지금의 하남성 휘현輝縣으로 비정한다.
후공侯功	제나라 장수 출신으로 한왕 4년 회음후 한신을 따라 임치에서 봉기하여 항적을 치고 한왕 신을 평성에서 공격한 공으로 侯가 되었는데 식읍은 1,200호이다. 以齊將漢王四年從淮陰侯起臨淄 擊籍及韓王信於平城 有功 侯 千二百戶
고조 12년 高祖十二	5년간 노파사가 장후로 있었다. 고조 8년 6월 임자일, 장후莊侯 노파사盧罷師의 원년이다. 五 八年六月壬子 莊侯盧罷師元年
효혜 7년 孝惠七	7년간 노파사가 장후로 있었다. 七
고후 8년 高后八	8년간 노파사가 장후로 있었다. 八
효문 23년 孝文二十三	6년간 노파사가 장후로 있었다. 효문 7년, 혜후惠侯 노당盧黨의 원년이다. 8년간 노당이 혜후로 있었다. 효문 15년, 회후懷侯 노상盧商의 원년이다. 5년간 노상이 회후로 있었다. 효문 후4년, 후侯 노상이 죽고 후계자가 없어 나라가 없어졌다. 六 七年 惠侯黨元年 八 十五年 懷侯商元年 五 後四年 侯商薨 無後 國除 신주 노파사는 문제 6년에 세상을 떠났다. 노당이 문제 7년에 제후를 세습했다가 문제 14년에 세상을 떠났다. 《한서》〈표〉에는 노상의 이름을 '고高'라 한다.
효경 16년 孝景十六	
효무 54년	
후제侯第	공신 서열 114위

93. 알지후

국명國名	알지閼氏 [색은] 현 이름으로 안정군에 속한다. 縣名 屬安定 [신주] 양옥승은 《사기지의》에서 이렇게 말했다. "안정에는 '오지烏氏'는 있지만 '알지'가 없으니 사마정이 그른 것이다. 《수경주》에 '양유성梁榆城은 곧 알여閼與의 옛 성이며 조사趙奢가 진秦나라를 알여에서 격파했다고 하니 이곳을 일컫는다. 사마표와 원산송의 《군국지》에 아울러 열현涅縣에 알여취閼與聚가 있고 한고제가 풍해산馮解散을 봉하여 후국으로 삼았다'라고 한다. 역도원의 설에 근거하면 '알지'는 '알여'의 잘못이고, 그 땅은 상당군 열지현涅氏縣에 있으니 아마 '열지'를 잘못하여 '알지'로 쓴 것뿐이다." 알지가 아니라 열지涅氏가 맞다는 것인데 지금의 산서성 화순和順으로 비정한다.
후공侯功	대 태위 출신으로 한왕 3년 항복하여 홍문수鴈門守가 되었다. 특장으로 대에서 반란한 도적을 평정하고 후侯가 되었는데 식읍은 1,000호이다. 以代太尉漢王三年降 爲鴈門守 以特將平代反寇 侯 千戶 [색은] 《한서》〈표〉에는 태위를 '태여大與'라 했다. 大與는 작위 이름으로 발음은 '태'이다. 漢表太尉作大與 大與 爵名 音泰也
고조 12년 高祖十二	4년간 풍해감이 절후로 있었다. 고조 8년 6월 임자일, 절후節侯 풍해감馮解敢의 원년이다. 1년간 풍타가 공후로 있었다. 고조 12년, 공후恭侯 풍타馮它의 원년이다. 풍타가 죽고 후사가 없어 세습이 끊겼다. 四 八年六月壬子 節侯馮解敢元年 一 十二年 恭侯它元年 薨 無後 絶 [신주] 《한서》〈표〉와 《수경주》에는 풍해감이 아니라 풍해산馮解散이라고 한다.
효혜 7년 孝惠七	
고후 8년 高后八	
효문 23년 孝文二十三	14년간 풍유가 문후로 있었다. 효문 2년, 공후의 유복자 문후文侯 풍유馮遺의 원년이다. 8년간 풍승지가 공후로 있었다. 효문 16년, 공후恭侯 풍승지馮勝之의 원년이다. 十四 二年 封恭侯遺腹子文侯遺元年 八 十六年 恭侯勝之元年

효경 16년 孝景十六	5년간 풍승지가 공후로 있었다. 11년간 풍평이 후侯로 있었다. 효경 전6년, 후侯 풍평馮平의 원년이다. 五 十一 前六年 侯平元年
효무 54년	28년간 풍평이 후侯로 있었다. 원정 5년, 후侯 풍평이 주금에 걸려 나라가 없어졌다. 二十八 元鼎五年 侯平坐酎金 國除
후제侯第	공신 서열 100위

94. 안구후

국명國名	안구安丘 색은 안구는 현 이름으로 북해군에 속한다. 安丘 縣名 屬北海也 신주 안구현은 지금의 산동성 안구시 서남쪽으로 비정한다.
후공侯功	군졸로 방여方與에서 봉기하여 고조를 따랐고, 위표에 속했다. 2년 5개월 만에 집피執鈹가 되어 한중으로 들어갔다. 사마로 항우를 공격하고, 장군 으로 대를 평정한 공으로 후侯가 되었는데 식읍은 3,000호이다. 以卒從起方與 屬魏豹 二歲五月 以執鈹入漢 以司馬擊籍 以將軍定代 侯 三千戶
고조 12년 高祖十二	5년간 장열이 의후로 있었다. 고조 8년 7월 계유일, 의후懿侯 장열張說의 원년이다. 五 八年七月癸酉 懿侯張說元年 색은 說의 발음은 '열悅'이다. 音悅
효혜 7년 孝惠七	7년간 장열이 의후로 있었다. 七
고후 8년 高后八	8년간 장열이 의후로 있었다. 八

효문 23년 孝文二十三	12년간 장열이 의후로 있었다. 11년간 장노가 공후로 있었다. 효문 13년, 공후恭侯 장노張奴의 원년이다. 十二 十一 十三年 恭侯奴元年
효경 16년 孝景十六	2년간 장노가 공후로 있었다. 1년간 장집이 경후로 있었다. 효경 3년, 경후敬侯 장집張執의 원년이다. 13년간 장흔이 강후로 있었다. 효경 4년, 강후康侯 장흔張訢의 원년이다. 二 一 三年 敬侯執元年 十三 四年 康侯訢元年
효무 54년	18년간 장흔이 강후로 있었다. 원수 원년, 후侯 장지張指의 원년이다. 9년간 장지가 후侯로 있었다. 원정 4년, 후侯 장지가 상림원上林園에 들어가 사슴을 훔칠 것을 모의한 일로 걸려 나라가 없어졌다. 十八 元狩元年 侯指元年 九 元鼎四年 侯指坐入上林謀盜鹿 國除 **신주** 장흔은 무제 18년, 즉 원삭 6년에 세상을 떠났다. 무제 원광 4년에 개국공신 장열의 서자 장구張歐를 어사대부에 임명한다. 그런데 〈장숙전〉에는 원삭 4년이라고 되어 있다.
후제侯第	공신 서열 67위

95. 합양후

국명國名	합양合陽 **색은** 합양은 좌풍익에 속한다. 合陽屬馮翊 **신주** 합양郃陽이라고도 쓴다. 현재 섬서성 합양시 동남쪽이다.
후공侯功	고조의 형이다. 군사가 처음 봉기할 때 태공을 모시고 풍을 지켰다. 천하가 평정되고 나서 6년 정월에 중仲을 세워 대왕으로 삼았다. 고조 8년, 흉노가 대를 공격하자 왕은 봉국을 버리고 달아나 도망했으므로 폐위되어 합양후가 되었다.

	高祖兄 兵初起 侍太公守豐 天下已平 以六年正月立仲爲代王 高祖八年 匈奴攻代 王棄國亡 廢爲合陽侯
	신주 《한서》〈제후왕표〉에는 유중이 도망친 것은 7년이다.
고조 12년 高祖十二	5년간 유중이 후侯로 있었다. 고조 8년 9월 병자일, 후侯 유중劉仲의 원년이다. 五 八年九月丙子 侯劉仲元年 **집해** 서광이 말했다. "다른 이름으로 '가嘉'라 한다." 徐廣曰 一名嘉 **색은** 중의 이름은 '가嘉'이고, 고조의 아우다. 仲名嘉 高祖弟 **신주** 고조의 아들 유여의가 후임 대왕이 된 것을 고려하면, 《사기지의》의 의견처럼 7년 12월 병자일에 합양후가 되었을 것이며, 이름 '嘉'는 '희喜'를 잘못 쓴 것이다. 고조의 둘째형으로 이름은 '희喜'이고 자는 '중仲'이기 때문이다.
효혜 7년 孝惠七	2년간 유중이 후侯로 있었다. 유중의 아들 유비劉濞가 오왕이 되었다. 아들이 오왕이 된 까닭에 유중을 높여 시호를 대경후代頃侯라 했다. 二 仲子濞 爲吳王 以子吳王故 尊仲謚爲代頃侯 **신주** 유비가 오왕이 된 것은 고조 12년이고, 합양후 유중이 살아있을 때 오왕이 된 것이다.
고후 8년 高后八	
효문 23년 孝文二十三	
효경 16년 孝景十六	
효무 54년	
후제侯第	

96. 양평후

국명國名	양평襄平
	색은 현 이름이며 임회군에 속한다.
	縣名 屬臨淮
	신주 양평현에 대해 대만의 《신역사기》는 지금의 요녕성 요양현遼陽縣이라고 하고, 일본의 〈사기 3하-10표2-〉는 강소성 우이현盱眙縣이라고 한다. 우이현은 회안시淮安市 산하 현이다. 두 비정 중 문제가 되는 것은 요녕성 요양으로 보는 견해다. 양평이 중요한 것은 요동군을 다스리던 군치郡治였기 때문이다. 《수경주》에는 요동군 양평이라고 하나 당시 국경선의 현을 식읍으로 할 리는 없을 것이다. 또 이때 한나라는 현재의 요동을 차지하지 못했으므로 현재의 요양시 요양현을 식읍으로 지급할 수 없다. 《한서》 〈지리지〉의 임회군에도 양평현이 있으므로 위 색은 주석이 더 설득력이 있다.
후공侯功	군사가 처음 봉기할 때, 기성紀成은 장군으로 고조를 따라 진나라를 격파했으며 한중으로 들어갔다. 3진을 평정하고, 공은 평정후 제수齊受에 견주었다. 호치好畤에서 싸우다가 전사했다. 아들 기통이 기성의 공훈을 이어 후侯가 되었다.
	兵初起 紀成以將軍從擊破秦 入漢 定三秦 功比平定侯 戰好畤 死事 子通襲成功 侯
고조 12년 高祖十二	5년간 기통이 후侯로 있었다. 고조 8년 후9월 병오일, 후侯 기통紀通의 원년이다.
	五 八年後九月丙午 侯紀通元年
	신주 《사기지의》에 따르면, 《한서》 〈경제기〉 3년에 조서에서 '양평후 가嘉'라고 일컬어 아마 이름을 고친 것이 아닐까 한다고 했다.
효혜 7년 孝惠七	7년간 기통이 후侯로 있었다. **七**
고후 8년 高后八	8년간 기통이 후侯로 있었다. **八**
효문 23년 孝文二十三	23년간 기통이 후侯로 있었다. **二十三**
효경 16년 孝景十六	9년간 기통이 후侯로 있었다. 7년간 기상부가 강후로 있었다. 효경 중3년, 강후康侯 기상부紀相夫의 원년이다.

	九 七 中三年 康侯相夫元年
효무 54년	12년간 기상부가 강후로 있었다. 원삭 원년, 후侯 기이오紀夷吾의 원년이다. 19년간 기이오가 후侯로 있었다. 원봉 원년, 기이오가 죽고 후계자가 없어 나라가 없어졌다. 十二 元朔元年 侯夷吾元年 十九 元封元年 夷吾薨 無後 國除 　**신주**　기상부는 무제 12년, 즉 원광 6년 세상을 떠났다.
후제侯第	

97. 용후

국명國名	용龍 　**색은**　여강군에 용서현이 있으니 대개 그 땅이다. 廬江有龍舒縣 蓋其地也 　**신주**　현재 산동성 태안시泰安市 동남쪽으로 비정한다. 《사기지의》에는 태산군 박현 안에 있던 용향龍鄉으로 비정하면서 《수경주》를 근거로 삼았다.
후공侯功	군졸로 고조를 따랐고, 한왕 원년에 패상에서 봉기했다. 알자로 항적을 치 고 조구曹咎를 베었으며, 후侯가 되었는데 식읍은 1,000호이다. 以卒從 漢王元年起霸上 以謁者擊籍 斬曹咎 侯 千戶
고조 12년 高祖十二	5년간 진서가 경후로 있었다. 고조 8년 후9월 기미일, 경후敬侯 진서陳署의 원년이다. 五 八年後九月己未 敬侯陳署元年
효혜 7년 孝惠七	7년간 진서가 경후로 있었다. 七
고후 8년 高后八	6년간 진서가 경후로 있었다. 2년간 진견이 후侯로 있었다. 고후 7년, 후侯 진견陳堅의 원년이다. 六 二 七年 侯堅元年

효문 23년 孝文二十三	16년간 진견이 후侯로 있었다. 효문 후원년, 후侯 진견이 후작을 빼앗기고 나라가 없어졌다. 十六 後元年 侯堅奪侯 國除
효경 16년 孝景十六	
효무 54년	
후제侯第	공신 서열 84위

98. 번후

국명國名	번繁
	색은 〈지리지〉에는 번양繁陽이 있다. 아마 따로 번현이 있을 것인데, 〈지리지〉에는 들어있지 않다. 地理志有繁陽 恐別有繁縣 志闕 신주 번현의 위치에 대해 현재 대만의 《신역사기》는 사천성 팽현彭縣 서북쪽으로 비정하고 있다. 그리고 일본의 〈사기 3하−10표2−〉는 사천성 도강언시都江堰市 동쪽으로 보고 있다. 《한서》〈지리지〉에는 현재 사천성 지역인 촉군에 번현이 있기는 하지만 당시 한나라가 사천성 일대까지 지배하지는 못했기 때문에 번현의 위치를 사천성으로 보는 것은 문제가 있어 보인다.
후공侯功	조나라 기장 출신으로 고조를 따랐고, 한 3년, 고조를 따라 제후들을 치고 후侯가 되었다. 오방후(양무楊武)에 견주었고 식읍은 1,500호이다. 以趙騎將從 漢三年 從擊諸侯 侯 比吳房侯 千五百戶
고조 12년 高祖十二	4년간 강첨이 장후로 있었다. 고조 9년 11월 임인일, 장후莊侯 강첨彊瞻의 원년이다. 四 九年十一月壬寅 莊侯彊瞻元年 색은 《한서》〈표〉에는 '평엄후 장첨'이라 했는데, 여기서는 '강첨'이라 했다. 漢表作平嚴侯張瞻 此作強瞻 신주 《사기지의》에 따르면, 《한서》〈표〉의 장첨사張瞻師가 옳은데, 여기서는 '師' 자가 빠졌고 '彊'으로 잘못 썼다고 한다.

효혜 7년 孝惠七	4년간 강첨이 장후로 있었다. 3년간 강구독이 강후로 있었다. 효혜 5년, 강후康侯 강구독彊昫獨의 원년이다. 四 三 五年 康侯昫獨元年
	집해 일설에는 '후侯 경도'라 한다. 一云侯悼 신주 《한서》〈표〉는 '구도' 자 대신 '경도' 자를 쓰고 있는데, 양옥승도 《사기지의》에서 《한서》〈표〉의 '경도'이 맞으며, '독獨' 자가 빠졌다고 한다. 즉 장경독이라는 뜻이다.
고후 8년 高后八	8년간 강구독이 강후로 있었다. 八
효문 23년 孝文二十三	23년간 강구독이 강후로 있었다. 二十三
효경 16년 孝景十六	3년간 강구독이 강후로 있었다. 6년간 강기가 후侯로 있었다. 효경 4년, 후侯 강기彊寄의 원년이다. 7년간 강안국이 후侯로 있었다. 효경 중3년, 후侯 강안국彊安國의 원년 이다. 三 六 四年侯寄元年 七 中三年 侯安國元年
효무 54년	18년간 강안국이 후侯로 있었다. 원수 원년, 강안국이 살해당해 나라가 없 어졌다. 十八 元狩元年 安國爲人所殺 國除
후제侯第	공신 서열 95위

99. 육량후

국명國名	육량陸梁
	색은 육량陸量이다. 여순은 〈시황제본기〉의 '陸量地'에 근거했다. 살피건대 지금 강남 에 있다. 陸量 如淳據始皇紀所謂陸量地 案今在江南也

	신주 육량현은 현재 위치를 알 수 없는데, 지금의 호남성에서 그리 멀지 않을 것으로 추정한다.
후공侯功	조서로 열후가 되었고, 스스로 관리를 두었으며, 장사왕(오예)의 명령을 받았다. 詔以爲列侯 自置吏 受令長沙王
고조 12년 高祖十二	3년간 수무가 후侯로 있었다. 고조 9년 3월 병진일, 후侯 수무須毋의 원년이다. 1년간 수상이 공후로 있었다. 고조 12년, 공후共侯 수상須桑의 원년이다. 三 九年三月丙辰 侯須毋元年 一 十二年 共侯桑元年 색은 須毋를 《한서》〈표〉에는 '수무須無'라 한다. 漢表作須無
효혜 7년 孝惠七	7년간 수상이 공후로 있었다. 七
고후 8년 高后八	8년간 수상이 공후로 있었다. 八
효문 23년 孝文二十三	18년간 수상이 공후로 있었다. 5년간 수경기가 강후로 있었다. 효문 후3년, 강후康侯 수경기須慶忌의 원년이다. 十八 五 後三年 康侯慶忌元年
효경 16년 孝景十六	효경 원년, 후侯 수염須冉의 원년이다. 16년간 수염이 후侯로 있었다. 元年 侯冉元年 十六
효무 54년	28년간 수염이 후侯로 있었다. 원정 5년, 후侯 수염이 주금에 걸려 나라가 없어졌다. 二十八 元鼎五年 侯冉坐酎金 國除
후제侯第	공신 서열 137위

100. 고경후

국명國名	고경高京 [집해] 서광이 말했다. "京을 다른 판본에는 '경景'이라 한다." 徐廣曰 一作景 [색은] 《한서》〈지리지〉에는 들어있지 않다. 漢志闕 [신주] 고경의 위치는 지금 알 수 없다.
후공侯功	주가周苛가 병사를 일으켜 내사로 고조를 따랐다. 진나라를 격파하고 어사대부가 되어 한중으로 들어갔다. 제후들을 포위하여 취하고 형양을 굳게 지켰으니 공은 벽양후(심이기)에 견주었다. 주가는 어사대부로 일하다가 죽었다. 아들 주성이 후사가 되어 후작을 이었다. 周苛起兵 以內史從 擊破秦 爲御史大夫 入漢 圍取諸侯 堅守滎陽 功比辟陽 苛以御史大夫死事 子成爲後 襲侯 [신주] 《사기지의》에 따르면, 봉기 당시 주가의 신분은 '객客'이라 한다.
고조 12년 高祖十二	4년간 주성이 후侯로 있었다. 고조 9년 4월 무인일, 후侯 주성周成의 원년이다. 四 九年四月戊寅 侯周成元年
효혜 7년 孝惠七	7년간 주성이 후侯로 있었다. 七
고후 8년 高后八	8년간 주성이 후侯로 있었다. 八
효문 23년 孝文二十三	20년간 주성이 후侯로 있었다. 효문 후5년, 모반 사건에 걸려 목매어 죽자 봉국이 없어지고 세습이 끊겼다. 二十 後五年 坐謀反 繫死 國除 絕
효경 16년 孝景十六	승繩으로 봉국이 바뀌었다. 효경 중원년(서기전 149), 주성의 손자 주응周應을 봉한 원년이다. 후侯 주평이 후계자가 되었는데, 언제부터인지 햇수를 알지 못한다. 繩 中元年 封成孫應元年 侯平嗣 不得元 [신주] 승繩은 아마 승수가 흐르는 산동 제군과 낙안군 일대일 것이다.

효무 54년	원수 4년(서기전 119), 주평이 태상이 되었는데 원릉園陵을 제대로 관리하지 못한 불경죄에 걸려 나라가 없어졌다. 元狩四年 平坐爲太常不繕治園陵 不敬 國除
후제侯第	공신 서열 60위

101. 리후

국명國名	리離 색은 《한서》〈지리지〉에는 들어있지 않다. 漢志闕 신주 리현의 위치는 지금 알 수 없다.
후공侯功	리후는 처음 일어나고 끊어진 바를 잃었다. 失此侯始所起及所絕 색은 살피건대 《초한춘추》에도 들어있지 않다. 《한서》〈표〉에는 성제 시대에 광록대부 활감이 태양 옆의 구름으로 점을 치면서 "등약은 장사로서 병사를 거느려 후侯가 되었다."라고 했는데, 이는 군사를 일으킨 것이다. 案 楚漢春秋亦闕 漢表成帝時光祿大夫滑堪日旁占驗 曰鄧弱以長沙將兵侯 是所起也
고조 12년 高祖十二	고조 9년 4월 무인일, 등약鄧弱의 원년이다. 九年四月戊寅 鄧弱元年
효혜 7년 孝惠七	
고후 8년 高后八	
효문 23년 孝文二十三	
효경 16년 孝景十六	
효무 54년	
후제侯第	

102. 의릉후

국명國名	의릉義陵 집해 서광이 말했다. "다른 판본에는 '의양義陽'이라 한다." 徐廣曰 一作義陽 색은 의양은 여남군에 있다. 義陽 在汝南 신주 대만의 《신역사기》는 양옥승의 설명을 따라서 하남성 당하唐河 동쪽으로 보고 있는데, 일본의 〈사기 3하-10표2-〉는 호남성 서포현漵浦縣으로 아주 달리 보고 있다. 또한 〈지리지〉에는 형주 강남지방 무릉군의 소속현에 의릉이 있다.
후공侯功	장사주국으로 후侯가 되었는데 식읍은 1,500호이다. 以長沙柱國侯 千五百戶
고조 12년 高祖十二	4년간 오정이 후侯로 있었다. 고조 9년 9월 병자일, 후侯 오정吳程의 원년이다. 四 九年九月丙子 侯吳程元年
효혜 7년 孝惠七	3년간 오정이 후侯로 있었다. 4년간 오종이 후侯로 있었다. 효혜 4년, 후侯 오종吳種의 원년이다. 三 四 四年 侯種元年
고후 8년 高后八	6년간 오종이 후侯로 있었다. 고후 7년, 후侯 오종이 죽고 후계자가 없어 나라가 없어지고 모두 시호를 잃었다. 六 七年 侯種薨 無後 國除 皆失諡.
효문 23년 孝文二十三	
효경 16년 孝景十六	
효부 54년	
후제侯第	공신 서열 134위

103. 선평후

국명國名	선평宣平
	색은 《초한춘추》에는 남궁후 '장이張耳'인데, 여기서는 선평후 '오오敖'라 한다. 장오는 장이의 아들이다. 진평이 공훈의 차례를 기록할 때 장이는 이미 죽었기 때문이다.
	楚漢春秋南宮侯張耳 此作宣平侯敖 敖 耳子 陳平錄第時 耳已薨故也
	신주 선평에 대해서 양옥승은 작호爵號로 보고 있다. 경기에 거주하는 관내후關內侯라는 것이다.
후공侯功	군사가 처음 봉기할 때 장이張耳는 진나라를 무너뜨려 조나라 재상이 되었다. 제후들의 병력을 거록군에서 모아 진나라를 부수고, 조나라를 평정했으며, 상산왕이 되었다. 진여陳餘가 배반하여 장이를 습격하자 국가를 버리고 대신들과 한나라로 귀의했으며, 한나라는 조나라를 평정하여 장이를 왕으로 삼았다. 장이가 죽고 아들 장오가 후계자가 되었다. 그 신하 관고貫高가 좋지 않은 정치를 한 까닭에 폐위되어 후侯가 되었다.
	兵初起 張耳誅秦 爲相 合諸侯兵鉅鹿 破秦定趙 爲常山王 陳餘反 襲耳棄國 與大臣歸漢 漢定趙 爲王 卒 子敖嗣 其臣貫高不善 廢爲侯
고조 12년 高祖十二	4년간 장오가 무후로 있었다. 고조 9년 4월, 무후武侯 장오張敖의 원년이다.
	四 九年四月 武侯張敖元年
	신주 장오의 부인은 노원공주이며 혜제의 누이다. 그 딸은 다시 혜제의 황후가 되니 혜제의 조카딸이다. 아직 유교가 지배하지 않았던 시절의 원초적인 족내혼 풍경을 보게 된다.
효혜 7년 孝惠七	7년간 장오가 무후로 있었다.
	七
고후 8년 高后八	6년간 장오가 후侯로 있었다. 신평후信平侯 장오가 죽고 아들 장언張偃이 노왕이 되어 나라가 없어졌다.
	六 信平薨 子偃爲魯王 國除
	집해 서광이 말했다. "(중간에) 신평후로 바꿔 봉해졌다."
	徐廣曰 改封信平

효문 23년 孝文二十三	15년간 장언이 남궁후로 있었다. 효문 원년, 옛 노왕으로 남궁후가 되었다. 8년간 장구가 애후로 있었다. 효문 16년, 애후哀侯 장구張歐의 원년이다. 十五 元年 以故魯王爲南宮侯 八 十六年 哀侯歐元年 **신주** 남궁은 기주 신도군에 있다.
효경 16년 孝景十六	9년간 장구가 애후로 있었다. 7년간 장생이 후侯로 있었다. 효경 중3년, 후侯 장생張生의 원년이다. 九 七 中三年 侯生元年
효무 54년 孝武五十四	7년간 장생이 후侯로 있었다. (원광 원년) 죄를 지어 세습이 끊겼다. 수양睢陽으로 봉국이 바뀌어 18년간 장광이 후侯로 있었다. 원광 3년, 장언의 손자 후侯 장광張廣의 원년이다. 13년간 장창이 후侯로 있었다. 원정 2년, 후侯 장창張昌의 원년이다. 태초 3년, 후侯 장창이 태상이 되었는데, 제사를 소홀히 하여 나라가 없어졌다. 七 罪 絕 睢陽十八 元光三年 封偃孫侯廣元年 十三 元鼎二年 侯昌元年 太初三年 侯昌爲太常 乏祠 國除 **신주** 《사기지의》에 따르면, 수양은 양국의 도읍지이므로 바뀐 봉국은 《한서》〈표〉에 나온 대로 임회군 수릉睢陵이라 한다.
후제侯第	공신 서열 3위

104. 동양후

국명國名	동양東陽 **색은** 현 이름으로 임회군에 속한다. 縣名 屬臨淮 **신주** 동양현은 현재 강소성 우이盱眙 동남쪽으로 보고 있다.
후공侯功	고조 6년, 중대부가 되었다. 하간군수로 진희를 쳐서 힘껏 싸운 공으로 후侯가 되었는데 식읍은 1,300호이다. 高祖六年 爲中大夫 以河間守擊陳豨力戰功 侯 千三百戶

고조 12년 高祖十二	2년간 장상여가 무후로 있었다. 고조 11년 12월 계사일, 무후武侯 장상여張 相如의 원년이다. 二 十一年十二月癸巳 武侯張相如元年
효혜 7년 孝惠七	7년간 장상여가 무후로 있었다. 七
고후 8년 高后八	8년간 장상여가 무후로 있었다. 八
효문 23년 孝文二十三	15년간 장상여가 무후로 있었다. 5년간 장은이 공후로 있었다. 효문 16년, 공후共侯 장은張殷의 원년이다. 3년간 장안국이 대후로 있었다. 효문 후5년, 대후戴侯 장안국張安國의 원년 이다. 十五 五 十六年 共侯殷元年 三 後五年 戴侯安國元年
효경 16년 孝景十六	3년간 장안국이 대후로 있었다. 13년간 장강이 애후로 있었다. 효경 4년, 애후哀侯 장강張彊의 원년이다. 三 十三 四年 哀侯彊元年
효무 54년	건원 원년, 후侯 장강이 죽고 후계자가 없어 나라가 없어졌다. 建元元年 侯彊薨 無後 國除
후제侯第	공신 서열 118위

105. 개봉후

국명國名	개봉開封
	색은 현 이름으로 하남군에 속한다. 縣名 屬河南 신주 현재 하남성 개봉開封으로서 전국 때 위魏나라를 비롯해 송宋나라 등 8개 왕조 의 수도여서 '팔조고도八朝古都'라고 불린다.

후공侯功	우사마로 한왕 5년 처음 고조를 따랐고, 중위로 연나라를 치고 대를 평정하여 후侯가 되었다. 공후共侯(노파사盧罷師)에 견주었으며, 식읍은 2,000호이다. 以右司馬漢王五年初從 以中尉擊燕 定代 侯 比共侯 二千戶
고조 12년 高祖十二	1년간 도사가 민후로 있었다. 고조 11년 12월 병진일, 민후閔侯 도사陶舍의 원년이다. 1년간 도청이 이후로 있었다. 고조 12년, 이후夷侯 도청陶青의 원년이다. 一 十一年十二月丙辰 閔侯陶舍元年 一 十二年 夷侯青元年
효혜 7년 孝惠七	7년간 도청이 이후로 있었다. 七
고후 8년 高后八	8년간 도청이 이후로 있었다. 八
효문 23년 孝文二十三	23년간 도청이 이후로 있었다. 二十三
효경 16년 孝景十六	9년간 도청이 이후로 있었다. 경제 때 승상이 되었다. 7년간 도언이 절후로 있었다. 효경 중3년, 절후節侯 도언陶偃의 원년이다. 九 景帝時 爲丞相 七 中三年 節侯偃元年
효무 54년	10년간 도언이 절후로 있었다. 원광 5년, 후侯 도휴陶睢의 원년이다. 18년간 도휴가 후侯로 있었다. 원정 5년, 후侯 도휴가 주금에 걸려 나라가 없어졌다. 十 元光五年 侯睢元年 十八 元鼎五年 侯睢坐酎金 國除 신주 무제 10년, 즉 원광 4년이 도언이 세상을 떠난 해이다.
후제侯第	공신 서열 115위

106. 패후

국명國名	패沛
	색은 현 이름으로 패군에 속한다.
	縣名 屬沛郡
	신주 패현은 패군과 구분하려고 소패小沛라고도 한다. 《삼국지》에 자주 나오는 지명인 소패가 바로 패현이다.
후공侯功	고조의 형 합양후 유중의 아들로 후侯가 되었다.
	高祖兄合陽侯劉仲子 侯
고조 12년 高祖十二	1년간 유비가 후侯로 있었다. 고조 11년 12월 계사일, 후侯 유비劉濞의 원년이다. 고조 12년 10월 신축일, 후侯 유비가 오왕이 되어 나라가 없어졌다. 一 十一年十二月癸巳 侯劉濞元年 十二年十月辛丑 侯濞爲吳王 國除
효혜 7년 孝惠七	
고후 8년 高后八	
효문 23년 孝文二十三	
효경 16년 孝景十六	
효무 54년	
후제侯第	

107. 신양후

국명國名	신양慎陽
	색은 신양은 여남군에 속한다. 여순이 말했다. "발음은 '진震'이다." 감인은 말하기를, "마땅히 '전양滇陽'이라 해야 하는데, 후한 명제 영평 5년(서기 62), 실수로 인쇄할 판각을 고쳐 마침내 잘못하여 '水'를 '心'이라 했다. 《속한서》에는 '滇陽'이라 했다."라고 한다. 慎陽 屬汝南 如淳曰 音震 闞駰云 合作滇陽 永平五年 失印更刻 遂誤以水爲心 續漢書作滇陽也 신주 신양현은 전양현을 잘못 쓴 것이라는 주장이다. 그 위치는 지금의 하남성 정양현正陽縣 북쪽으로 비정한다.
후공侯功	회음후의 사인이 되었다가 회음후 한신의 모반을 알려 후侯가 되었는데 식읍은 2,000호이다. 爲淮陰舍人 告淮陰侯信反 侯 二千戶
고조 12년 高祖十二	2년간 난설이 후侯로 있었다. 고조 11년 12월 갑인일, 후侯 난설欒說의 원년이다. 二 十一年十二月甲寅 侯欒說元年 색은 《한서》〈표〉에는 '악설'이라 했다. 漢表作樂說
효혜 7년 孝惠七	7년간 난설이 후侯로 있었다. 七
고후 8년 高后八	8년간 난설이 후侯로 있었다. 八
효문 23년 孝文二十三	22년간 난설이 후로 있었다. 二十二
효경 16년 孝景十六	12년간 난설이 후侯로 있었다. 4년간 난원지가 성후로 있었다. 효경 중6년, 정후靖侯 난원지欒願之의 원년이다. 十二 四 中六年 靖侯願之元年 신주 난원지는 경제 중원년에 제후 지위를 세습해서 경제 후3년에 세상을 떠났다.

효무 54년	22년간 난매지가 후侯로 있었다. 건원 원년, 후侯 난매지變買之의 원년이다. 원수 5년, 후侯 난매지가 백금을 주조한 일에 걸려 기시를 당하고 나라가 없어졌다. 二十二 建元元年 侯買之元年 元狩五年 侯買之坐鑄白金 棄市 國除 신주 백금을 주조했다는 것은 몰래 주전鑄錢했다는 뜻이다. 《집해》에서는 여순如淳의 설명을 인용해서 은과 주석을 잡스럽게 섞어 '백금'을 만든 것이라고 말하고 있다.
후제侯第	공신 서열 131위

108. 화성후

국명國名	화성禾成 색은 《한서》〈지리지〉에는 들어있지 않다. 漢志闕 신주 양옥승은 《사기지의》에서 《수경주》를 인용하여 거록군 하곡양下曲陽 일대로 비정했으나, 이 하곡양에 대해 대만의 《신역사기》는 지금의 하북성 무극無極 남쪽으로, 일본의 〈사기 3하-10표2-〉는 하북성 진주시晉州市로 보고 있다.
후공侯功	군졸로 한 5년에 처음 고조를 따랐고, 낭중으로 대를 쳐서 진희를 베고 후侯가 되었는데 식읍은 1,900호이다. 以卒漢五年初從 以郎中擊代 斬陳豨 侯 千九百戶
고조 12년 高祖十二	2년간 공손이가 효후로 있었다. 고조 11년 정월 기미일, 효후孝侯 공손이公孫耳의 원년이다. 二 十一年正月己未 孝侯公孫耳元年 색은 《한서》〈표〉에는 '이耳'를 '석昔'이라 했다. 漢表耳作昔
효혜 7년 孝惠七	7년간 공손이가 효후로 있었다. 七
고후 8년 高后八	8년간 공손이가 효후로 있었다. 八

효문 23년 孝文二十三	4년간 공손이가 효후로 있었다. 효문 5년, 회후懷侯 공손점公孫漸의 원년이다. 9년간 공손점이 회후로 있었다. 효문 14년, 후侯 공손점이 죽고 후계자가 없어 나라가 없어졌다. 四 五年 懷侯漸元年 九 十四年 侯漸薨 無後 國除
효경 16년 孝景十六	
효무 54년	
후제侯第	공신 서열 117위

109. 당양후

국명國名	당양堂陽 [색은] 현 이름으로 거록군에 속한다. 縣名 屬鉅鹿 [신주] 당양현은 현재 하북성 신하현新河縣 북쪽으로 비정한다.
후공侯功	중연으로 패에서 봉기하여 고조를 따랐고, 낭이 되어 한중으로 들어갔다. 장군으로 항적을 치고 혜후가 되었다. 형양을 지키다가 초나라에 항복한 일에 걸려 작위를 잃었다. 나중에 다시 와서 낭으로 항적을 쳤으며, 상당군 수가 되어 진희를 공격하고, 후侯가 되었는데 식읍은 800호이다. 以中涓從起沛 以郎入漢 以將軍擊籍 爲惠侯 坐守滎陽降楚免 後復來以郎擊籍 爲上黨守 擊豨 侯 八百戶 [신주] 《한서》〈표〉에도 '爲惠侯'라 하는데, 어느 곳인지 알 수 없다
고조 12년 高祖十二	2년간 손적이 애후로 있었다. 고조 11년 정월 기미일, 애후哀侯 손적孫赤의 원년이다. 二 十一年正月己未 哀侯孫赤元年
효혜 7년 孝惠七	7년간 손적이 애후로 있었다. 七

고후 8년 高后八	8년간 손덕이 후侯로 있었다. 고후 원년, 후侯 손덕孫德의 원년이다. 八 元年 侯德元年
효문 23년 孝文二十三	23년간 손덕이 후侯로 있었다. 二十三
효경 16년 孝景十六	12년간 손덕이 후侯로 있었다. 효경 중6년, 후侯 손덕이 죄를 지어 나라가 없어졌다. 十二 中六年 侯德有罪 國除
효무 54년	
후제侯第	공신 서열 77위

110. 축아후

국명國名	축아祝阿 [색은] 현 이름으로 평원군에 속한다. 縣名 屬平原 [신주] 축아현에 대해 대만의 《신역사기》는 현재 산동성 제하시濟下市 동북쪽으로 보는 반면 일본의 〈사기 3하-10표2-〉는 산동성 장청현長清縣 동북쪽으로 보고 있다.
후공侯功	객으로 설상齧桑에서 봉기하여 고조를 따랐고, 상대장이 되어 한중으로 들어갔다. 장군으로 위나라 태원을 치고 정형井陘 땅을 격파했으며, 한신의 휘하에 속했다. 부도군瓴度軍으로 항적을 치고 진희를 공격하여 후侯가 되었는데 식읍은 800호이다. 以客從起齧桑 以上隊將入漢 以將軍定魏太原 破井陘 屬淮陰侯 以瓴度軍擊籍及攻豨 侯 八百戶
고조 12년 高祖十二	2년간 고읍이 효후로 있었다. 고조 11년 정월 기미일, 효후孝侯 고읍高邑의 원년이다. 二 十一年正月己未 孝侯高邑元年
효혜 7년 孝惠七	7년간 고읍이 효후로 있었다. 七

고후 8년 高后八	8년간 고읍이 효후로 있었다. 八
효문 23년 孝文二十三	4년간 고읍이 효후로 있었다. 효문 5년, 後후 고성高成의 원년이다. 14년간 고성이 後후로 있었다. 효문 후3년, 後후 고성이 법률을 넘어 봉국 사람들을 부린 일에 걸려 나라가 없어졌다. 四 五年 侯成元年 十四 後三年 侯成坐事國人過律 國除 **신주** 고읍은 문제 4년 세상을 떠났다.
효경 16년 孝景十六	
효무 54년	
후제侯第	공신 서열 74위

111. 장수후

국명國名	장수長修 **색은** 현 이름으로 하동군에 속한다. 縣名 屬河東 **신주** 장수현에 대해 대만의 《신역사기》는 현재 산서성 강현絳縣 서북쪽으로 비정한다. 일본의 〈사기 3하–10표2–〉는 산서성 신강현新絳縣 서북쪽으로 비정한다. 운성시運城市 산하의 현들이다.
후공侯功	한 2년에 어사로 임용되어 처음 고조를 따라 함곡관을 나갔고, 내사로 제후들을 쳤으며, 공은 수창후須昌侯에 견주었다. 정위로 업무 중에 죽었고, 식읍은 1,900호이다. 以漢二年用御史初從出關 以內史擊諸侯 功比須昌侯 以廷尉死事 千九百戶
고조 12년 高祖十二	2년간 두념이 평후로 있었다. 고조 11년 정월 병진일, 평후平侯 두념杜恬의 원년이다. 二 十一年正月丙辰 平侯杜恬元年

	집해 일설에는 '두각杜恪'이라 한다.
	一云杜恪
	색은 《한서》에서 살펴보니 제후의 순위 108위를 신평후라고도 말한다.
	案位次曰信平侯
	신주 한고조 유방이 제후왕을 봉할 때 두념은 장수평후로 봉해졌는데, 그 후 효혜제가 장수평후를 바꾸어 신평후로 삼았다. 신평은 지금의 산서성 신강 일대이다.
효혜 7년 孝惠七	2년간 두념이 평후로 있었다. 5년간 두중이 회후로 있었다. 효혜 3년, 회후懷侯 두중杜中의 원년이다. 二 五 三年 懷侯中元年 신주 《한서》〈표〉에는 이름을 '의意'라고 한다.
고후 8년 高后八	8년간 두중이 회후로 있었다. 八
효문 23년 孝文二十三	4년간 두중이 회후로 있었다. 19년간 두희가 후侯로 있었다. 효문 5년, 후侯 두희杜喜의 원년이다. 四 十九 五年 侯喜元年
효경 16년 孝景十六	8년간 두희가 후侯로 있었다. (효경 중2년) 죄를 지어 세습이 끊겼다. 양평陽平으로 봉국이 바뀌어 5년간 두상부가 후侯로 있었다. 효경 중5년, 다시 봉해진 후侯 두상부杜相夫의 원년이다. 八 罪絕 陽平五 中五年 復封 侯相夫元年 신주 양평은 동군에 있다.
효무 54년	33년간 두상부가 후侯로 있었다. 원봉 4년, 후侯 두상부가 태상이 되었는데 태악령 무가無可와 더불어 정鄭 땅의 춤꾼들을 율령에 맞지 않게 멋대로 부리고 차단된 함곡관을 나온 일에 걸려 나라가 없어졌다. 三十三 元封四年 侯相夫坐爲太常與樂令無可當鄭舞人擅繇不如令 闌出函谷關 國除
후제侯第	공신 서열 108위

112. 강읍후

국명國名	강읍江邑 색은 《한서》〈지리지〉에는 들어있지 않다. 漢志闕 신주 강읍현에 대해서는 그 위치가 정확하지 않다. 양옥승은 《사기지의》에서 여남汝南군 안양현安陽縣으로 비정했는데, 이곳은 지금의 하남성 정양현正陽縣 서남쪽이다.
후공侯功	한 5년에 어사가 되고, (고조가) 기계를 사용하여 어사대부 주창을 조상으로 옮기게 하자 그를 대신하였으며, 고조를 따라 진희를 공격한 공으로 후侯가 되었는데 식읍은 600호이다. 以漢五年爲御史 用奇計徙御史大夫周昌爲趙相而代之 從擊陳豨 功侯六百戶
고조 12년 高祖十二	2년간 조요가 후侯로 있었다. 고조 11년 정월 신미일, 후侯 조요趙堯의 원년이다. 二 十一年正月辛未 侯趙堯元年
효혜 7년 孝惠七	7년간 조요가 후侯로 있었다. 七
고후 8년 高后八	고후 원년, 후侯 조요가 죄를 지어 나라가 없어졌다. 元年 侯堯有罪 國除 신주 〈장승상전〉에 따르면, 고조 시절에 조왕 유여의의 안전을 도모했다는 죄를 씌워 여후가 그를 몰아내고 광아후 임오林敖를 어사대부로 삼았다.
효문 23년 孝文二十三	
효경 16년 孝景十六	
효무 54년	
후제侯第	

113. 영릉후

국명國名	영릉營陵
	색은 현 이름으로 북해군에 속한다.
	縣名 屬北海
	신주 영릉현은 현재 산동성 유방시維坊市 서남쪽으로 비정한다.
후공侯功	한 3년에 낭중이 되어 항우를 쳤으며, 장군으로 진희를 치고 왕황王黃을 붙잡아 후侯가 되었다. 고조와 먼 친척인 유씨인 덕에 대대로 위위가 되었다. 식읍은 1만 2,000호이다.
	以漢三年爲郎中 擊項羽 以將軍擊陳豨 得王黃 爲侯 與高祖疏屬劉氏 世爲衞尉 萬二千戶
고조 12년 高祖十二	2년간 유택이 후侯로 있었다. 고조 11년, 후侯 유택劉澤의 원년이다.
	二 十一年 侯劉澤元年
효혜 7년 孝惠七	7년간 유택이 후侯로 있었다.
	七
고후 8년 高后八	5년간 유택이 후侯로 있었다. 고후 6년, 후侯 유택이 낭야왕이 되어 나라가 없어졌다.
	五 六年 侯澤爲琅邪王 國除
	신주 〈고후본기〉에 따르면, 여후의 여동생 여수呂嬃의 딸이 유택의 아내이다. 이로써 유택은 고후 7년에 낭야왕으로 봉했다고 되어 있다. 그에 따른다면 유택의 제후 재위는 15년이다.
효문 23년 孝文二十三	
효경 16년 孝景十六	
효무 54년	
후제侯第	공신 서열 88위

114. 토군후

국명國名	토군土軍 색은 포개가 말했다. "〈지리지〉에는 서하군에 토군현이 있다." 包愷云 地理志 西河有土軍縣 신주 토군현에 대해 현재 산서성 석루현石樓縣으로 비정한다.
후공侯功	고조 6년 중지군수가 되고 정위로 진희를 쳐서 후侯가 되었는데 식읍은 1,200호이다. 봉국으로 갔고, 나중에 연상이 되었다. 高祖六年爲中地守 以廷尉擊陳豨 侯 千二百戶 就國 後爲燕相
고조 12년 高祖十二	2년간 선의가 무후로 있었다. 고조 11년 2월 정해일, 무후武侯 선의宣義의 원년이다. 二 十一年二月丁亥 武侯宣義元年 색은 《한서》에서 살펴보니 제후 순위 122위를 '신성후信成侯'라고도 말한다. 案位次曰 信成侯也
효혜 7년 孝惠七	5년간 선의가 무후로 있었다. 2년간 선막여가 효후로 있었다. 효혜 6년, 효후孝侯 선막여宣莫如의 원년이다. 五 二 六年 孝侯莫如元年
고후 8년 高后八	8년간 선막여가 효후로 있었다. 八
효문 23년 孝文二十三	23년간 선막여가 효후로 있었다. 二十三
효경 16년 孝景十六	2년간 선막여가 효후로 있었다. 14년간 선평이 강후로 있었다. 효경 3년, 강후康侯 선평宣平의 원년이다. 二 十四 三年 康侯平元年
효무 54년	5년간 선생이 강후로 있었다. 건원 6년, 후侯 선생宣生의 원년이다. 8년간 선생이 후侯로 있었다. 원삭 2년, 선생이 남의 처와 간통한 죄에 걸려 나라가 없어졌다. 五 建元六年 侯生元年 八 元朔二年 生坐與人妻姦罪 國除

	선평은 무제 건원 5년 세상을 떠났다.
후제侯第	공신 서열 112위

115. 광아후

국명國名	광아廣阿 색은 현 이름으로 거록군에 속한다. 縣名 屬鉅鹿 신주 광아현은 현재 하북성 융요현隆堯縣 동쪽으로 비정한다.
후공侯功	객으로 패에서 봉기하여 고조를 따랐다. 어사가 되어 풍을 2년간 지키고 항적을 쳤다. 상당군수가 되었고 진희가 반란했지만, 굳게 지켰고 후侯가 되었다. 식읍은 1,800호이다. 뒤에 어사대부로 승진했다. 以客從起沛 爲御史 守豊二歲 擊籍 爲上黨守 陳豨反 堅守 侯 千八百戶 後遷御史大夫
고조 12년 高祖十二	2년간 임오가 의후로 있었다. 고조 11년 2월 정해일, 의후懿侯 임오任敖의 원년이다. 二 十一年二月丁亥 懿侯任敖元年
효혜 7년 孝惠七	7년간 임오가 의후로 있었다. 七
고후 8년 高后八	8년간 임오가 의후로 있었다. 八
효문 23년 孝文二十三	2년간 임오가 의후로 있었다. 1년간 임경이 이후로 있었다. 효문 3년, 이후夷侯 임경任竟의 원년이다. 20년간 임단이 경후로 있었다. 효문 4년, 경후敬侯 임단任但의 원년이다. 二 一 三年 夷侯竟元年 二十 四年 敬侯但元年

효경 16년 孝景十六	16년간 임단이 경후로 있었다. 十六
효무 54년	4년간 임단이 후侯로 있었다. 건원 5년, 후侯 임월任越의 원년이다. 21년간 임월이 후侯로 있었다. 원정 2년, 후侯 임월이 태상이 되었는데 종묘의 술을 쉬게 한 불경죄에 걸려 나라가 없어졌다. 四 建元五年 侯越元年 二十一 元鼎二年 侯越坐爲太常廟酒酸 不敬 國除 ■신주■ 건원 4년에 임단이 세상을 떠났다. 《한서》에는 모두 임월의 이름을 '월인越人'이라 했으나 여기서는 빠뜨렸다.
후제侯第	공신 서열 89위

116. 수창후

국명國名	수창須昌 ■색은■ 현 이름으로 동군에 속한다. 縣名 屬東郡 ■신주■ 대만의 《신역사기》는 현재 산동성 동평현東平縣 서북쪽으로 비정하고, 일본의 〈사기 3하-10표2-〉는 산동성 양산현梁山縣으로 비정한다.
후공侯功	알자로 한왕 원년에 처음 한중에서 봉기했고, 장함의 옹군이 진창을 막자 주상을 뵈었는데, 주상은 상황을 헤아려 돌아가려고 했다. 조연이 다른 길로 갈 것을 건의하여 길이 뚫렸다. 나중에 하간군수가 되고 진희가 반란하자 도위 상여相如를 죽였으며, 공으로 후侯가 되었는데 식읍은 1,400호이다. 以謁者漢王元年初起漢中 雍軍塞陳 謁上 上計欲還 衍言從他道 道通 後爲河閒守 陳豨反 誅都尉相如 功侯 千四百戶
고조 12년 高祖十二	2년간 조연이 정후로 있었다. 고조 11년 2월 기유일, 정후貞侯 조연趙衍의 원년이다. 二 十一年二月己酉 貞侯趙衍元年

효혜 7년 孝惠七	7년간 조연이 정후로 있었다. 七
고후 8년 高后八	8년간 조연이 정후로 있었다. 八
효문 23년 孝文二十三	15년간 조연이 정후로 있었다. 4년간 조복이 대후로 있었다. 효문 16년, 대후戴侯 조복趙福의 원년이다. 4년간 조불해가 후侯로 있었다. 효문 후4년, 후侯 조불해趙不害의 원년이다. 十五 四 十六年 戴侯福元年 四 後四年 侯不害元年
효경 16년 孝景十六	4년간 조불해가 후侯로 있었다. 효경 5년, 후侯 조불해가 죄를 지어 나라가 없어졌다. 四 五年 侯不害有罪 國除
효무 54년	
후제侯第	공신 서열 107위

117. 임원후

국명國名	임원臨轅 색은 《한서》〈지리지〉에는 들어있지 않다. 漢志闕 신주 임원현의 위치는 알 수 없다. 《제노봉니집존齊魯封泥集存》에는 임원읍승臨轅邑 丞이란 봉니가 있다.
후공侯功	처음 봉기하여 고조를 따랐고 낭이 되었으며, 도위로 기성蕲城을 지켰다. 중위로 후侯가 되었는데 식읍은 500호이다. 初起從爲郞 以都尉守蕲城 以中尉侯 五百戶

고조 12년 高祖十二	2년간 척새가 견후로 있었다. 고조 11년 2월 을유일, 견후堅侯 척새戚鰓의 원년이다. 二 十一年二月乙酉 堅侯戚鰓元年 **신주** 고조 11년 2월에는 을유일이 없다. 후대에 끼워넣은 것이다.
효혜 7년 孝惠七	4년간 척새가 견후로 있었다. 3년간 척촉룡이 이후로 있었다. 효혜 5년, 이후夷侯 척촉룡戚觸龍의 원년이다. 四 三 五年 夷侯觸龍元年 **신주** 척새는 혜제 4년에 세상을 떠났다.
고후 8년 高后八	8년간 척촉룡이 이후로 있었다. 八 **신주** 척촉룡은 여후 집정 8년 동안 계속 후侯로 있었다.
효문 23년 孝文二十三	23년간 척촉룡이 이후로 있었다. 二十三
효경 16년 孝景十六	3년간 척촉룡이 이후로 있었다. 13년간 척충이 공후로 있었다. 효경 4년, 공후共侯 척충戚忠의 원년이다. 三 十三 四年 共侯忠元年 **신주** 《사기지의》에 따르면, 《한서》〈표〉에는 척충의 이름을 '중中'이라 했는데 고대에는 서로 통하는 글자라 한다.
효무 54년 孝武五十四	3년간 척충이 공후로 있었다. 건원 4년, 후侯 척현戚賢의 원년이다. 25년간 척현이 후侯로 있었다. 원정 5년, 후侯 척현이 주금에 걸려 나라가 없어졌다. 三 建元四年 侯賢元年 二十五 元鼎五年 侯賢坐酎金 國除 **신주** 무제 건원 3년 척충이 세상을 떠났다.
후제侯第	공신 서열 116위 **신주** 대후와 공신 서열이 같다.

118. 급후

국명國名	급汲 색은 《한서》〈표〉에는 '伋'이라고 했다. 伋과 汲은 아울러 현 이름으로 하내군에 속한다. 漢表作伋 伋與汲並縣名 屬河內 **신주** 급현은 현재 하남성 위휘시衛輝市 서남쪽으로 비정한다.
후공侯功	고조 6년 태복이 되어 대의 진희를 쳐서 공을 세워 후侯가 되었는데 식읍은 1,200호이다. 조나라 태부가 되었다. 高祖六年爲太僕 擊代豨 有功 侯 千二百戶 爲趙太傅
고조 12년 高祖十二	2년간 공상불해가 종후로 있었다. 고조 11년 2월 기사일, 종후終侯 공상불해公上不害의 원년이다. 二 十一年二月己巳 終侯公上不害元年 색은 공상은 성이고, 불해는 이름이다. 公上 姓 不害 名也
효혜 7년 孝惠七	1년간 공상불해가 종후로 있었다. 6년간 공상무가 이후로 있었다. 효혜 2년, 이후夷侯 공상무公上武의 원년이다. 一 六 二年 夷侯武元年
고후 8년 高后八	8년간 공상무가 이후로 있었다. 八
효문 23년 孝文二十三	13년간 공상무가 이후로 있었다. 10년간 공상통이 강후로 있었다. 효문 14년, 강후康侯 공상통公上通의 원년이다. 十三 十 十四年 康侯通元年
효경 16년 孝景十六	16년간 공상통이 강후로 있었다. 十六

효무 54년	1년간 공상통이 강후로 있었다.
	9년간 공상광덕이 후侯로 있었다. 건원 2년, 후侯 공상광덕公上廣德의 원년이다.
	원광 5년, 공상광덕의 아내 정精이 대역죄를 지었는데 자못 광덕이 연루되어 기시형을 당하고 나라가 없어졌다.
	一
	九 建元二年 侯廣德元年
	元光五年 廣德坐妻精大逆罪 頗連廣德 棄市 國除
후제侯第	공신 서열 123위

119. 영릉후

국명國名	영릉寧陵
	색은 현 이름으로 진류군에 속한다.
	縣名 屬陳留
	신주 대만의 《신역사기》는 현재 하남성 영릉현寧陵縣 동남쪽으로 비정한다. 일본의 〈사기 3하-10표2-〉는 하남성 상구시商丘市 수양睢陽구 서쪽으로 비정한다.
후공侯功	사인으로 진류에서 고조를 따랐고, 낭이 되어 한중으로 들어갔다. 조구를 성고成皋에서 격파하고, 주상을 위해 따르던 말을 풀어놓았다. 도위로 진희를 쳤으며, 공으로 후侯가 되었는데 식읍은 1,000호이다.
	以舍人從陳留 以郎入漢 破曹咎成皋 爲上解隨馬 以都尉擊陳豨 功侯 千戶
고조 12년 高祖十二	2년간 여신이 이후로 있었다. 고조 11년 2월 신해일, 이후夷侯 여신呂臣의 원년이다.
	二 十一年二月辛亥 夷侯呂臣元年
효혜 7년 孝惠七	7년간 여신이 이후로 있었다.
	七
고후 8년 高后八	8년간 여신이 이후로 있었다.
	八

효문 23년 孝文二十三	10년간 여신이 이후로 있었다. 13년간 여사가 대후로 있었다. 효문 11년, 대후戴侯 여사呂射의 원년이다. 十 十三 十一年 戴侯射元年 신주 《사기지의》에 따르면, 《한서》〈표〉에는 여사의 이름을 '사謝'라 했는데 고대에는 서로 통하는 글자라 한다.
효경 16년 孝景十六	3년간 여사가 대후로 있었다. 효경 4년, 혜후惠侯 여시呂始의 원년이다. 1년간 여시가 혜후로 있었다. 효경 5년, 후侯 여시가 죽고 후계자가 없어 나라가 없어졌다. 三 四年 惠侯始元年 一 五年 侯始薨 無後 國除 신주 여사는 경제 3년 세상을 떠났다.
효무 54년	
후제侯第	공신 서열 73위

120. 분양후

국명國名	분양汾陽 색은 현 이름으로 태원군에 속한다. 縣名 屬太原 신주 분양현은 현재 산서성 정락현靜樂縣으로 비정한다.
후공侯功	낭중기 1천 명으로 원년 2년 전에 양하陽夏에서 봉기하여 고조를 따랐고, 항우를 쳤다. 중위로 종리말(종리매)을 격파하고, 그 공으로 후侯가 되었다. 以郎中騎千人前二年從起陽夏 擊項羽 以中尉破鍾離眜 功侯 신주 《사기지의》에 따르면, 원년 2년 전이 아니라 '한나라 2년'이어야 하고 양하가 아니라 역양櫟陽이라 해야 한다고 한다. 그 의견이 타당하다.

고조 12년 高祖十二	2년간 근강이 후侯로 있었다. 고조 11년 2월 신해일, 후侯 근강靳彊의 원년 이다. 二 十一年二月辛亥 侯靳彊元年 색은 장후 근강이다. 壯侯靳強
효혜 7년 孝惠七	7년간 근강이 후侯로 있었다. 七
고후 8년 高后八	2년간 근강이 후侯로 있었다. 6년간 근해가 공후로 있었다. 고후 3년, 공후共侯 근해靳解의 원년이다. 二 六 三年 共侯解元年
효문 23년 孝文二十三	23년간 근해가 공후로 있었다. 二十三
효경 16년 孝景十六	4년간 근해가 공후로 있었다. 12년간 근호가 강후로 있었다. 효경 5년, 강후康侯 근호靳胡의 원년이다. 세 습이 끊겼다. 四 十二 五年 康侯胡元年 絕
효무 54년	강추江鄒로 봉국이 바뀌어 19년간 근석이 후侯로 있었다. 원정 5년, 후侯 근석靳石의 원년이다. 태시 4년 5월 정묘일, 후侯 근석이 태상이 되어 태복의 일을 겸했는데, 색 부嗇夫(궁인의 옥사)를 몇 년간 다스리면서 날로 방종한 일에 걸려 나라가 없 어졌다. 江鄒十九 元鼎五年 侯石元年 太始四年五月丁卯 侯石坐爲太常 行太僕事 治嗇夫可年 益縱年 國除 신주 원정 5년 근석을 강추후로 바꾸어 봉했다. 강추의 위치는 미상이다
후제侯第	공신 서열 96위

121. 대후

국명國名	대戴 색은 戴는 지명으로 발음은 '재再'이다. 응소가 말했다. "장제가 고쳐 고성考城이라 했고 고류현에 있다." 戴 地名 音再 應劭云 章帝改曰考城 在故留縣也 신주 현재 하남성 민권현民權縣 동북쪽으로 비정한다. 〈지리지〉에는 연주 진류군 소속으로 되어 있으나 무제 때 진류군이 설치되었다고 하므로 당시에는 예주 양국梁國 소속이다.
후공侯功	군졸로 패에서 봉기하여 고조를 따랐고, 군졸로 패성문을 열고 주상의 부친 태공의 시종이 되었다. 중구령中廄令으로 진희를 격파하고 후侯가 되었는데 식읍은 1,200호이다. 以卒從起沛 以卒開沛城門 爲太公僕 以中廄令擊豨 侯 千二百戶
고조 12년 高祖十二	2년간 추팽조가 경후로 있었다. 고조 11년 3월 계유일, 경후敬侯 추팽조秋彭祖의 원년이다. 二 十一年三月癸酉 敬侯彭祖元年 색은 대경후 추팽조秋彭祖는 《한서》 〈표〉에는 '祕'라 했고, 발음은 '비轡'이다. 또 위소는 발음을 '별[符蔑反]'이라 했다. 지금 《한서》의 여러 본을 검사하니 모두 '秋'라 했다. 지금 보건대 성에 추씨가 있다. 戴敬侯秋彭祖 漢表作祕 音轡 又韋昭音符蔑反 今檢史記諸本並作秋 今見有姓秋氏
효혜 7년 孝惠七	7년간 추팽조가 경후로 있었다. 七
고후 8년 高后八	2년간 추팽조가 경후로 있었다. 6년간 추도가 공후로 있었다. 고후 3년, 공후共侯 추도秋悼의 원년이다. 二 六 三年 共侯悼元年
효문 23년 孝文二十三	7년간 추도가 공후로 있었다. 16년간 추안국이 이후로 있었다. 효문 8년, 이후夷侯 추안국秋安國의 원년이다. 七 十六 八年 夷侯安國元年

효경 16년 孝景十六	16년간 추안국이 이후로 있었다. 十六
효무 54년	16년간 추안국이 이후로 있었다. 원삭 5년, 후侯 추안기秋安期의 원년이다. 12년간 추안기가 후侯로 있었다. 원정 5년, 후侯 추몽秋蒙의 원년이다. 25년간 추몽이 후侯로 있었다. 후원 원년 5월 갑술일, 저주를 한 것이 무도해서 나라가 없어졌다. 十六 元朔五年 侯安期元年 十二 元鼎五年 侯蒙元年 二十五 後元元年五月甲戌 坐祝詛 無道 國除 신주 추안국은 무제 16년 즉 원삭 4년 세상을 떠났다. 추안기는 원정 4년 세상을 떠났다. '좌축저坐祝詛'의 의미는 귀신에게 황제를 빨리 죽게 해달라고 빈 것이다.
후제侯第	공신 서열 116위 신주 임원후와 공신 서열이 같다.

122. 연후

국명國名	연衍 색은 《한서》〈지리지〉에는 들어있지 않다. 漢志闕 신주 연현은 지금 하남성 봉구封丘다.
후공侯功	한 2년에 연령燕令이 되고, 도위로 초나라 9성을 함락하고 연을 굳게 지켰으며, 후侯가 되었는데 식읍은 900호이다. 以漢二年爲燕令 以都尉下楚九城 堅守燕 侯 九百戶
고조 12년 高祖十二	2년간 적우가 간후로 있었다. 고조 11년 7월 을사일, 간후簡侯 적우翟盱의 원년이다. 二 十一年七月乙巳 簡侯翟盱元年 색은 盱의 발음은 '후[況于反]'이다. 況于反

효혜 7년 孝惠七	7년간 적우가 간후로 있었다. 七
고후 8년 高后八	3년간 적우가 간후로 있었다. 2년간 적산이 지후로 있었다. 고후 4년, 지후祗侯 적산翟山의 원년이다. 3년간 적가가 절후로 있었다. 고후 6년, 절후節侯 적가翟嘉의 원년이다. 三 二 四年 祗侯山元年 三 六年 節侯嘉元年
효문 23년 孝文二十三	23년간 적가가 절후로 있었다. 二十三
효경 16년 孝景十六	16년간 적가가 절후로 있었다. 十六
효무 54년	2년간 적가가 절후로 있었다. 건원 3년, 후侯 적불의翟不疑의 원년이다. 10년간 적불의가 후侯로 있었다. 원삭 원년, 적불의가 조서를 끼고 죄를 논한 일에 걸려 나라가 없어졌다. 二 建元三年 侯不疑元年 十 元朔元年 不疑坐挾詔書論罪 國除 신주 적가는 무제 건원 2년에 세상을 떠났다.
후제侯第	공신 서열 130위

123. 평주후

국명國名	평주平州 색은 《한서》〈지리지〉에는 들어있지 않다. 《진서》〈지도기〉에는 파군에 속한다. 漢志闕 晉書地道記屬巴郡 신주 평주현에 대해 양옥승은 《사기지의》에서 현재 산동성 내무시萊蕪市로 비정했다. 후일 무제 때 위만조선에서 장군으로 있다가 항복한 왕협王唊을 평주후로 삼는데, 《사기지의》에 따르면 태산군 양보현梁父縣이라고 한다.

후공侯功	한왕 4년, 연상으로 고조를 따라 항적을 격파하고 돌아와 장도를 친 덕에 2,000석 장수로 열후가 되었는데 식읍은 1,000호이다. 漢王四年 以燕相從擊籍 還擊茶 以故二千石將爲列侯 千戶
고조 12년 高祖十二	2년간 소섭도미가 공후로 있었다. 고조 11년 8월 갑진일, 공후共侯 소섭도미昭涉掉尾의 원년이다. 二 十一年八月甲辰 共侯昭涉掉尾元年 [색은] 소섭은 성이고, 도미는 이름이다. 昭涉 姓 掉尾 名也
효혜 7년 孝惠七	7년간 소섭도미가 공후로 있었다. 七
고후 8년 高后八	8년간 소섭도미가 공후로 있었다. 八
효문 23년 孝文二十三	1년간 소섭도미가 공후로 있었다. 3년간 소섭복이 대후로 있었다. 효문 2년, 대후戴侯 소섭복昭涉福의 원년이다. 4년간 소섭타인이 회후로 있었다. 효문 5년, 회후懷侯 소섭타인昭涉它人의 원년이다. 15년간 소섭마동이 효후로 있었다. 효문 9년, 효후孝侯 소섭마동昭涉馬童의 원년이다. 一 三 二年 戴侯福元年 四 五年 懷侯它人元年 十五 九年 孝侯馬童元年 [신주] 소섭타인은 문제 8년 세상을 떠났다. 《한서》〈표〉에는 소섭복의 이름을 '종種'이라 한다.
효경 16년 孝景十六	14년간 소섭마동이 효후로 있었다. 2년간 소섭매가 후侯로 있었다. 효경 후2년, 후侯 소섭매昭涉昧의 원년이다. 十四 二 後二年 侯昧元年 [신주] 소섭마동은 경제 14년 세상을 떠났다.

효무 54년	33년간 소섭매가 후侯로 있었다. 원수 5년, 후侯 소섭매가 치도를 가던 중에 다시 채찍을 더해 말을 달린 죄에 걸려 나라가 없어졌다. 三十三 元狩五年 侯昧坐行馳中更呵馳去罪 國除
	신주 치馳는 치도馳道로서 임금이 가는 어도御道를 뜻한다.
후제侯第	공신 서열 111위

124. 중모후

국명國名	중모中牟
	색은 현 이름으로 하남군에 속한다. 縣名 屬河南 **신주** 중모현은 현재 하남성 중모현이다.
후공侯功	군졸로 패에서 봉기하여 고조를 따랐고, 한중으로 들어갔다. 낭중으로 영포를 격파하여 공으로 후侯가 되었는데 식읍은 2,300호이다. 처음에 고조가 미천한 시절일 때 다급한 일이 있었는데, 고조에게 말 한 마리를 주고 후侯를 얻게 되었다. 以卒從起沛 入漢以郎中擊布 功侯 二千三百戶 始高祖微時 有急 給高祖一馬 故得侯
고조 12년 高祖十二	1년간 선보성이 공후로 있었다. 고조 12년 10월 을미일, 공후共侯 선보성單父聖의 원년이다. 一 十二年十月乙未 共侯單父聖元年
	색은 《한서》〈표〉에는 '선보좌거'라고 했다. 漢表作單父左車 **신주** 《한서》〈표〉에는 '선우거單右車'라 하여 잘못했는데, 《사기지의》에 따르면, 이름은 '聖'이고 《수경주》에 나오며, '좌거'는 자字라고 한다.
효혜 7년 孝惠七	7년간 선보성이 공후로 있었다. 七
고후 8년 高后八	8년간 선보성이 공후로 있었다. 八

효문 23년 孝文二十三	7년간 선보성이 공후로 있었다. 5년간 선보증이 경후로 있었다. 효문 8년, 경후敬侯 선보증單父繒의 원년이다. 11년간 선보종근이 대후로 있었다. 효문 13년, 대후戴侯 선보종근單父終根의 원년이다. 七 五 八年 敬侯繒元年 十一 十三年 戴侯終根元年 **신주** 선보성은 문제 7년 세상을 떠났다. 선보증은 문제 12년 세상을 떠났다.
효경 16년 孝景十六	16년간 선보종근이 대후로 있었다. 十六 **신주** 선보종근은 경제가 재위에 있던 16년간 侯로 있었다.
효무 54년	10년간 선보종근이 대후로 있었다. 원광 5년, 후侯 선보순單父舜의 원년이다. 18년간 선보순이 후侯로 있었다. 원정 5년, 후侯 선보순이 주금에 걸려 나라가 없어졌다. 十 元光五年 侯舜元年 十八 元鼎五年 侯舜坐酎金 國除
후제侯第	공신 서열 125위

125. 기후

국명國名	기邔
	집해 《한서음의》에서 말한다. "발음은 '기[巨己反]'이다." 漢書音義曰 音巨己反 **색은** '邔'는 현 이름으로 남군에 속한다. 《한서음의》에 따르면 발음은 '기[其己反]'라 했다. 주성의 《잡자해고》에는 '邔' 발음을 '기踑'라 했다. 邔 縣名 屬南郡 漢書音義音其己反 周成雜字解詁云 邔音踑 **신주** 현재 호북성 의성시宜城市 북쪽으로 비정한다.

후공侯功	도둑떼의 우두머리로 임강의 장수가 되었으며, 한나라를 위해 임강왕과 제후들을 치고 영포를 격파했으며, 공으로 후侯가 되었는데 식읍은 1,000호이다. 以故羣盜長爲臨江將 已而爲漢擊臨江王及諸侯 破布 功侯 千戶
고조 12년 高祖十二	고조 12년 10월 무술일, 장후莊侯 황극중黃極中의 원년이다. 十二年十月戊戌 莊侯黃極中元年
효혜 7년 孝惠七	7년간 황극중이 장후로 있었다. 七
고후 8년 高后八	8년간 황극중이 장후로 있었다. 八
효문 23년 孝文二十三	11년간 황극중이 장후로 있었다. 9년간 황영성이 경후로 있었다. 효문 12년, 경후慶侯 황영성黃榮盛의 원년이다. 3년간 황명이 공후로 있었다. 효문 후5년, 공후共侯 황명黃明의 원년이다. 十一 九 十二年 慶侯榮盛元年 三 後五年 共侯明元年
효경 16년 孝景十六	16년간 황명이 공후로 있었다. 十六
효무 54년	16년간 황명이 공후로 있었다. 원삭 5년, 후侯 황수黃遂의 원년이다. 8년간 황수가 후侯로 있었다. 원정 원년, 황수가 현의 관청에 자신의 집을 비싸게 판 일에 걸려 나라가 없어졌다. 十六 元朔五年 侯遂元年 八 元鼎元年 遂坐賣宅縣官故貴 國除 신주 황명은 무제 16년, 즉 원삭 4년에 세상을 떠났다. 《한서》〈표〉에는 "공주의 말을 붙잡아 숨기고 빼앗은 일에 걸려 머리를 깎고 성을 쌓는 벌을 받았다(坐掩搏奪公主馬 髡爲城旦)"라고 기록하고 있다.
후제侯第	공신 서열 113위

126. 박양후

국명國名	박양博陽 색은 현 이름으로 팽성군에 속한다. 縣名 屬彭城 신주 색은 주석에서 말한 팽성군에 속한 현은 박양이 아니라 부양傳陽으로서 그 위치에 대해 대만의 《신역사기》는 강소성 서주시徐州市 동북쪽으로 비정하고 일본의 〈사기 3하-10표2-〉는 강소성 비주시邳州市 서북쪽으로 비정한다. 〈지리지〉에 박양은 여남군 소속이며 이미 진비陳潰가 봉해진 곳이다.
후공侯功	군졸로 풍에서 봉기하여 고조를 따랐고, 대졸로 한중으로 들어갔다. 성고에서 항적을 격파하고 공을 세워 장수가 되었다. 영포가 반란하자 오군을 평정했고 侯가 되었는데 식읍은 1,400호이다. 以卒從起豐 以隊卒入漢 擊籍成臯 有功 爲將 布反 定吳郡 侯 千四百戶
고조 12년 高祖十二	1년간 주취가 절후로 있었다. 고조 12년 10월 신축일, 절후節侯 주취周聚의 원년이다. 一 十二年十月辛丑 節侯周聚元年
효혜 7년 孝惠七	7년간 주취가 절후로 있었다. 七
고후 8년 高后八	8년간 주취가 절후로 있었다. 八
효문 23년 孝文二十三	8년간 주취가 절후로 있었다. 15년간 주속이 후侯로 있었다. 효문 9년, 후侯 주속周遫의 원년이다. 八 十五 九年 侯遫元年
효경 16년 孝景十六	11년간 주속이 후侯로 있었다. 효경 중5년, 후侯 주속이 작위가 한 등급 강등되고 나라가 없어졌다. 十一 中五年 侯遫奪爵一級 國除
효무 54년	
후제侯第	공신 서열 53위

127. 양의후

국명國名	양의陽義 집해 서광이 말했다. "다른 판본에는 義를 '선羡'이라 한다." 徐廣曰 一作羡 색은 《한서》〈표〉에는 '義'를 '羡'으로 썼다. 양선은 현으로 단양군에 속한다. 漢表義作羡也 陽羡 縣屬丹陽 신주 《한서》〈표〉 양선현이 맞으며 당시에는 회계군 소속이었다. 지금의 강소성 의흥시宜興市 서남쪽이다.
후공侯功	형荊 땅의 영윤 출신으로 한왕 5년에 처음 고조를 따라 종리말(종리매)과 진공陳公 이기利幾를 공격하여 격파했다. 자리를 옮겨 한나라 대부(중대부)가 되어 고조를 따라 진陳에 이르러 한신韓信을 잡고, 중위로 승진하여 고조를 따라 영포를 친 공으로 후侯가 되었는데 식읍은 2,000호이다. 以荊令尹漢王五年初從 擊鍾離眛及陳公利幾 破之 徙爲漢大夫 從至陳 取韓信 還爲中尉 從擊布 功侯 二千戶
고조 12년 高祖十二	1년간 영상이 정후로 있었다. 고조 12년 10월 임인일, 정후定侯 영상靈常의 원년이다. 一 十二年十月壬寅 定侯靈常元年
효혜 7년 孝惠七	7년간 영상이 정후로 있었다. 七
고후 8년 高后八	6년간 영상이 정후로 있었다. 2년간 영하가 공후로 있었다. 고후 7년, 공후共侯 영하靈賀의 원년이다. 六 二 七年 共侯賀元年
효문 23년 孝文二十三	6년간 영하가 공후로 있었다. 효문 7년, 애후哀侯 영승靈勝의 원년이다. 6년간 영승이 애후로 있었다. 효문 12년, 후侯 영승이 죽고 후사가 없어 나라가 없어졌다. 六 七年 哀侯勝元年 六 十二年 侯勝薨 無後 國除 신주 영하는 문제 6년 세상을 떠났다.

효경 16년 孝景十六	
효무 54년	
후제侯第	공신 서열 119위

128. 하상후

국명國名	하상下相
	색은 현 이름으로 임회군에 속한다. 縣名 屬臨淮 신주 하상현은 현재 강소성 숙천宿遷 서남쪽으로 비정한다.
후공侯功	객으로 패에서 봉기하여 고조를 따랐고, 용병하여 한신을 따라 제나라 전해田解의 군대를 공격하여 격파했다. 초승상으로 팽성을 굳게 지켜 영포의 군대를 막은 공으로 후侯가 되었는데 식읍은 2,000호이다. 以客從起沛 用兵從擊破齊田解軍 以楚丞相堅守彭城 距布軍 功侯二千戶
고조 12년 高祖十二	1년간 영이가 장후로 있었다. 고조 12년 10월 기유일, 장후莊侯 영이冷耳의 원년이다. 一 十二年十月己酉 莊侯冷耳元年 신주 冷의 발음은 '령'과 '랭' 두 가지가 있는데, 《한서》〈표〉에는 '泠'으로 나오며 안사고는 '령'으로 발음한다고 한다.
효혜 7년 孝惠七	7년간 영이가 장후로 있었다. 七
고후 8년 高后八	8년간 영이가 장후로 있었다. 八
효문 23년 孝文二十三	2년간 영이가 장후로 있었다. 21년간 영신이 후侯로 있었다. 효문 3년, 후侯 영신冷慎의 원년이다. 二 二十一 三年 侯慎元年

효경 16년 孝景十六	2년간 영신이 후侯로 있었다. 효경 3년 3월, 후侯 영신이 모반하여 나라가 없어졌다. 二 三年三月 侯慎反 國除
효무 54년	
후제侯第	공신 서열 85위

129. 덕후

국명國名	덕德
	색은 《한서》〈지리지〉에는 들어있지 않다. 〈표〉에는 제남군에 있다. 漢志闕 表在濟南 신주 《한서》〈왕자후표〉에는 태산군에 있다고 하며, 공신표에는 무제가 덕후 경건景建을 봉한 곳이기도 한데, 제남군에 있다고 한다. 양옥승은 《사기지의》에서 현재 산동성 덕주德州로 비정했다.
후공侯功	대경왕 유중劉仲의 아들로 후侯가 되었다. 경왕은 오왕 유비劉濞의 부친이다. 유광은 유비의 아우이다. 以代頃王子侯 頃王 吳王濞父也 廣 濞之弟也
고조 12년 高祖十二	1년간 유광이 애후로 있었다. 고조 12년 11월 경진일, 애후哀侯 유광劉廣의 원년이다. 一 十二年十一月庚辰 哀侯劉廣元年
효혜 7년 孝惠七	7년간 유광이 애후로 있었다. 七
고후 8년 高后八	2년간 유광이 애후로 있었다. 6년간 유통이 경후로 있었다. 고후 3년, 경후頃侯 유통劉通의 원년이다. 二 六 三年 頃侯通元年
효문 23년 孝文二十三	23년간 유통이 경후로 있었다. 二十三

효경 16년 孝景十六	5년간 유통이 경후로 있었다. 11년간 유흘이 후侯로 있었다. 효경 6년, 후侯 유흘劉齕의 원년이다. 五 十一 六年 侯齕元年
	신주 《한서》〈왕자후표〉에는 시호를 '강康'이라 한다. 경제 3년, 오초칠국의 난 이후 오왕으로 임명되지만, 태후의 반대로 취소된다.
효무 54년	27년간 유흘이 후侯로 있었다. 원정 4년, 후侯 유하劉何의 원년이다. 1년간 유하가 후侯로 있었다. 원정 5년, 후侯 유하가 주금에 걸려 나라가 없어졌다. 二十七 元鼎四年 侯何元年 一 元鼎五年 侯何坐酎金 國除
	신주 유흘은 무제 27년, 즉 원정元鼎 3년 세상을 떠났다.
후제侯第	공신 서열 127위

130. 고릉후

국명國名	고릉高陵
	색은 고릉은 현으로 〈지리지〉에는 낭야군에 속한다. 高陵 縣 志屬琅邪也 **신주** 고릉현의 위치는 지금의 산동성 동부 일대이다.
후공侯功	기사마로 한왕 원년에 폐구廢丘에서 봉기하여 고조를 따랐고, 도위로 전횡田横과 용저를 격파하고, 항적을 추격하여 동성東城에 이르렀다. 장군으로 영포를 쳤다. 식읍은 900호이다. 以騎司馬漢王元年從起廢丘 以都尉破田横龍且 追籍至東城 以將軍擊布 九百戶
고조 12년 高祖十二	1년간 왕주가 어후로 있었다. 고조 12년 12월 정해일, 어후圉侯 왕주王周의 원년이다. 一 十二年十二月丁亥 圉侯王周元年
	색은 《한서》〈표〉에는 '왕우인王虞人'이라 했다. 漢表作王虞人

효혜 7년 孝惠七	7년간 왕주가 어후로 있었다. 七
고후 8년 高后八	2년간 왕주가 어후로 있었다. 6년간 왕병궁이 혜후로 있었다. 고후 3년, 혜후惠侯 왕병궁王并弓의 원년이다. 二 六 三年 惠侯并弓元年
효문 23년 孝文二十三	12년간 왕병궁이 혜후로 있었다. 11년간 왕행이 후侯로 있었다. 효문 13년, 후侯 왕행王行의 원년이다. 十二 十一 十三年 侯行元年
효경 16년 孝景十六	2년간 왕행이 후侯로 있었다. 효경 3년, 모반하여 나라가 없어졌다. 二 三年 反 國除
효무 54년	
후제侯第	공신 서열 92위 **신주** 고릉후의 공신 서열 92위는 역후歷侯와 겹친다. 역후는 97위일 가능성이 높다. 무원후가 93위인데 고릉후에 견준다고 했으므로 고릉후가 92위일 것이다.

131. 기사후

국명國名	기사期思 색은 현 이름으로 여남군에 속한다. 縣名 屬汝南 **신주** 기사현은 현재 하남성 회빈현淮濱縣 동남쪽으로 비정한다.
후공侯功	회남왕 영포의 중대부가 되어 틈이 있었는데, 글을 올려 영포가 반역한다고 알림으로써 후侯가 되었다. 식읍은 2,000호이다. 영포가 그의 종족을 모두 죽였다. 淮南王布中大夫 有郤 上書告布反 侯 二千戶 布盡殺其宗族

고조 12년 高祖十二	1년간 비혁이 강후로 있었다. 고조 12년 12월 계묘일, 강후康侯 비혁賁赫의 원년이다. 一 十二年十二月癸卯 康侯賁赫元年 색은 賁는 성이고 발음은 '비肥'이며, 또 가장 통상적인 발음으로 읽는다. 賁 姓 音肥 又如字 신주 賁의 기본음은 중국의 여러 사전을 보면 '비'이고 기타 음이 '분'이다.
효혜 7년 孝惠七	7년간 비혁이 강후로 있었다. 七
고후 8년 高后八	8년간 비혁이 강후로 있었다. 八
효문 23년 孝文二十三	13년간 비혁이 강후로 있었다. 효문 14년, 비혁이 죽고 후계자가 없어 나라가 없어졌다. 十三 十四年 赫薨 無後 國除
효경 16년 孝景十六	
효무 54년	
후제侯第	공신 서열 132위

132. 곡릉후

국명國名	곡릉穀陵 색은 《한서》〈지리지〉에는 들어있지 않다. 漢志闕 신주 《한서》〈표〉에는 '곡양穀陽'이라 한다. 양옥승의 《사기지의》에 따르면, 패군 소속이고 곡수의 북쪽에 있어 곡양穀陽이라 하며, 곡릉이 아니라 곡양이 옳다고 한다. 현재 안휘성 영벽靈壁 서남쪽으로 비정한다. 일본의 〈사기 3하-10표2-〉는 안휘성 고진현固鎭縣으로 비정한다.

후공侯功	군졸로 고조를 따랐고, 원년 2년 전에 척柘에서 봉기하여 항적을 쳤다. 대를 평정하고 장군이 되었으며, 공으로 후侯가 되었다. 以卒從 前二年起柘 擊籍 定代 爲將軍 功侯
고조 12년 高祖十二	1년간 풍계가 정후로 있었다. 고조 12년 정월 을축일, 정후定侯 풍계馮谿의 원년이다. 一 十二年正月乙丑 定侯馮谿元年 색은 〈표〉에는 '풍계馮谿'라 했다. 表作馮谿
효혜 7년 孝惠七	7년간 풍계가 정후로 있었다. 七
고후 8년 高后八	8년간 풍계가 정후로 있었다. 八
효문 23년 孝文二十三	6년간 풍계가 정후로 있었다. 17년간 풍웅이 공후로 있었다. 효문 7년, 공후共侯 풍웅馮熊의 원년이다. 六 十七 七年 共侯熊元年
효경 16년 孝景十六	2년간 풍웅이 공후로 있었다. 2년간 풍앙이 은후로 있었다. 효경 3년, 은후隱侯 풍앙馮卬의 원년이다. 12년간 풍해가 헌후로 있었다. 효경 5년, 헌후獻侯 풍해馮解의 원년이다. 二 二 三年 隱侯卬元年 十二 五年 獻侯解元年 신주 《한서》〈표〉에는 풍해를 '의후懿侯'라 하고 이름을 '해중解中'이라 한다.
효무 54년	3년간 풍해가 헌후로 있었다. 건원 4년, 후侯 풍언馮偃의 원년이다. 三 建元四年 侯偃元年 신주 풍해는 무제 건원 3년 세상을 떠났다.
후제侯第	공신 서열 105위

133. 척후

국명國名	척戚
	색은 《한서》〈지리지〉에는 들어있지 않다. 《진서》〈지도기〉에는 동해군에 속한다. 漢志闕 晉地道記屬東海 신주 〈지리지〉에는 동해군 소속현으로 나오는데 그 현재 위치에 대해서는 여러 설이 있다. 산동성 미산현微山縣으로 보기도 하고, 하남성 청풍현清豊縣 남쪽의 고척정古戚亭으로 보기도 한다. 일본의 〈사기 3하-10표2-〉는 산동성 치박시淄博市 조장구棗莊區 서쪽으로 보고 있다.
후공侯功	도위로 한 2년에 처음으로 역양櫟陽에서 봉기하고, 폐구廢丘를 공격하여 격파했으며, 뒤이어 항적을 쳤다. 따로 한신에 속하여 제나라 군대를 격파하고 장도를 공격하여 장군으로 승진했으며, 한왕 신을 치고 후侯가 되었는데 식읍은 1,000호이다. 以都尉漢二年初起櫟陽 攻廢丘 破之 因擊項籍 別屬韓信破齊軍 攻臧荼 遷爲將軍 擊信 侯 千戶
고조 12년 高祖十二	1년간 계필이 어후로 있었다. 고조 12년 12월 계묘일, 어후圍侯 계필季必의 원년이다. 一 十二年十二月癸卯 圍侯季必元年 색은 살피건대 〈관영전〉에는 중천 사람이라 하고 성을 '이李'라 했으니, 잘못이다. 案 灌嬰傳 重泉人 作李 誤也 신주 양옥승은 《사기지의》에서, 《한서》〈백관공경표〉와 《한기》 및 《수경주》를 인용하여 모두 성을 '계季'가 아니라 '이李'라고 하면서 《사기》 표와 《한서》〈고조공신표〉가 잘못되었다고 말했다. 안사고 역시 《한서》〈고조공신표〉에서 성을 '계季'라 한 것은 잘못이라고 말했다. 대만의 《신역사기》도 '이李'로 판정했다. 여기에서는 사마천의 《사기》 표대로 '계'로 번역했다.
효혜 7년 孝惠七	7년간 계필이 어후로 있었다. 七
고후 8년 高后八	8년간 계필이 어후로 있었다. 八
효문 23년 孝文二十三	3년간 계필이 어후로 있었다. 20년간 계반이 제후로 있었다. 효문 4년, 제후齊侯 계반季班의 원년이다. 三 二十 四年 齊侯班元年

효경 16년 孝景十六	16년간 계반이 제후로 있었다. 十六
효무 54년	2년간 계반이 후侯로 있었다. 건원 3년, 후侯 계신성季信成의 원년이다. 20년간 계신성이 후侯로 있었다. 원수 5년, 후侯 계신성이 태상이 되었는데, 승상 이채가 경제능원 신도의 빈터를 침범한 것을 방관한 불경죄에 걸려 나라가 없어졌다. 二 建元三年 侯信成元年 二十 元狩五年 侯信成坐爲太常 縱丞相侵神道壖 不敬 國除 **신주** 계반은 무제 건원 2년 세상을 떠났다.
후제侯第	공신 서열 90위

134. 장후

국명國名	장壯 **집해** 서광이 말했다. "다른 판본에는 '장莊'이라 한다." 徐廣曰 一作莊 **색은** 서광은 다른 판본에는 '莊'이라 한다고 했다. 《한서》〈표〉에는 (피휘하여) '엄嚴'이라 했다. 徐廣云一作莊 漢表作嚴 **신주** 장현은 현재 위치를 정확하게 알 수 없다. 양옥승은 《사기지의》에서 《좌전》과 《맹자》를 인용하여 제齊의 땅이라 했다.
후공侯功	초나라 장수로 한왕 3년에 항복하고, 임제臨濟에서 봉기하여 낭중으로 항적과 진희를 쳐서 공으로 후侯가 되었는데 식읍은 600호이다. 以楚將漢王三年降 起臨濟 以郎中擊籍陳豨 功侯 六百戶
고조 12년 高祖十二	1년간 허천이 경후로 있었다. 고조 12년 정월 을축, 경후敬侯 허천許倩의 원년이다. 一 十二年正月乙丑 敬侯許倩元年 **색은** 장경후 허시許猜이다. 猜의 발음은 '시偲'이다. 壯敬侯許猜 猜音偲

효혜 7년 孝惠七	7년간 허천이 경후로 있었다. 七
고후 8년 高后八	8년간 허천이 경후로 있었다. 八
효문 23년 孝文二十三	23년간 허천이 경후로 있었다. 二十三
효경 16년 孝景十六	1년간 허천이 경후로 있었다. 15년간 허회가 공후로 있었다. 효경 2년, 공후共侯 허회許恢의 원년이다. 一 十五 二年 共侯恢元年
효무 54년 	1년간 허회가 공후로 있었다. 건원 2년, 상후殤侯 허칙許則의 원년이다. 9년간 허칙이 상후로 있었다. 원광 5년, 후侯 허광종許廣宗의 원년이다. 15년간 허광종이 후侯로 있었다. 원정 원년, 후侯 허광종이 주금에 걸려 나라가 없어졌다. 一 建元二年 殤侯則元年 九 元光五年 侯廣宗元年 十五 元鼎元年 侯廣宗坐酎金 國除 **신주** 허회는 무제 건원 원년에 세상을 떠났다. 허칙은 원광 4년에 세상을 떠났다. 《한서》〈표〉에는 상후가 아니라 '양후煬侯'라고 했다. 또한 허광종이 삭탈된 것은 원정 5년이라 한다.
후제侯第	공신 서열 112위

135. 성양후

국명國名	성양成陽 [색은] 현 이름으로 여남군에 속한다. 縣名 屬汝南 [신주] 성양현에 대해 현재 하남성 신양현信陽縣 북쪽으로 비정한다.
후공侯功	위나라 낭 출신으로 한왕 2년 양무陽武에서 봉기하여 고조를 따랐고 항적을 쳤다. 위표에 속했는데, 위표가 배반하자 상국 팽월에 속했고, 태원위로 대를 평정하여 후侯가 되었는데 식읍은 600호이다. 以魏郞漢王二年從起陽武 擊籍 屬魏豹 豹反 屬相國彭越 以太原尉定代 侯 六百戶
고조 12년 高祖十二	1년간 해의가 정후로 있었다. 고조 12년 정월 을유일, 정후定侯 해의奚意의 원년이다. 一 十二年正月乙酉 定侯意元年 [색은] 성양정후 해의奚意이다. 成陽定侯奚意
효혜 7년 孝惠七	7년간 해의가 정후로 있었다. 七
고후 8년 高后八	8년간 해의가 정후로 있었다. 八
효문 23년 孝文二十三	10년간 해의가 정후로 있었다. 13년간 해신이 후侯로 있었다. 효문 11년, 후侯 해신奚信의 원년이다. 十 十三 十一年 侯信元年
효경 16년 孝景十六	16년간 해신이 후侯로 있었다. 十六
효무 54년	건원 원년, 후侯 해신이 죄를 지어 종묘의 땔나무를 조달하는 귀신鬼薪 형을 당하고 나라가 없어졌다. 建元元年 侯信罪鬼薪 國除
후제侯第	공신 서열 110위

136. 도후

국명國名	도桃 색은 현 이름으로 신도군에 속한다. 縣名 屬信都 신주 《후한서》〈군국지〉에는 동군 동아東阿와 연현燕縣에 모두 도성桃城이 있다. 양옥승은 《사기지의》에서 연현의 도성이 맞다면서 산동성 동아현東阿縣 서남쪽으로 비정했다. 대만의 《신역사기》는 지금의 하북성 형수시衡水市 서북쪽으로 보고 있고, 일본의 〈사기 3하-10표2-〉는 하북성 기주시冀州市 서북쪽으로 보고 있다.
후공侯功	객으로 고조를 따랐다. 한왕 2년에 정도에서 군사를 일으키고 고조를 따라 대알자로서 영포를 쳐 후侯가 되었다. 식읍은 1,000호이다. 회음군수가 되었다. 항씨의 친족이었는데, 유씨 성을 내려주었다. 以客從漢王二年從起定陶 以大謁者擊布 侯 千戶 爲淮陰守 項氏親也 賜姓 신주 《한서》〈표〉에는 '회남군수'로 나온다. 회음은 현이다.
고조 12년 高祖十二	1년간 유양이 안후로 있었다. 고조 12년 3월 정사일, 안후安侯 유양劉襄의 원년이다. 一 十二年三月丁巳 安侯劉襄元年
효혜 7년 孝惠七	7년간 유양이 안후로 있었다. 七
고후 8년 高后八	1년간 유양이 안후로 있었다. (고후 2년) 삭탈당하고 세습이 끊겼다. 7년간 유양이 안후로 있었다. 고후 2년, 다시 유양을 봉했다. 一 奪 絕 七 二年 復封襄
효문 23년 孝文二十三	9년간 유양이 후侯로 있었다. 14년간 유사가 애후로 있었다. 효문 10년, 애후哀侯 유사劉舍의 원년이다. 九 十四 十年 哀侯舍元年 신주 유양은 문제 9년에 세상을 떠났다. 《한서》〈표〉에는 유사를 '의후懿侯'라고 했다. 양옥승은 《사기지의》에서 "어찌 승상이 된 사람에게 애후라는 시호가 있겠는가?"라며 의문을 나타냈다.

효경 16년 孝景十六	16년간 유사가 애후로 있었다. 경제 때 승상이 되었다. 十六 景帝時 爲丞相
효무 54년	13년간 유신이 여후로 있었다. 건원 원년, 여후屬侯 유신劉申의 원년이다. 15년간 유자위가 후侯로 있었다. 원삭 2년, 후侯 유자위劉自爲의 원년이다. 원정 5년, 후侯 유자위가 주금에 걸려 나라가 없어졌다. 十三 建元元年 屬侯申元年 十五 元朔二年 侯自爲元年 元鼎五年 侯自爲坐酎金 國除
후제侯第	공신 서열 135위

137. 고량후

국명國名	고량高梁 색은 《한서》〈지리지〉에는 들어있지 않다. 漢志闕 신주 고량현에 대해 현재 산서성 임분시臨汾市 서북쪽으로 비정한다. 〈역생전〉에는 역개를 고량후로 봉하고 무수武遂를 식읍으로 주었다고 하는데, 양옥승은 《사기지의》에서 하간군 무수현이 아니라 한韓나라 땅이라고 한다. 양옥승에 따르면 〈역생전〉의 색은 주석에서 하간군 무수현으로 인식한 것은 잘못이라고 했다.
후공侯功	역이기酈食其는 군사를 일으키고 객으로 고조를 따라 진나라를 쳐서 격파했다. 열후가 되어 한중으로 들어갔다가 돌아와 제후들을 평정했으며, 항상 사절로 제후들과 강화를 약속하고 졸병들을 추려 모아 후侯가 되었는데, 공이 평후 패가沛嘉에 견주었다. 일에 임하여 죽자 아들 역개酈疥가 역이기의 공훈을 이어 후侯가 되었는데 식읍은 900호이다. 食其 兵起以客從擊破秦 以列侯入漢 還定諸侯 常使約和諸侯列卒兵聚 侯 功比平侯嘉 以死事 子疥襲食其功侯 九百戶 신주 한중으로 들어갈 때는 광야군廣野君이었다. 그리고 역이기의 공훈을 생각하건대, 양옥승이 논한대로 서열은 38위가 맞을 것이다.

고조 12년 高祖十二	1년간 역개가 공후로 있었다. 고조 12년 3월 병인일, 공후共侯 역개酈疥의 원년이다. 一 十二年三月丙寅 共侯酈疥元年
효혜 7년 孝惠七	7년간 역개가 공후로 있었다. 七
고후 8년 高后八	8년간 역개가 공후로 있었다. 八
효문 23년 孝文二十三	23년간 역개가 공후로 있었다. 二十三
효경 16년 孝景十六	16년간 역개가 공후로 있었다. 十六
효무 54년	8년간 역개가 공후로 있었다. 원광 3년, 후侯 역발酈勃의 원년이다. 10년간 역발이 후侯로 있었다. 원수 원년, 조서로 형산왕을 속여 금을 취한 일로 죽음에 해당 되었으나 병으로 죽었고, 나라가 없어졌다. 八 元光三年 侯勃元年 十 元狩元年 坐詐詔衡山王取金 當死 病死 國除 신주 역개는 혜제가 재위하던 7년간 계속 후侯로 있었다. 〈역생전〉에는 마지막 후侯를 무수후 '평平'이라 한다. 《한서》〈표〉에도 역시 '平'이라 한다. 즉, 〈역생전〉과 비교하면 여기서는 무수후 '평平'이 결자缺字된 것이다.
후제侯第	공신 서열 66위

138. 기후

국명國名	기紀(신信) 색은 《한서》〈지리지〉에는 들어있지 않다. 漢志闕 신주 중화서국中華書局 본 《사기》〈표〉는 '紀信'이 아니라 '紀'로 표기했고 일본의 〈사기 3하—10표2—〉도 이를 따랐다. 그러나 대만의 《신역사기》는 《제노봉니집존齊魯封泥集存》에

	'기신읍승紀信邑丞'이라는 봉니가 있다는 이유로 한나라 초에 기신현紀信縣이 있었던 것이 분명하다면서 '기현'이 아니라 '기신현'으로 표기했다. 중화서국 본이 '신信' 자를 지운 것이 부당하다는 것이다.
후공侯功	중연 출신으로 풍서 봉기하여 고조를 따랐고, 기장이 되어 한중으로 들어갔다. 장군으로 항적을 치고, 나중에 노관을 공격했으며, 후侯가 되었는데 식읍은 700호이다. 以中涓從起豐 以騎將入漢 以將軍擊籍 後攻盧綰 侯 七百戶
고조 12년 高祖十二	1년간 진창이 광후로 있었다. 고조 12년 6월 임진일, 광후匡侯 진창陳倉의 원년이다. 一 十二年六月壬辰 匡侯陳倉元年
효혜 7년 孝惠七	7년간 진창이 광후로 있었다. 七
고후 8년 高后八	2년간 진창이 광후로 있었다. 6년간 진개가 이후로 있었다. 고조 3년, 이후夷侯 진개陳開의 원년이다. 二 六 三年 夷侯開元年
효문 23년 孝文二十三	17년간 진개가 이후로 있었다. 6년간 진양이 후侯로 있었다. 효문 후2년, 후侯 진양陳陽의 원년이다. 十七 六 後二年 侯陽元年
효경 16년 孝景十六	2년간 진양이 후侯로 있었다. 효경 3년, 진양이 모반하다 나라가 없어졌다. 二 三年 陽反 國除
효무 54년	
후제侯第	공신 서열 80위

139. 감천후

국명國名	감천甘泉 집해 서광이 말했다. "다른 판본에는 泉을 '경景'이라 한다." 徐廣曰 一作景 색은 살피건대 〈지리지〉에는 감천이 빠졌는데, 아마 감천은 곧 감수甘水이다. 《한서》〈표〉에는 '경후'라 했다. 案 志甘泉闕 疑甘泉是甘水 漢表作景侯也 신주 양옥승은 마땅히 '경성景城'이 되어야 한다면서 지금의 하북성 교하현交河縣 동북쪽으로 비정했다.
후공侯功	거사마로 한왕 원년 처음 고릉高陵에서 봉기하여 고조를 따랐고, 유가劉賈(후일 형왕荊王)에 속했다. 도위로 종군하여 후侯가 되었다. 以車司馬漢王元年初從起高陵 屬劉賈 以都尉從軍 侯
고조 12년 高祖十二	1년간 왕경이 후侯로 있었다. 고조 12년 6월 임진일, 후侯 왕경王竟의 원년이다. 一 十二年六月壬辰 侯王竟元年 색은 장후 왕경王競이다. 壯侯王競
효혜 7년 孝惠七	6년간 왕경이 후侯로 있었다. 1년간 왕막요가 대후로 있었다. 효혜 7년, 대후戴侯 왕막요王莫搖의 원년이다. 六 一 七年 戴侯莫搖元年 신주 《한서》〈표〉에는 왕막요의 이름을 '진점真粘'이라 한다.
고후 8년 高后八	8년간 왕막요가 대후로 있었다. 八
효문 23년 孝文二十三	10년간 왕막요가 대후로 있었다. 13년간 왕표가 후侯로 있었다. 효문 11년, 후侯 왕표王嫖의 원년이다. 十 十三 十一年 侯嫖元年 색은 嫖의 발음은 '표[匹妙反]'이다. 《한서》에는 '흥嫙'이라 했는데, 발음은 '힝[許孕反]'이다. 《설문》에는 '嫙'을 '기뻐하는 것'이라고 했다. 匹妙反 漢書作嫙 許孕反 說文 嫙 悅也 신주 《사기지의》에는 전회지錢晦之의 설을 인용하여, "嫖의 옛 글자를 爍라 하는데 잘못되어 흥嫙이 되었을 뿐이다"라고 한다.

효경 16년 孝景十六	9년간 왕표가 후侯로 있었다. 효경 10년, 후侯 왕표가 죄를 지어 나라가 없 어졌다. 九 十年 侯嫖有罪 國除
효무 54년	
후제侯第	공신 서열 106위

140. 자조후

국명國名	자조煮棗 색은 서광이 말했다. "(제음군) 완구에 있다." 徐廣云 在宛句 신주 서광이 말한 완구는 현재 산동성 동명현東明縣 남쪽으로 비정한다. 자조현에 대 해 지금의 하북성 기현冀縣 동북쪽으로 비정하는 견해도 있다.
후공侯功	월 땅의 연오로 풍에서 봉기하여 고조를 따랐고, 따로 낭장이 되어 한중으 로 들어갔다. 제후들을 치고, 도위로 후侯가 되었는데 식읍은 900호이다. 以越連敖從起豐 別以郎將入漢 擊諸侯 以都尉侯 九百戶
고조 12년 高祖十二	1년간 극적이 정후로 있었다. 고조 12년 6월 임진일, 정후靖侯 극적革赤의 원년이다. 一 十二年六月壬辰 靖侯赤元年 색은 자조단후 극주다. 《한서》〈표〉에는 '단후 극주革朱'라고 했는데, 革의 발음은 '극 棘'이다. 또한 '속束'이라 했지만, 잘못이다. 棘은 성으로, 대개 자성子成의 후예이다. 煮棗端侯棘朱 漢表作端侯革朱 革音棘 亦作束 誤也 棘 姓 蓋子成之後也 신주 《한서》〈표〉에는 '革朱'라고 했는데, 《사기지의》에서는 고대에 '革'과 '棘'은 통한 다고 한다. 또 '朱'와 '赤'도 통한다. 그리고 《한서》〈표〉에는 7년에 죽고 후계 아들이 죄를 지어 대를 잇지 못했고, 문제 2년에 혁주의 둘째 아들 식式(아래의 극무)이 봉해졌다고 한다.
효혜 7년 孝惠七	7년간 극적이 정후로 있었다. 七
고후 8년 高后八	8년간 극적이 정후로 있었다. 八

효문 23년 孝文二十三	1년간 극적이 정후로 있었다. 22년간 극무가 강후로 있었다. 효문 2년, 극적의 아들 강후康侯 극무革武의 원년이다. 一 二十二 二年 赤子康侯武元年
효경 16년 孝景十六	8년간 극무가 강후로 있었다. 효경 중2년, 후侯 극창革昌의 원년이다. 2년간 극창이 후侯로 있었다. 효경 중4년, 죄를 지어 나라가 없어졌다. 八 中二年 侯昌元年 二 中四年 有罪 國除 [신주] 극무는 경제 8년 세상을 떠났다.
효무 54년	
후제侯第	공신 서열 75위

141. 장후

국명國名	장張 [색은] 현 이름으로 광평군에 속한다. 縣名 屬廣平 [신주] 장현에 대해서 지금의 산동성 동평현東平縣 서남쪽의 장성張城으로 비정한다.
후공侯功	중연기로 풍에서 봉기하여 고조를 따랐고, 낭장으로 한중으로 들어갔다. 고조를 따라 제후들을 쳤으며 식읍은 700호이다. 以中涓騎從起豐 以郎將入漢 從擊諸侯 七百戶
고조 12년 高祖十二	1년간 모택이 절후로 있었다. 고조 12년 6월 임진일, 절후節侯 모택毛澤의 원년이다. 一 十二年六月壬辰 節侯毛澤元年 [색은] 모택지이고 또한 '석지'라고도 한다. 毛澤之 亦作釋之也
효혜 7년 孝惠七	7년간 모택이 절후로 있었다. 七

고후 8년 高后八	8년간 모택이 절후로 있었다. 八
효문 23년 孝文二十三	10년간 모택이 절후로 있었다. 2년간 모경이 이후로 있었다. 효문 11년, 이후夷侯 모경毛慶의 원년이다. 11년간 모순이 후侯로 있었다. 효문 13년, 후侯 모순毛舜의 원년이다. 十 二 十一年 夷侯慶元年 十一 十三年 侯舜元年 　**신주**　모택은 문제 10년 세상을 떠났다. 모경은 문제 12년 세상을 떠났다. 《한서》〈표〉 에는 모경의 이름을 '록록麓'이라 한다.
효경 16년 孝景十六	12년간 모순이 후侯로 있었다. 효경 중6년, 후侯 모순이 죄를 지어 나라가 없어졌다. 十二 中六年 侯舜有罪 國除
효무 54년	
후제侯第	공신 서열 79위

142. 언릉후

국명國名	언릉鄢陵 　**색은**　현 이름으로 영천군에 속한다. 縣名 屬潁川 　**신주**　언릉현은 현재 하남성 언릉현 서북쪽으로 비정한다.
후공侯功	군졸로 풍에서 봉기하여 고조를 따랐고, 한중으로 들어갔다. 도위로 항적 과 장도를 치고 후侯가 되었는데 식읍은 700호이다. 以卒從起豐 入漢 以都尉擊籍荼 侯 七百戶
고조 12년 高祖十二	1년간 주비가 장후로 있었다. 고조 12년 연간, 장후莊侯 주비朱濞의 원년이다. 一 十二年中 莊侯朱濞元年
효혜 7년 孝惠七	7년간 주비가 장후로 있었다. 七

고후 8년 高后八	3년간 주비가 장후로 있었다. 5년간 주경이 공후로 있었다. 고후 4년, 공후恭侯 주경朱慶의 원년이다. 三 五 四年 恭侯慶元年
효문 23년 孝文二十三	6년간 주경이 공후로 있었다. 효문 7년, 공후 주경이 죽고 후계자가 없어 나라가 없어졌다. 六 七年 恭侯慶薨 無後 國除
효경 16년 孝景十六	
효무 54년	
후제侯第	공신 서열 52위

143. 균후

국명國名	균菌 집해 서광이 말했다. "다른 판본에는 '로鹵'라고 한다." 徐廣曰 一作鹵 색은 《한서》〈지리지〉에는 들어있지 않다. 菌의 발음은 '균[求隕反]'이다. 서광은 '鹵'라 했다는데, 발음은 '로魯'이다. 또 '치齒'라고도 한다. 漢志闕 菌音求隕反 徐作鹵 音魯 又作齒 신주 《한서》〈표〉의 로鹵가 맞을 것이며 안정군 소속현이다. 현재 위치는 정확하지 않다.
후공侯功	중연으로 원년 전에 선보單父에서 봉기하여 고조를 따랐고, 관중으로 들어가지 않았다. 항적·영포·연왕 노관을 격파하고 남양을 얻어 후侯가 되었는데 식읍은 2,700호이다. 以中涓前元年從起單父 不入關 以擊籍布燕王綰 得南陽 侯 二千七百戶
고조 12년 高祖十二	1년간 장평이 장후로 있었다. 고조 12년, 장후莊侯 장평張平의 원년이다. 一 十二年 莊侯張平元年
효혜 7년 孝惠七	7년간 장평이 장후로 있었다. 七

고후 8년 高后八	4년간 장평이 장후로 있었다. 4년간 장승이 후侯로 있었다. 고후 5년, 후侯 장승張勝의 원년이다. 四 四 五年 侯勝元年
효문 23년 孝文二十三	3년간 장승이 후侯로 있었다. 효문 4년, 후侯 장승이 죄를 지어 나라가 없어졌다. 三 四年 侯勝有罪 國除
효경 16년 孝景十六	
효무 54년	
후제侯第	48위 **신주** 양옥승은 《사기지의》에서 공신 서열이 48위가 아니라 68위라고 말했다. 48위라면 동모후와 같아지므로 68위인 것이 의심할 게 없다고 했다.

색은술찬 사마정이 펼쳐서 밝히다.

성현이 영향을 끼치니 풍운이 가라앉고 맺혔다. 고조는 푸른 꿈을 가슴에 안고 공신들은 세상에서 명령했다. 패沛에서 일어나 진秦으로 들어가며 모략에 기대고 계획에 의지했다. 공훈을 기록하고 작위를 써서 하수와 태산에 맹서했다. 소하와 조참은 공적의 경중이 있었고 강후와 관영은 권세를 누렸다. 함께 봉국으로 갔지만 누군가에선 죄악이 싹텄다. 어질고 현명한 자는 제사를 받고 어둡고 포학한 자는 버려졌다. 길이 살필 것을 앞서 닦은 자는 진실로 주변에서 단단한 꼭지가 되었다.

聖賢影響 風雲潛契 高祖膺箓 功臣命世 起沛入秦 憑謀仗計 紀勳書爵 河盟山誓
蕭曹輕重 絳灌權勢 咸就封國 或萌罪戾 仁賢者祀 昏虐者替 永監前修 良邊固蔕

사기 제19권 史記卷十九

혜경간후자연표 惠景閒侯者年表

혜경간후자연표 들어가기

　〈혜경간후자연표〉는 혜제 원년(서기전 194)부터 여후, 문제를 거쳐 경제 말년(서기전 141)까지 54년간 제후로 봉함을 받은 자들과 이때부터 무제 원봉元封 6년(서기전 105)까지 36년 간 역사적 변천과정을 수록한 것이다. 사마천은 '태사공은 말한다'에서 이 시기 분봉된 93명에 대해서 다섯 가지 경우로 나누어 설명하고 있다.

　첫째, 유방의 공신들 중에서 후侯로 봉해지지 않은 자들이다. 둘째, 문제가 대통을 잇는데 공을 세운 자들이다. 셋째, 경제 때 오초칠국의 난을 평정한 공신들이다. 넷째, 제후왕의 자제들로서 후侯로 봉해진 자들이다. 다섯째, 외족外族으로서 한나라에 귀순한 자들이다. 이외에 약간의 외척들이 있다. 앞의 〈고조공신후자연표〉와 같은 연장선상에 있는데, 단지 제후왕의 자식들로 후작이 된 사람과 공을 세운 사람들, 그리고 그 후손으로서 봉해진 사람이 거의 같은 비율이라는 점이 다르다.

사기 제19권 혜경간후자연표 제7

史記卷十九 惠景閒侯者年表第七

태사공이 말한다

태사공이 열후들의 봉작에 관한 글을 읽다가 편후便侯[①]에 이르러 말했다.

까닭이 있을 것이다! 장사왕을 영갑令甲[②]에 나타낸 것은 그의 충성을 칭찬한 것이다.[③] 옛날 고조가 천하를 평정하자 공신으로 동성이 아니면서 강토를 받아 제후왕이 된 자는 8개국이었다.[④]

太史公讀列封至便侯[①] 曰 有以也夫 長沙王者 著令甲[②] 稱其忠焉[③] 昔高祖定天下 功臣非同姓疆土而王者八國[④]

① 便侯편후

[색은] 便은 '편鞭'으로 발음한다. 현 이름이다. 오천吳淺을 봉한 곳이다.

便音鞭 縣名也 吳淺所封

② 令甲영갑

[신주] 한나라 때 조령詔令을 모아 '갑을병…'의 순서로 모아서 '영갑, 영을, 영병…'이라 했다. 일종의 시행법령집이다.

③ 稱其忠焉칭기충언

집해　등전이 말했다. "한나라의 약속(한고조의 백마지맹약)에는 유씨劉氏가 아니면 왕이 되지 못한다. 오예吳芮 왕과 같은 이는 그래서 영갑令甲(법령)에 나타내 특별히 왕을 시켰다. 어떤 이는 오예가 지극히 충성했기에 영갑에 나타냈다고 한다." 신찬이 말했다. "한나라에서 오예가 충성했으므로, 특별히 왕으로 삼았다. 제도가 아니었으므로, 특별히 영갑에 나타낸 것이다."

鄧展曰 漢約 非劉氏不王 如芮王 故著令使特王 或曰以芮至忠 故著令也 瓚曰 漢以芮忠 故特王之 以非制 故特著令

④ 功臣非同姓疆土而王者八國공신비동성강토이왕자팔국

집해　이성국異姓國의 왕이 8명이다. 곧, 오예·영포·장이·장도·한왕신·팽월·노관·한신이다.

異姓國八王者 吳芮英布張耳臧荼韓王信彭越盧綰韓信也

색은　동성이 아닌데 왕이 된 자 8개국이다. 제왕 한신, 한왕韓王 한신, 연왕 노관, 양왕 팽월, 조왕 장이, 회남왕 영포, 임강왕 공오共敖, 장사왕 오예로 8명이다.

非同姓而王者八國 齊王韓信 韓王韓信燕王盧綰梁王彭越趙王張耳准南王英布臨江王共敖長沙王吳芮 凡八也

효혜제 때에 이르러서는 유독 장사왕만이 온전하게 보전하고 5대 동안 전하면서[1] 후사가 단절되지 않았다.[2] 생각하건대 과오가 없었고 번국 藩國의 직분을 지키는 것이 진실했기 때문이다. 그러므로 그 덕택이 갈라진 후손에까지 전해져 공로가 없어도 제후가 된 자가 여러 명이었다.[3]

至孝惠時 唯獨長沙全 禪五世[1] 以無嗣絕[2] 意無過 爲藩守職 信矣 故其澤流枝庶 毋功而侯者數人[3]

① 禪五世선오세

[색은] 선禪은 전傳이다. 살피건대, 〈제후왕표〉에 오예의 국가는 5세五世(5대)에 이르러 단절되었다.

禪者 傳也 案 諸侯王表 芮國至五世而絕

② 以無嗣絕이무사절

[집해] 서광이 말했다. "효문제 후원 7년, 정왕靖王이 죽고 후사가 없었다."

徐廣曰 孝文後七年 靖王薨 無嗣

③ 毋功而侯者數人무공이후자수인

[색은] 살피건대, 이 표에 오예의 아들 천淺이 편후便侯로 봉하고 전해져서 현손에 이르렀다. 또 성왕成王 신臣의 아들을 봉해 원릉후沅陵侯로 삼았는데 또한 증손에 이르렀다.

案 此表芮子淺封便侯 傳至玄孫 又封成王臣之子爲沅陵侯 亦至曾孫

효혜제에서 효경제까지 50년간, 고조 때 배제되었던 공신들을 원래대로 봉하고, 대代에서 따라온 자들, 오吳와 초楚의 반란을 진정시켜 공로를 세운 자들, 제후의 자제들로 폐부肺腑①와 같은 자들, 외국에서 의를 따라 귀순한 자들에 이르기까지 봉한 자가 90여 명이었는데, 모두 처음부터 끝까지 표를 만들었으니 당대에 인의와 성공으로 드러난 자들이다.

及孝惠訖孝景閒五十載 追修高祖時遺功臣 及從代來 吳楚之勞 諸侯子弟 若肺腑① 外國歸義 封者九十有餘 鹹表始終 當世仁義成功之著者也

① 肺腑폐부

색은 (폐부肺腑와) 패부沛府 두가지로 발음한다. 패柿는 목패이고 부府는 나무껍질이다. 군주의 소원한 친척을 비유하며, 목패는 나무에서 나오고 나무껍질은 나무에 붙어 있는 것과 같은 것이다.《시경》에 '여도도부如塗塗附(진흙에 진흙을 바르는 것과 같다)'라고 했다. 주석에 '부附는 나무껍질이다.'라고 했다.

沛府二音 柿 木札也 附 木皮也 以喻人主疏末之親 如木札出於木 樹皮附於樹也 詩云 如塗塗附 注云 附 木皮也

신주 폐부는 말 그대로 심장과 가까운 폐를 뜻하며, 가까운 사이를 가리킨다. 여기서는 제후의 자제 중에서도 친척 정도 되는 사람을 말한다.

효혜 시대 제후표

1. 편후

국명國名	편便
	색은 《한서》〈지리지〉에는 현 이름으로 계양군에 속한다. 발음은 '편鞭'이다. 漢志縣名 屬桂陽 音鞭 신주 《한서》〈표〉 '편경후便頃侯'의 현손 란에 '편編'이라고 하였는데, 편은 남군에 속한 현이므로 잘못된 것이다. 아울러 고조 공신 순위 133위로 기록되어 있다. 《사기》에는 순위가 빠졌다.
후공侯功	장사왕 오예의 아들로 후侯가 되었고, 식읍은 2,000호이다. 長沙王子 侯 二千戶
효혜 7년 孝惠七	7년간 오천이 경후로 있었다. 효혜 원년 9월, 경후頃侯 오천吳淺의 원년이다. 七 元年九月 頃侯吳淺元年
고후 8년 高后八	8년간 오천이 경후로 있었다. 八
효문 23년 孝文二十三	22년간 오천이 경후로 있었다. 1년간 오신이 공후로 있었다. 효문 후7년, 공후恭侯 오신吳信의 원년이다. 二十二 一 後七年 恭侯信元年
효경 16년 재위 孝景十六	5년간 오신이 공후로 있었다. 11년간 오광지가 후후로 있었다. 효경 전6년, 후侯 오광시吳廣志의 원년이다. 五 十一 前六年 侯廣志元年

건원에서 원봉 6년까지 36년 建元至元封六年 三十六	28년간 오광지와 (또는) 오천추吳千秋가 후侯로 있었다. 원정 5년, 후侯 오천추가 주금에 걸려 봉국이 없어졌다. 二十八 元鼎五年 侯千秋坐酎金 國除
태초이후 太初已後	

2. 대후

국명國名	대軑 집해 발음은 '대大'이다. 音大 색은 軑의 발음은 '대大'이며 현 이름으로 강하군에 있다. 軑音大 縣名 在江夏也 신주 《한서》〈표〉에 공신 순위는 120위다.
후공侯功	장사상으로 후侯가 되었고, 식읍은 700호이다. 長沙相 侯 七百戶
효혜 7년 孝惠七	6년간 이창이 후侯로 있었다. 효혜 2년 4월 경자일, 후侯 이창利倉의 원년이다. 六 二年四月庚子 侯利倉元年 색은 《한서》에는 '대후 주창朱倉'이라 했는데, 옛 장사의 재상이다. 漢書作軑侯朱倉 故長沙相 신주 《한서》〈표〉에는 '여주창黎朱蒼'이라 했다. '려'와 '리'의 발음은 통하므로 다른 표현이라고 할 수 있다. 아울러 고조 공신 순위 120위로 기록되어 있지만 《사기》에는 순위가 빠졌다.
고후 8년 高后八	2년간 이창이 후侯로 있었다. 6년간 이희가 후侯로 있었다. 고후 3년, 후侯 이희利豨의 원년이다. 二 六 三年 侯豨元年

효문 23년 孝文二十三	15년간 이희가 후侯로 있었다. 8년간 이팽조가 후侯로 있었다. 효문 16년, 후侯 이팽조利彭祖의 원년이다. 十五 八 十六年 侯彭祖元年
효경 16년 재위 孝景十六	16년간 이팽조가 후侯로 있었다. 十六
건원에서 원봉 6년까지 36년 建元至元封六年 三十六	30년간 이팽조(또는 이질)가 후侯로 있었다. 원봉 원년, 후侯 이질이 동해태수가 되었는데, 장안을 지나면서 청하지 않고 멋대로 병졸을 발동하여 호위로 삼았다. 참수에 해당했으나 때마침 사면을 받았다. 봉국은 없어졌다. 三十 元封元年 侯秩爲東海太守 行過不請 擅發卒兵爲衛 當斬 會赦 國除 **신주** 《한서》〈표〉에는 이질의 이름을 '부扶'라 했는데,《사기지의》에서는 그것이 잘못된 것이라고 했다.
태초이후 太初已後	

3. 평도후

국명國名	평도平都 **색은** 현 이름으로 동해군에 속한다. 縣名 屬東海 **신주** 《한서》〈표〉에 공신 순위 110위 혹은 111위인데, 이미 성양후 해의奚意와 평주후가 자체로 기록한 것이 있어 잘못된 것으로 보인다.
후공侯功	제나라 장수로, 고조 3년 항복하고 제나라를 평정하여 후侯가 되었고, 식읍은 1,000호이다. 以齊將 高祖三年降 定齊 侯 千戶

효혜 7년 孝惠七	3년간 유도가 효후로 있었다. 효혜 5년 6월 을해일, 효후孝侯 유도劉到의 원년이다. 三 五年六月乙亥 孝侯劉到元年 색은 옛 제나라 장수다. 이상으로 효혜제 때 후侯가 3명이었다. 故齊將 已上孝惠時三人也
고후 8년 高后八	8년간 유도가 효후로 있었다 八
효문 23년 孝文二十三	2년간 유도가 효후로 있었다. 21년간 유성이 후侯로 있었다. 효문 3년, 후侯 유성劉成의 원년이다. 二 二十一 三年 侯成元年
효경 16년 재위 孝景十六	14년간 유성이 후侯로 있었다. 효경 후2년, 후侯 유성이 죄를 지어 봉국이 없어졌다. 十四 後二年 侯成有罪 國除
건원에서 원봉 6년까지 36년 建元至元封六年 三十六	
태초이후 太初已後	

이상 혜제 시대 3인

고후 시대 제후표

1. 부류후

국명國名	부류扶柳
	색은 현 이름으로 신도군에 속한다.
	縣名 屬信都
	신주 《사기지의》에 따르면 여씨들에게 그렇게 멀리 식읍을 둘 리 없다며, 《수경주》에 나오는 낭야군 부현邳縣이라고 한다.
후공侯功	고후의 언니 장후長姁의 아들로 후侯가 되었다.
	高后姊長姁子 侯
효혜 7년 孝惠七	
고후 8년 高后八	7년간 여평이 후侯로 있었다. 고후 원년 4월 경인일, 후侯 여평呂平의 원년이다.
	고후 8년, 후侯 여평이 여씨들의 사건에 걸려 주살당하고 봉국이 없어졌다.
	七 元年四月庚寅 侯呂平元年
	八年 侯平坐呂氏事誅 國除
효문 23년 孝文二十三	
효경 16년 재위 孝景十六	
건원에서 원봉 6년까지 36년 建元至元封六年 三十六	
태초이후 太初已後	

2. 교후

국명國名	교郊 [색은] 다른 판본에는 '교涍'라 하며 현 이름으로 패군에 속한다. 一作涍 縣名 屬沛郡
후공侯功	여후의 오라버니 도무왕 자신이 고조를 도와 천하를 평정했으며, 여씨가 고조를 도와 천하를 다스리고 천하가 크게 안정되자, 도무왕의 작은 아들 여산呂產을 봉하여 교후로 삼았다. 呂后兄悼武王身佐高祖定天下 呂氏佐高祖治天下 天下大安 封武王少子產爲郊侯
효혜 7년 孝惠七	
고후 8년 高后八	5년간 여산이 후侯로 있었다. 고후 원년 4월 신묘일, 후侯 여산呂產의 원년이다. 고후 6년 7월 임진일, 여산이 여왕이 되어 봉국이 없어졌다. 고후 8년 9월, 여산이 여왕 신분으로 한나라 국상이 되어 나쁜 일을 도모했다. 대신들이 여산을 주살했고, 마침내 여러 여씨를 멸했다. 五 元年四月辛卯 侯呂產元年 六年七月壬辰 產爲呂王 國除 八年九月 產以呂王爲漢相 謀爲不善 大臣誅產 遂滅諸呂 [신주] 〈여태후본기〉에 여산이 여왕이 된 것은 6년 10월이다.
효문 23년 孝文二十三	
효경 16년 재위 孝景十六	
건원에서 원봉 6년까지 36년 建元至元封六年 三十六	
태초이후 太初已後	

3. 남궁후

국명國名	남궁南宮 색은 현 이름으로 신도군에 속한다. 縣名 屬信都
후공侯功	부친 장월인이 고조를 위해 기장騎將이 되어 종군했고, 태중대부로 후侯가 되었다. 以父越人爲高祖騎將 從軍 以大中大夫侯
효혜 7년 孝惠七	
고후 8년 高后八	7년간 장매가 후侯로 있었다. 고후 원년 4월 병인일, 후侯 장매張買의 원년이다. 고후 8년, 후侯 장매가 여씨들의 사건에 걸려 주살당하고 봉국이 없어졌다. 七 元年四月丙寅 侯張買元年 八年 侯買坐呂氏事誅 國除
효문 23년 孝文二十三	
효경 16년 재위 孝景十六	
건원에서 원봉 6년까지 36년 建元至元封六年 三十六	
태초이후 太初已後	

4. 오후

국명國名	오梧 색은 현 이름으로 팽성군에 속한다. 縣名 屬彭城 신주 《한서》〈표〉에는 공신 순위가 76위다.
후공侯功	군장軍匠으로 고조를 따랐다. 겹郟에서 봉기하여 한중으로 들어간 뒤에 소부가 되었다. 장락궁과 미앙궁을 지었고, 장안성을 쌓았으며, 앞장서 나아간 공으로 후侯가 되었고, 식읍은 500호이다. 以軍匠從起郟 入漢 後爲少府 作長樂未央宮 築長安城 先就 功侯 五百戶
효혜 7년 孝惠七	
고후 8년 高后八	6년간 양성연이 제후로 있었다. 고후 원년 4월 을유일, 제후齊侯 양성연 陽成延의 원년이다. 2년간 양거질이 경후로 있었다. 고후 7년, 경후敬侯 양거질陽去疾의 원년 이다. 六 元年四月乙酉 齊侯陽成延元年 二 七年 敬侯去疾元年
효문 23년 孝文二十三	23년간 양거질이 경후로 있었다. 二十三
효경 16년 재위 孝景十六	9년간 양거질이 경후로 있었다. 7년간 양언이 정후로 있었다. 효경 중3년, 정후靖侯 양언陽偃의 원년이다. 九 七 中三年 靖侯偃元年
건원에서 원봉 **6년까지 36년** 建元至元封六年 三十六	8년간 양언이 정후로 있었다. 원광 3년, 후侯 양융노陽戎奴의 원년이다. 14년간 양융노가 후侯로 있었다. 원수 5년, 후侯 양융노가 계부를 죽일 것을 모의한 일에 걸려 기시를 당하고 봉국이 없어졌다. 八 元光三年 侯戎奴元年 十四 元狩五年 侯戎奴坐謀殺季父棄市 國除
태초이후 太初已後	

5. 평정후

국명國名	평정平定
	색은 《한서》〈지리지〉에는 들어있지 않다. 혹 향 이름이라 한다. 漢志闕 或鄕名 신주 《한서》〈표〉에는 공신 순위가 54위다.
후공侯功	군졸로서 고조를 따랐다. 류留에서 봉기하여 가거리家車吏로 한중에 돌아갔다. 효기도위로 항적을 치고, 누번樓煩의 장수를 잡은 공으로 제나라 승상에 임용되어 후侯가 되었다. 일설에는 (항적이 아니라) 항연項涓이라 한다. 以卒從高祖起留 以家車吏入漢 以梟騎都尉擊項籍 得樓煩將功 用齊丞相侯 一云項涓
효혜 7년 孝惠七	
고후 8년 高后八	8년간 제수가 경후로 있었다. 고후 원년 4월 을유일, 경후敬侯 제수齊受의 원년이다. 八 元年四月乙酉 敬侯齊受元年
효문 23년 孝文二十三	1년간 제수가 경후로 있었다. 4년간 제시인이 제후로 있었다. 효문 2년, 제후齊侯 제시인齊市人의 원년이다. 18년간 제응이 공후로 있었다. 효문 6년, 공후恭侯 제응齊應의 원년이다. 一 四 二年 齊侯市人元年 十八 六年 恭侯應元年
효경 16년 재위 孝景十六	16년간 제응이 공후로 있었다. 十六
건원에서 원봉 6년까지 36년 建元至元封六年 三十六	7년간 제응이 공후로 있었다. 원광 2년, 강후康侯 제연거齊延居의 원년이다. 18년간 제연거가 강후로 있었다. 원정 2년, 후侯 제창齊昌의 원년이다. 2년간 제창이 후侯로 있었다. 원정 4년, 후侯 제창이 죄를 지어 봉국이 없어졌다. 七 元光二年 康侯延居元年 十八 元鼎二年 侯昌元年 二 元鼎四年 侯昌有罪 國除
태초이후 太初已後	

6. 박성후

국명國名	박성博成 색은 《한서》〈지리지〉에는 들어있지 않다. 漢志闕 신주 《한서》〈지리지〉에는 태산군 박성博城이다.
후공侯功	도무왕 여택의 낭중으로 군대가 처음 일어날 때 고조를 따라 풍豐에서 봉기하여 옹구 땅을 공격했다. 항적을 쳐서 힘껏 싸우고, 도무왕을 받들어 모시고 형양榮陽을 탈출한 공으로 후侯가 되었다. 以悼武王郎中 兵初起 從高祖起豐 攻雍丘 擊項籍 力戰 奉衞悼武王 出榮陽 功侯
효혜 7년 孝惠七	
고후 8년 高后八	3년간 풍무택이 경후로 있었다. 고후 원년 4월 을유일, 경후敬侯 풍무택馮無擇의 원년이다. 4년간 풍대가 후侯로 있었다. 고후 4년, 후侯 풍대馮代의 원년이다. 고후 8년, 후侯 풍대가 여씨들의 사건에 걸려 주살당하고 봉국이 없어졌다. 三 元年四月乙酉 敬侯馮無擇元年 四 四年 侯代元年 八年 侯代坐呂氏事誅 國除
효문 23년 孝文二十三	
효경 16년 재위 孝景十六	
건원에서 원봉 6년까지 36년 建元至元封六年 三十六	
태초이후 太初已後	

7. 패후

국명國名	패沛 색은 현 이름으로 패군에 속한다. 縣名 屬沛郡 신주 고조의 조카 유비劉濞가 고조 12년에 패후로 있다가 오왕吳王이 되었다. 패군 패현으로 '소패小沛'라고 하며, 《삼국지》에 유비와 여포와 조조 등이 패권을 겨룬 지역으로 많이 언급된다.
후공侯功	여후의 오라버니 강후康侯 여석지의 작은 아들로 후侯가 되었고, 여선 왕의 침원을 받들었다. 呂后兄康侯少子 侯 奉呂宣王寢園
효혜 7년 孝惠七	
고후 8년 高后八	7년간 여종이 후侯로 있었다. 고후 원년 4월 을유일, 후侯 여종呂種의 원년이다. 1년간 불기후不其侯가 되었다. 고후 8년, 후侯 여종이 여씨들의 사건에 걸려 주살당하고 봉국이 없어졌다. 七 元年四月乙酉 侯呂種元年 一 爲不其侯 八年 侯種坐呂氏事誅 國除 신주 爲不其侯 앞에 '一年'이 아니라 '七年'인데 착오 기재한 것으로 판단된다.
효문 23년 孝文二十三	
효경 16년 재위 孝景十六	
건원에서 원봉 6년까지 36년 建元至元封六年 三十六	
태초이후 太初已後	

8. 양성후

국명國名	양성襄成
	색은 현 이름으로 영천군에 속한다. 縣名 屬潁川
후공侯功	혜제의 아들로 후侯가 되었다. 孝惠子 侯
효혜 7년 孝惠七	
고후 8년 高后八	1년간 유의가 후侯로 있었다. 고후 원년 4월 신묘일, 후侯 유의劉義의 원년이다. 고후 2년, 후侯 유의가 상산왕이 되어 봉국이 없어졌다. 一 元年四月辛卯 侯義元年 二年 侯義爲常山王 國除 신주 원래 이름은 '산山'이다. 상산왕이 되면서 이름을 바꿨다. 나중에 문제 때 흉노에서 항복하여 온 옛 한왕 신의 아들 한영韓嬰이 양성후로 봉해진다.
효문 23년 孝文二十三	
효경 16년 재위 孝景十六	
건원에서 원봉 6년까지 36년 建元至元封六年 三十六	
태초이후 太初已後	

9. 지후

국명國名	지현軹
	색은 현 이름으로 하내군에 속한다. 縣名 屬河內
후공 侯功	혜제의 아들로 후侯가 되었다. 孝惠子 侯
효혜 7년 孝惠七	
고후 8년 高后八	3년간 유조가 후侯로 있었다. 고후 원년 4월 신묘일, 후侯 유조劉朝의 원년이다. 고후 4년, 후侯 유조가 상산왕이 되어 봉국이 없어졌다. 三 元年四月辛卯 侯朝元年 四年 侯朝爲常山王 國除 신주 문제 때 박태후의 아우 박소를 지후로 봉한다.
효문 23년 孝文二十三	
효경 16년 재위 孝景十六	
건원에서 원봉 6년까지 36년 建元至元封六年 三十六	
태초이후 太初已後	

10. 호관후

국명國名	호관壺關
	색은 현 이름으로 하내군에 속한다.
	縣名 屬河內
	신주 〈지리지〉에는 상당군 속현이다.
후공侯功	혜제의 아들로 후侯가 되었다.
	孝惠子 侯
효혜 7년 孝惠七	
고후 8년 高后八	4년간 유무가 후侯로 있었다. 고후 원년 4월 신묘일, 후侯 유무劉武의 원년이다. 고후 5년, 후侯 유무가 회양왕이 되어 봉국이 없어졌다. 四 元年四月辛卯 侯武元年 五年 侯武爲淮陽王 國除
효문 23년 孝文二十三	
효경 16년 재위 孝景十六	
건원에서 원봉 6년까지 36년 建元至元封六年 三十六	
태초이후 太初已後	

11. 원릉후

국명國名	원릉沅陵
	색은 원릉은 현으로 장사 근처이며, 《한서》〈지리지〉에는 무릉군에 속한다. 沅陵 縣 近長沙 漢志屬武陵 신주 《한서》〈표〉에는 공신 순위가 136위다.
후공侯功	오예의 후계자 장사성왕(오신吳臣)의 아들로 후侯가 되었다. 長沙嗣成王子 侯
효혜 7년 孝惠七	
고후 8년 高后八	8년간 오양이 경후로 있었다. 고후 원년 11월 임신일, 경후頃侯 오양吳陽 의 원년이다. 八 元年十一月壬申 頃侯吳陽元年 신주 《한서》〈표〉에는 오양이 7월 병신일에 경후가 되었다고 한다.
효문 23년 孝文二十三	17년간 오양이 경후로 있었다. 6년간 오복이 경후로 있었다. 효문 후2년, 경후頃侯 오복吳福의 원년이다. 十七 六 後二年 頃侯福元年 신주 부자의 시호가 같다. 그런데 이런 일이 있기 어렵다. 《사기지의》에 따르면 오복 의 시호를 '순順'이라 한다.
효경 16년 재위 孝景十六	11년간 오복이 경후로 있었다. 4년간 오주가 애후로 있었다. 효경 중5년, 애후哀侯 오주吳周의 원년이다. 효경 후3년, 후侯 오주가 죽고 후사가 없어 봉국이 없어졌다. 十一 四 中五年 哀侯周元年 後三年 侯周薨 無後 國除
건원에서 원봉 6년까지 36년 建元至元封六年 三十六	
태초이후 太初已後	

12. 상비후

국명國名	상비上邳 **신주** 《사기지의》에 따르면 노국 설현薛縣 서쪽이라고 한다. 동해군 하비下邳(오늘날 서주시)에 대응하는 지명이라 한다.
후공侯功	초원왕 유교劉交의 아들로 후侯가 되었다. 楚元王子 侯 **신주** 《한서》〈표〉에는 공신 순위가 128위다.
효혜 7년 孝惠七	
고후 8년 高后八	7년간 유영객이 후侯로 있었다. 고후 2년 5월 병신일, 후侯 유영객劉郢客의 원년이다. 七 二年五月丙申 侯劉郢客元年
효문 23년 孝文二十三	1년간 유영객이 후侯로 있었다. 효문 2년, 후侯 유영객이 초왕이 되어 봉국이 없어졌다. 一 二年 侯郢客爲楚王 國除
효경 16년 재위 孝景十六	
건원에서 원봉 6년까지 36년 建元至元封六年 三十六	
태초이후 太初已後	

13. 주허후

국명國名	주허朱虛
	색은 현 이름으로 낭야군에 속한다.
	縣名 屬琅邪
후공侯功	제도혜왕 유비劉肥의 아들로 후侯가 되었다.
	齊悼惠王子 侯
	신주 《한서》〈표〉에는 공신 순위가 129위다.
효혜 7년 孝惠七	
고후 8년 高后八	7년간 유장이 후侯로 있었다. 고후 2년 5월 병신일, 후侯 유장劉章의 원년이다. 七 二年五月丙申 侯劉章元年
효문 23년 孝文二十三	1년간 유장이 후侯로 있었다. 효문 2년, 후侯 유장이 성양왕이 되어 봉국이 없어졌다. 一 二年 侯章爲城陽王 國除
효경 16년 재위 孝景十六	
건원에서 원봉 6년까지 36년 建元至元封六年 三十六	
태초이후 太初已後	

14. 창평후

국명國名	창평昌平
	색은 현 이름으로 상곡군에 속한다.
	縣名 屬上谷
	신주 《사기지의》에 따르면 왕자의 식읍을 멀리 유주에 둘 리 없다면서 논증을 통하여 〈고후본기〉와 《한서》 〈이성왕표〉에 나오는 평원군 '평창平昌'이 옳다고 했다.
후공侯功	혜제의 아들로 후侯가 되었다.
	孝惠子 侯
	색은 실제 여씨呂氏다.
	實呂氏也
효혜 7년 孝惠七	
고후 8년 高后八	3년간 유태가 후侯로 있었다. 고후 4년 2월 계미일, 후侯 유태劉太의 원년이다. 고후 7년, 유태가 여왕呂王이 되어 봉국이 없어졌다. 三 四年二月癸未 侯太元年 七年 太爲呂王 國除
효문 23년 孝文二十三	
효경 16년 재위 孝景十六	
건원에서 원봉 6년까지 36년 建元至元封六年 三十六	
태초이후 太初已後	

15. 췌기후

국명國名	췌기贅其 색은 현 이름으로 임회군에 속한다. 縣名 屬臨淮
후공侯功	여후의 맏동생 아들로 회양승상으로 임용되어 후侯가 되었다. 呂后昆弟子 用淮陽丞相侯
효혜 7년 孝惠七	
고후 8년 高后八	4년간 여승이 후侯로 있었다. 고후 4년 4월 병신일, 후侯 여승呂勝의 원년이다. 고후 8년, 후侯 여승이 여씨들의 사건에 걸려 주살당하고 봉국이 없어졌다. 四 四年四月丙申 侯呂勝元年 八年 侯勝坐呂氏事誅 國除
효문 23년 孝文二十三	
효경 16년 재위 孝景十六	
건원에서 원봉 6년까지 36년 建元至元封六年 三十六	
태초이후 太初已後	

16. 중읍후

국명國名	중읍中邑 [색은] 《한서》〈지리지〉에는 들어있지 않다. 漢志闕 [신주] 〈지리지〉에는 발해군 속현이다.
후공侯功	집모執矛 출신으로 고조를 따라 한중으로 들어갔고, 중위로 조구曹咎를 깨뜨렸으며, 여상呂相에 임용되어 후侯가 되었다. 식읍은 600호다. 以執矛從高祖入漢 以中尉破曹咎 用呂相侯 六百戶
효혜 7년 孝惠七	
고후 8년 高后八	5년간 주통이 정후로 있었다. 고후 4년 4월 병신일, 정후貞侯 주통朱通의 원년이다. 五 四年四月丙申 貞侯朱通元年
효문 23년 孝文二十三	17년간 주통이 정후로 있었다. 6년간 주도가 후侯로 있었다. 효문 후2년, 후侯 주도朱悼의 원년이다. 十七 六 後二年 侯悼元年
효경 16년 재위 孝景十六	15년간 주도가 후侯로 있었다. 효경 후3년, 후侯 주도가 죄를 지어 봉국이 없어졌다. 十五 後三年 侯悼有罪 國除
건원에서 원봉 6년까지 36년 建元至元封六年 三十六	
태초이후 太初已後	

17. 낙평후

국명國名	낙평樂平
	색은 《한서》〈지리지〉에는 들어있지 않다. 漢志闕 신주 선제 때 곽산藿山을 낙평후로 봉했는데, 《한서》〈표〉에는 동군에 있다고 한다. 단, 〈지리지〉 주석에 응소가 "후한 장제 때 동군 청현淸縣을 낙평으로 고쳤다."라고 한 것 에 대해 《사기지의》에서는 대개 동군 청현의 향 이름이었을 것이라고 했다.
후공侯功	대졸隊卒로 패沛에서 봉기하여 고조를 따랐으며, 황흔皇訢에 속했다. 낭 으로 진여를 치고 위로 임용되어 후侯가 되었고, 식읍은 600호다. 以隊卒從高祖起沛 屬皇訢 以郞擊陳餘 用衛尉侯 六百戶
효혜 7년 孝惠七	
고후 8년 高后八	2년간 위무택이 간후로 있었다. 고후 4년 4월 병신일, 간후簡侯 위무택衛 無擇의 원년이다. 3년간 위승이 공후로 있었다. 고후 6년, 공후恭侯 위승衛勝의 원년이다. 二 四年四月丙申 簡侯衛無擇元年 三 六年 恭侯勝元年
효문 23년 孝文二十三	23년간 위승이 공후로 있었다. 二十三
효경 16년 재위 孝景十六	15년간 위승이 공후로 있었다. 1년간 위치가 후侯로 있었다. 효경 후3년, 후侯 위치衛侈의 원년이다. 十五 一 後三年 侯侈元年
건원에서 원봉 6년까지 36년 建元至元封六年 三十六	5년간 위치가 후侯로 있었다. 건원 6년, 후侯 위치가 농지와 저택을 불 법으로 사고, 또 관리의 죄를 청구한 일에 걸려 봉국이 없어졌다. 五 建元六年 侯侈坐以買田宅不法 又請求吏罪 國除
태초이후 太初已後	

18. 산도후

국명國名	산도山都 색은 《한서》〈지리지〉에는 들어있지 않다. 漢志闕 신주 〈지리지〉에는 남양군 속현이다.
후공侯功	고조 5년 낭중주하령이 되고, 위장군으로 진희를 쳐서 양상으로 임용되고 후侯가 되었다. 高祖五年爲郎中柱下令 以衛將軍擊陳豨 用梁相侯
효혜 7년 孝惠七	
고후 8년 高后八	5년간 왕염개가 정후로 있었다. 고후 4년 4월 병신일, 정후貞侯 왕염개王恬開의 원년이다. 五 四年四月丙申 貞侯王恬開元年 신주 《사기지의》에서 양옥승이 말했다. "《한서》〈장석지전〉에 일컬어, 중위 조후 주아부와 양상 산도후 왕염계王恬啓가 장석지를 만나 특히 의견을 나누고 친한 벗이 되었다고 한다. 고찰하건대 주아부가 중위가 된 것은 문제 후6년이고 장석지가 정위가 된 것이 이 무렵의 일이다. 그런데 왕염계가 고후 4년에 봉해지고 문제 3년에 죽었다면 어찌 주아부 및 장석지와 시대를 함께하겠는가?" 그러면서 혜후 왕중황王中黃 원년이 문제 후5년이라 한다.
효문 23년 孝文二十三	3년간 왕염개가 정후로 있었다. 20년간 왕중황이 혜후로 있었다. 효문 4년(실제 후5년)이 혜후惠侯 왕중황王中黃의 원년이다. 三 二十 四年 惠侯中黃元年
효경 16년 재위 孝景十六	3년간 왕중황이 혜후로 있었다. 13년간 왕촉룡이 경후로 있었다. 효경 4년, 경후敬侯 왕촉룡王觸龍의 원년이다. 三 十三 四年 敬侯觸龍元年
건원에서 원봉 6년까지 36년 建元至元封六年 三十六	22년간 왕촉룡이 경후로 있었다. 원수 5년, 후侯 왕당王當의 원년이다. 8년간 왕당이 후侯로 있었다. 원봉 원년, 후侯 왕당이 노복과 더불어 멋대로 상림원에 들어간 일에 걸려 봉국이 없어졌다.

	二十二 元狩五年 侯當元年 八 元封元年 侯當坐與奴闌入上林苑 國除
태초이후 太初已後	

19. 송자후

국명國名	송자松茲 집해 서광이 말했다. "松을 다른 판본에는 '축祝'이라 한다." 徐廣曰 松 一作祝 색은 《한서》〈표〉에는 '축祝'이라 하며, 현 이름으로 여강군에 속한다. 漢表作祝 縣名 屬廬江
후공侯功	군사가 처음 일어날 때 사인舍人으로 패沛에서 봉기하여 고조를 따랐다. 낭중郎中으로 한중에 들어갔다가 돌아와서 옹왕 장함章邯의 가솔들을 잡은 공으로 상산승상으로 임용되고 후侯가 되었다. 兵初起 以舍人從起沛 以郎中入漢 還 得雍王邯家屬功 用常山丞相侯
효혜 7년 孝惠七	
고후 8년 高后八	5년간 서려가 이후로 있었다. 고후 4년 4월 병신일, 이후夷侯 서려徐厲의 원년이다. 五 四年四月丙申 夷侯徐厲元年
효문 23년 孝文二十三	6년간 서려가 이후로 있었다. 17년간 서도가 강후로 있었다. 효문 7년, 강후康侯 서도徐悼의 원년이다. 六 十七 七年 康侯悼元年
효경 16년 재위 孝景十六	12년간 서도가 강후로 있었다. 4년간 서언이 후侯로 있었다. 효경 중6년, 후侯 서언徐偃의 원년이다. 十二 四 中六年 侯偃元年

건원에서 원봉 6년까지 36년 建元至元封六年 三十六	5년간 서언이 후侯로 있었다. 건원 6년, 후侯 서언이 죄를 지어 봉국이 없어졌다. 五 建元六年 侯偃有罪 國除
태초이후 太初已後	

20. 성도후

국명國名	성도成陶 [집해] 서광이 말했다. "다른 판본에는 '음陰'이라 한다." 徐廣曰 一作陰 [색은] 《한서》〈표〉에는 '성음成陰'이라 하는데, 《한서》〈지리지〉에는 들어있지 않다. 漢表作成陰也 漢志闕 [신주] 《사기지의》에서 고대에 '陰' 자와 '陶' 자가 같이 쓰이는 경우가 많다고 논증하면서 정강성(정현)의 비에 성음城陰이, 곧 고밀高密이라 한다고 했다. 고밀은 북해군 속현이며, 정현鄭玄의 고향이다.
후공侯功	군졸로 선보單父에서 봉기하여 고조를 따랐고, 여씨의 사인舍人이 되었다. 여후가 회수를 건너게 한 공으로 하남군수로 임용되어 후侯가 되었고, 식읍은 500호다. 以卒從高祖起單父 爲呂氏舍人 度呂后淮之功 用河南守侯 五百戶
효혜 7년 孝惠七	
고후 8년 高后八	5년간 주신이 이후로 있었다. 고후 4년 4월 병신일, 이후夷侯 주신周信의 원년이다. 五 四年四月丙申 夷侯周信元年
효문 23년 孝文二十三	11년간 주신이 이후로 있었다. 효문 12년, 효후孝侯 주발周勃의 원년이다. 3년간 주발이 효후로 있었다. 효문 15년, 후侯 주발이 죄를 지어 봉국이 없어졌다. 十一 十二年 孝侯勃元年 三 十五年 侯勃有罪 國除 [신주] 직을 박탈당한 제후에게 시호가 있을 수 없다. 후대에 잘못 첨가한 것이다.

효경 16년 재위 孝景十六	
건원에서 원봉 6년까지 36년 建元至元封六年 三十六	
태초이후 太初已後	

21. 수후

국명國名	수俞 집해 여순은 발음을 '수輸'라고 했다. 如淳曰 音輸 색은 俞의 발음은 '수輸'이다. 수현은 청하군에 속한다. 俞音輸 俞縣屬淸河也 신주 〈지리지〉에는 청하군 수현鄃縣이다.
후공侯功	연오連敖로 고조를 따라 진나라를 깨뜨리고, 한중으로 들어갔다. 도위로 제후들을 평정했는데, 공이 조양후(화기華寄)에 견주었다. 여영呂嬰이 죽어서 아들 여타가 공훈을 이어 태중대부로 임용되어 후侯가 되었다. 以連敖從高祖破秦 入漢 以都尉定諸侯 功比朝陽侯 嬰死 子它襲功 用太中大夫侯 신주 조양후는 고조공신 순위 69위인데, 여타는 순위에 들지 못하고 고후 4년에야 봉해진 것이 의문이다. 아마 고후가 여씨들을 봉작하려는 분위기를 조장해 그 공적을 마구 늘리지 않았나 싶다.
효혜 7년 孝惠七	
고후 8년 高后八	4년간 여타가 후侯로 있었다. 고후 4년 4월 병신일, 후侯 여타呂它의 원년이다. 고후 8년, 후侯 여타가 여씨들의 사건에 걸려 주살당하고 봉국이 없어졌다. 四 四年四月丙申 侯呂它元年 八年 侯它坐呂氏事誅 國除

	색은 여타인데, 他의 발음은 '타駝'이며, 여영의 아들이다. 呂他 他音駝 呂嬰子也 신주 경제 때 수 땅에는 난포가 임명되는 것으로 〈계포난포전〉에 실려 있다.
효문 23년 孝文二十三	
효경 16년 재위 孝景十六	
건원에서 원봉 **6년까지 36년** 建元至元封六年 三十六	
태초이후 太初已後	

22. 등후

국명國名	등등滕
	색은 승후勝侯이다. 다른 판본에는 '등滕'이라 한다. 유씨는 '승勝'이라 했지만, 아마 잘못이다. 지금 살피건대 등현은 패군에 속하는데, '승'은 들어보지 못했다. 勝侯 一作滕 劉氏云作勝 恐誤 今案 滕縣屬沛郡 勝未聞
후공侯功	사인과 낭중으로 12년을 보냈고, 도위로 패상에서 둔전했으며, 초상으로 임용되고 후侯가 되었다. 以舍人郎中 十二歲 以都尉屯田霸上 用楚相侯
효혜 7년 孝惠七	
고후 8년 高后八	4년간 여갱시가 후侯로 있었다. 고후 4년 4월 병신일, 후侯 여갱시呂更始의 원년이다. 고후 8년, 후侯 여갱시가 여씨들의 사건에 걸려 주살당하고 봉국이 없어졌다. 四 四年四月丙申 侯呂更始元年 八年 侯更始坐呂氏事誅 國除

	색은 여갱시는 여씨의 일족이다. 更始 呂氏之族
효문 23년 孝文二十三	
효경 16년 재위 孝景十六	
건원에서 원봉 6년까지 36년 建元至元封六年 三十六	
태초이후 太初已後	

23. 예릉후

국명國名	예릉醴陵 색은 현 이름으로 지금 장사군에 있다. 縣名 今在長沙
후공侯功	군졸로서 고조를 따랐다. 한왕 2년 처음 역양에서 봉기하여 졸리卒吏로 항적을 쳐서 하내도위가 되었다. 장사상으로 임용되어 후侯가 되었고, 식읍은 600호다. 以卒從 漢王二年初起櫟陽 以卒吏擊項籍 爲河內都尉 用長沙相侯 六百戶
효혜 7년 孝惠七	
고후 8년 高后八	5년간 월이 후侯로 있었다. 고후 4년 4월 병신일, 후侯 월越의 원년이다. 五 四年四月丙申 侯越元年
효문 23년 孝文二十三	3년간 월이 후侯로 있었다. 효문 4년, 후侯 월이 죄를 지어 봉국이 없어졌다. 三 四年 侯越有罪 國除

효경 16년 재위 孝景十六	
건원에서 원봉 6년까지 36년 建元至元封六年 三十六	
태초이후 太初已後	

24. 여성후

국명國名	여성呂成
후공侯功	여후 맏동생 아들로 후侯가 되었다. 呂后昆弟子 侯
효혜 7년 孝惠七	
고후 8년 高后八	4년간 여분이 후侯로 있었다. 고후 4년 4월 병신일, 후侯 여분呂忿의 원 년이다. 고후 8년, 후侯 여분이 여씨들의 사건에 걸려 주살당하고 봉국이 없어 졌다. 四 四年四月丙申 侯呂忿元年 八年 侯忿坐呂氏事誅 國除
효문 23년 孝文二十三	
효경 16년 재위 孝景十六	
건원에서 원봉 6년까지 36년 建元至元封六年 三十六	
태초이후 太初已後	

25. 동모후

국명國名	동모東牟
	색은 현 이름으로 동래군에 속한다. 縣名 屬東萊
후공侯功	제도혜왕의 아들로 후侯가 되었다. 齊悼惠王子 侯
효혜 7년 孝惠七	
고후 8년 高后八	3년간 유흥거가 후侯로 있었다. 고후 6년 4월 정유일, 후侯 유흥거劉興居의 원년이다. 三 六年四月丁酉 侯劉興居元年
효문 23년 孝文二十三	1년간 유흥거가 후侯로 있었다. 효문 2년, 후侯 유흥거가 제북왕이 되고 (모반하여) 봉국이 없어졌다. 一 二年 侯興居爲濟北王 國除
효경 16년 재위 孝景十六	
건원에서 원봉 6년까지 36년 建元至元封六年 三十六	
태초이후 太初已後	

26. 추후

국명國名	추錘
	집해 다른 판본에는 '거鉅'라 한다. 一作鉅 색은 현 이름으로 동래군에 속한다. 縣名 屬東萊

후공 侯功	여숙왕 여태呂台의 아들로 후侯가 되었다. 呂肅王子 侯
효혜 7년 孝惠七	
고후 8년 高后八	2년간 여통이 후侯로 있었다. 고후 6년 4월 정유일, 후侯 여통呂通의 원년이다. 고후 8년, 후侯 여통이 연왕이 되었는데, 여씨들의 사건에 걸려 봉국이 없어졌다. 二 六年四月丁酉 侯呂通元年 八年 侯通爲燕王 坐呂氏事 國除 색은 여후의 오라버니 아들이다. 呂后兄子
효문 23년 孝文二十三	
효경 16년 재위 孝景十六	
건원에서 원봉 6년까지 36년 建元至元封六年 三十六	
태초이후 太初已後	

27. 신도후

국명 國名	신도信都 색은 현 이름으로 신도군에 속한다. 縣名 屬信都
후공 侯功	장오와 노원태후의 아들로 후侯가 되었다. 以張敖魯元太后子侯
효혜 7년 孝惠七	

고후 8년 高后八	1년간 장치가 후侯로 있었다. 고후 8년 4월 정유일, 후侯 장치張侈의 원년이다. 一 八年四月丁酉 侯張侈元年 색은 장오의 아들로 노원공주 덕에 봉해졌다. 敖子 以魯元公主封.
효문 23년 孝文二十三	효문 원년, 후侯 장치가 죄를 지어 봉국이 없어졌다. 元年 侯侈有罪 國除
효경 16년 재위 孝景十六	
건원에서 원봉 6년까지 36년 建元至元封六年 三十六	
태초이후 太初已後	

28. 악창후

국명國名	악창樂昌 신주 〈건원이래후자연표〉 저소손 보충표에는 악창후 왕치군이 있으며, 《한서》〈표〉에는 여남군에 속한다고 한다. 《사기지의》에서 《사기고이》를 인용하여 세양현細陽縣을 쪼개서 후국을 만들었다고 주장한다.
후공侯功	장오와 노원태후의 아들로 후侯가 되었다. 以張敖魯元太后子侯
효혜 7년 孝惠七	
고후 8년 高后八	1년간 장수가 후侯로 있었다. 고후 8년 4월 정유일, 후侯 장수張受의 원년이다. 一 八年四月丁酉 侯張受元年
효문 23년 孝文二十三	효문 원년, 후侯 장수가 죄를 지어 봉국이 없어졌다. 元年 侯受有罪 國除

효경 16년 재위 孝景十六	
건원에서 원봉 6년까지 36년 建元至元封六年 三十六	
태초이후 太初已後	

29. 축자후

국명國名	축자祝茲 색은 《한서》에는 '낭야'라 했다. 漢書作琅邪 신주 무제 원정 원년에 교동강왕 아들 유연劉延이 축자후로 봉해진다.
후공侯功	여후 맏동생 아들로 후侯가 되었다. 呂后昆弟子 侯
효혜 7년 孝惠七	
고후 8년 高后八	고후 8년 4월 정유일, 후侯 여영呂榮의 원년이다. 여씨들의 사건에 걸려 주살당하고 봉국이 없어졌다. 八年四月丁酉 侯呂榮元年 坐呂氏事誅 國除
효문 23년 孝文二十三	
효경 16년 재위 孝景十六	
건원에서 원봉 6년까지 36년 建元至元封六年 三十六	
태초이후 太初已後	

30. 건릉후

국명國名	건릉建陵 색은 《한서》〈표〉에는 '동해'라 했다. 漢表作東海
후공侯功	대알자로 후侯가 되었고, 환관으로 있으면서 기이한 계책을 많이 냈다. 以大謁者侯 宦者 多奇計
효혜 7년 孝惠七	
고후 8년 高后八	고후 8년 4월 정유일, 후侯 장택張澤의 원년이다. 9월, 후작을 박탈당하고 봉국이 없어졌다. 八年四月丁酉 侯張澤元年 九月 奪侯 國除 색은 다른 이름은 '석釋'이다. 一名釋 신주 경제 때 위관衛綰이 건릉후로 봉해진다. 그는 승상까지 지냈다.
효문 23년 孝文二十三	
효경 16년 재위 孝景十六	
건원에서 원봉 6년까지 36년 建元至元封六年 三十六	
태초이후 太初已後	

31. 동평후

국명國名	동평東平 집해 서광이 말했다. "다른 판본에는 '강康'이라 한다." 徐廣曰 一作康 색은 현 이름으로 동평군에 있다. 縣名 在東平 신주 동평은 양국梁國을 가리킨다. 그래서 동평군 혹 양국이라 한다. 나중에 무제 때 성양공왕 아들 유경劉慶을 동평후로 봉한다. 《사기지의》에서는 《수경주》를 근거로 동평국 무염현無鹽縣이라 한다.
후공侯功	연왕 여통의 아우로 후侯가 되었다. 以燕王呂通弟侯
효혜 7년 孝惠七	
고후 8년 高后八	고후 8년 5월 병진일, 후侯 여장呂莊의 원년이다. 여씨들의 사건에 걸려 주살당하고 봉국이 없어졌다. 八年五月丙辰 侯呂莊元年 坐呂氏事誅 國除 신주 여장의 이름을 '비庀'라 하는데, 양옥승은 그게 옳다고 했다.
효문 23년 孝文二十三	
효경 16년 재위 孝景十六	
건원에서 원봉 6년까지 36년 建元至元封六年 三十六	
태초이후 太初已後	

이상 고후 시대 31인

효문 시대 제후표

1. 양신후

국명國名	양신陽信
	<u>색은</u> 〈표〉에는 남양군 신야현에 있고, 〈지리지〉에는 발해군에 속하는데, 추측컨대 두 개의 현이 있다. 表在新野 志屬勃海 恐有二縣 <u>신주</u> 《한서》 〈외척은택표〉에는 양신陽新이 신야에 봉해졌다고 나온다. 신야는 남양군 속현이므로 그 양신은 향鄕일 것이다. 후한 말에 유비가 유표 밑에 있으면서 조조를 견제하기 위해 주둔한 곳이 신야이다. 여기 양신은 발해군 속현이다.
후공侯功	고조 11년 낭이 되었다. 전객典客으로 조왕 여록의 인수를 빼앗고, 궁전문을 잠가 여산 등이 들어오는 것을 막았으며, 함께 문제를 높여 세워 후侯가 되었고 식읍은 2,000호다. 高祖十一年爲郎 以典客奪趙王呂祿印 關殿門拒呂產等入 共尊立孝文 侯 二千戶
효혜 7년 孝惠七	
고후 8년 高后八	
효문 23년 孝文二十三	14년간 유게가 후侯로 있었다. 효문 원년 3월 신축일, 후侯 유게劉揭의 원년이다. 9년간 유중의가 후侯로 있었다. 효문 15년, 후侯 유중의劉中意의 원년이다. 十四 元年三月辛丑 侯劉揭元年 九 十五年 侯中意元年 <u>색은</u> 양신 이후 유게劉揭다. 陽信夷侯劉揭
효경 16년 재위 孝景十六	5년간 유중의가 후侯로 있었다. 효경 6년, 후侯 유중의가 죄를 지어 봉국이 없어졌다. 五 六年 侯中意有罪 國除

건원에서 원봉 6년까지 36년 建元至元封六年 三十六	
태초이후 太初已後	

2. 지후

국명國名	지軹 색은 현 이름으로 하내군에 속한다. 縣名 屬河內也
후공侯功	고조 10년 낭이 되어 종군했고, 17년 만에 태중대부가 되었다. 대代에서 문제를 맞이하여 거기장군으로 임용되었고, 박태후를 맞이하여 후侯가 되었다. 식읍은 1만 호이며 박태후의 아우이다. 高祖十年爲郎 從軍 十七歲爲太中大夫 迎孝文代 用車騎將軍迎太后 侯 萬戶 薄太后弟
효혜 7년 孝惠七	
고후 8년 高后八	
효문 23년 孝文二十三	10년간 박소가 후侯로 있었다. 효문 원년 4월 을사일, 후侯 박소薄昭의 원년이다. 13년간 박융노가 역후로 있었다. 효문11년, 역후易侯 박융노薄戎奴의 원년이다. 十 元年四月乙巳 侯薄昭元年 十三 十一年 易侯戎奴元年 신주 《한서》〈문제기〉에는 박소가 정월에 임명된 것으로 되어 있다. 관리를 함부로 죽인 일에 연루되어 자살했다. 봉국이 끊어질 뻔했으나 태후를 위하여 문제가 봉국을 없애지 않았다.
효경 16년 재위 孝景十六	16년간 박융노가 역후로 있었다. 十六

건원에서 원봉 6년까지 36년 建元至元封六年 三十六	1년간 박융노가 역후로 있었다. 건원 2년, 후侯 박량薄梁의 원년이다. 一 建元二年 侯梁元年
태초이후 太初已後	

3. 장무후

국명國名	장무壯武 색은 현 이름으로 교동군에 속한다. 縣名 屬膠東
후공侯功	가리家吏로서 고조를 따랐다. 산동에서 봉기하여 도위로 고조를 따라 형양을 지켜 식읍을 받았다. 代의 중위가 되어 대왕에게 장안으로 들어갈 것을 권하고 참승하여 대왕의 사저에 이르러 왕이 마침내 황제가 된 공으로 후侯가 되었으며, 식읍은 1,400호다. 以家吏從高祖起山東 以都尉從守滎陽 食邑 以代中尉勸代王入 驂乘至代邸 王卒爲帝 功侯 千四百戶
효혜 7년 孝惠七	
고후 8년 高后八	
효문 23년 孝文二十三	23년간 송창이 후侯로 있었다. 효문 원년 4월 신해일, 후侯 송창宋昌의 원년이다. 二十三 元年四月辛亥 侯宋昌元年
효경 16년 재위 孝景十六	11년간 송창이 후侯로 있었다. 효경 중4년, 후侯 송창이 후작 직위를 박탈당하고 봉국이 없어졌다. 十一 中四年 侯昌奪侯 國除
건원에서 원봉 6년까지 36년 建元至元封六年 三十六	

태초이후 太初已後	

4. 청도후

국명國名	청도淸都
	집해 서광이 말했다. "다른 판본에는 '교郲'라 하며 발음은 '교[苦堯反]'이다." 徐廣曰 一作郲 音苦堯反 색은 청곽후 사균駟鈞이다. 제나라에서 전영을 봉해 청곽군으로 삼았다. 《한서》 〈표〉에는 '오후郚侯 사균'이라 했는데, 오郚는 태원의 제현이다. 淸郭侯駟鈞 齊封田嬰爲淸郭君 漢表郚侯駟鈞 郚 太原齊縣
후공侯功	제애왕(유양劉襄)의 외숙으로 후侯가 되었다. 以齊哀王舅父侯
	색은 구부舅父는 구구(외삼촌)로, 이姨를 '이모'라고 하는 것과 같다. 舅父即舅 猶姨曰姨母然也
효혜 7년 孝惠七	
고후 8년 高后八	
효문 23년 孝文二十三	5년간 사균이 후侯로 있었다. 효문 원년 4월 신미일, 후侯 사균駟鈞의 원 년이다. 효문 전6년, 사균이 죄를 지어 봉국이 없어졌다. 五 元年四月辛未 侯駟鈞元年 前六年 鈞有罪 國除
효경 16년 재위 孝景十六	
건원에서 원봉 6년까지 36년 建元至元封六年 三十六	
태초이후 太初已後	

5. 주양후

국명國名	주양周陽
	색은 현 이름으로 상군에 속한다.
	縣名 屬上郡
후공侯功	회남여왕 유장劉長의 외숙으로 후侯가 되었다.
	以淮南厲王舅父侯
효혜 7년 孝惠七	
고후 8년 高后八	
효문 23년 孝文二十三	5년간 조겸이 후侯로 있었다. 효문 원년 4월 신미일, 후侯 조겸趙兼의 원년이다. 효문 전6년, 조겸이 죄를 지어 봉국이 없어졌다. 五 元年四月辛未 侯趙兼元年 前六年 兼有罪 國除
효경 16년 재위 孝景十六	
건원에서 원봉 6년까지 36년 建元至元封六年 三十六	
태초이후 太初已後	

6. 번후

국명國名	번樊 색은 현 이름으로 동평군에 속한다. 縣名 屬東平
후공侯功	수양령으로 처음 아阿에서 봉기하여 고조를 따랐고, 원래 한가韓家의 자식 신분이었는데 돌아와 북지를 평정했다. 상산상으로 임용되어 후侯가 되었고 식읍은 1,200호. 以睢陽令從高祖初起阿 以韓家子還定北地 用常山相侯 千二百戶 신주 안사고가 《한서》 〈표〉에 주석하여, 전국시대 한나라의 제후들이 채씨로 성을 바꾸었다고 한다.
효혜 7년 孝惠七	
고후 8년 高后八	
효문 23년 孝文二十三	14년간 채겸이 후侯로 있었다. 효문 원년 6월 병인일, 후侯 채겸蔡兼의 원년이다. 9년간 채객이 강후로 있었다. 효문 15년, 강후康侯 채객蔡客의 원년이다. 十四 元年六月丙寅 侯蔡兼元年 九 十五年 康侯客元年 집해 서광이 말했다. "客을 다른 판본에는 '용容'이라고 한다." 徐廣曰 客 一作容
효경 16년 재위 孝景十六	9년간 채객이 강후로 있었다. 7년간 채평이 공후로 있었다. 효경 중3년, 공후恭侯 채평蔡平의 원년이다. 九 七 中三年 恭侯平元年
건원에서 원봉 6년까지 36년 建元至元封六年 三十六	13년간 채평이 공후로 있었다. 원삭 2년, 후侯 채벽방蔡辟方의 원년이다. 14년간 채벽방이 후侯로 있었다. 원정 4년, 후侯 채벽방이 죄를 지어 봉국이 없어졌다. 十三 元朔二年 侯辟方元年 十四 元鼎四年 侯辟方有罪 國除
태초이후 太初已後	

7. 관후

국명國名	관菅
	색은 菅은 옛날엔 국이었으나 지금은 현이 되었다. 형양에 속한다. 菅 古國 今爲縣 屬滎陽 신주 형양은 나중에 생긴 군으로 이 당시 관은 하남군 중모현中牟縣 소속이었다. 《삼국지》에 조조가 원소의 대군을 격파한 '관도官渡'가 관성의 동쪽에 있다. 하지만 고조가 이미 선보성單父聖을 중모후로 임명하고 아직 봉국이 남아있었는데, 제도혜왕의 아들을 이곳에 봉했겠는가? 당연히 제군 주변 일대에 봉했을 것이다. 《사기지의》에서는 《수경주》를 인용하여 제남군 관현菅縣이라 했는데 '竹과 艹' 자는 서로 유사하여 잘못 기술하기 쉽기 때문이라고 한다.
후공侯功	제도혜왕(유비劉肥)의 아들로 후侯가 되었다. 齊悼惠王子 侯 신주 〈제도혜왕세가〉에는 문제 4년에 제도혜왕 아들 일곱을 후侯로 봉했다고 하는데, 여기에서는 모두 아홉 명이 봉해진 것으로 나온다.
효혜 7년 孝惠七	
고후 8년 高后八	
효문 23년 孝文二十三	2년간 유파군이 공후로 있었다. 효문 4년 5월 갑인일, 공후恭侯 유파군劉罷軍의 원년이다. 18년간 유융노가 후侯로 있었다. 효문 6년, 후侯 유융노劉戎奴의 원년이다. 二 四年五月甲寅 恭侯劉罷軍元年 十八 六年 侯戎奴元年 색은 공후 유파군劉罷軍이다. 共侯劉罷軍
효경 16년 재위 孝景十六	2년간 유융노가 후侯로 있었다. 효경 3년, 후侯 유융노가 모반하여 봉국이 없어졌다. 二 三年 侯戎奴反 國除
건원에서 원봉 6년까지 36년 建元至元封六年 三十六	

태초이후	
太初已後	

8. 과구후

국명國名	과구瓜丘
	색은 척구이며 현으로 위군에 있다.
	斥丘 縣 在魏郡
	신주 《한서》〈표〉에는 지병氏兵이라 한다.
후공侯功	제도혜왕의 아들로 후侯가 되었다.
	齊悼惠王子 侯
효혜 7년	
孝惠七	
고후 8년	
高后八	
효문 23년	11년간 유영국이 후侯로 있었다. 효문 4년 5월 갑인일, 후侯 유영국劉寧
孝文二十三	國의 원년이다.
	9년간 유언이 후侯로 있었다. 효문 15년, 후侯 유언劉偃의 원년이다.
	十一 四年五月甲寅 侯劉寧國元年
	九 十五年 侯偃元年
효경 16년 재위	2년간 유언이 후侯로 있었다. 효경 3년, 후侯 유언이 모반하여 봉국이 없
孝景十六	어졌다.
	二 三年 侯偃反 國除
건원에서 원봉 6년까지 36년	
建元至元封六年 三十六	
태초이후	
太初已後	

9. 영후

국명國名	영營
	색은 〈표〉에는 제남군에 있다. 表在濟南 신주 《사기지의》에 따르면, 조충국趙充國이 영평에 봉해진 것을 사마정이 잘못 읽어 이런 주석을 달았다고 하며, 영은 제군 임치臨淄의 영구營丘라고 했는데, 이는 《수경주》를 따른 것이다.
후공侯功	제도혜왕의 아들로 후侯가 되었다. 齊悼惠王子 侯
효혜 7년 孝惠七	
고후 8년 高后八	
효문 23년 孝文二十三	10년간 유신도가 평후로 있었다. 효문 4년 5월 갑인일, 평후平侯 유신도劉信都의 원년이다. 10년간 유광이 후侯로 있었다. 효문 14년, 후侯 유광劉廣의 원년이다. 十 四年五月甲寅 平侯劉信都元年 十 十四年 侯廣元年
효경 16년 재위 孝景十六	2년간 유광이 후侯로 있었다. 효경 3년, 후侯 유광이 모반하여 봉국이 없어졌다. 二 三年 侯廣反 國除
건원에서 원봉 6년까지 36년 建元至元封六年 三十六	
태초이후 太初已後	

10. 양허후

국명國名	양허楊虛 **신주** 제도혜왕의 아들이니 제군 일대에 봉해야 한다. 《사기지의》에서 양옥승이 말했다. "《수경주》에 '《한서》〈지리지〉에 양허는 평원군의 예속현인데, 한나라 때 제도혜왕의 아들 장려를 봉해 후국으로 삼았다.'라고 한다. 성은 고당高唐의 서남에 있다. 그 땅은 양한에 걸쳐 세 차례 봉했으니 문제 때 유장려, 원제 때 자순訾順, 동한 때의 마무馬武이다."
후공侯功	제도혜왕의 아들로 후侯가 되었다. 齊悼惠王子 侯
효혜 7년 孝惠七	
고후 8년 高后八	
효문 23년 孝文二十三	12년간 유장려가 공후로 있었다. 효문 4년 5월 갑인일, 공후恭侯 유장려劉將廬의 원년이다. 효문 16년, 후侯 유장려가 제왕이 되었으며, 죄를 지어 봉국이 없어졌다. 十二 四年五月甲寅 恭侯劉將廬元年 十六年 侯將廬爲齊王 有罪 國除 **색은** 양허공후楊虛共侯 유장려이다. 《한서》에 '장려將閭'라고 했으니 (유장려劉將廬는) 제도혜왕의 아들이고, 봉작을 세습했으니 왕의 아들이다. 楊虛共侯劉將廬 漢書作將閭 齊悼惠王子 襲封 王子也 **신주** 봉국이 없어진 것은 유장려가 제왕이 되었기 때문이지 죄를 지어서가 아니다. 오초칠국의 난 후에 유장려는 자살한다. 경제는 제왕이 죄가 없다고 여겨 '효孝'라 시호하고 태자 유수劉壽를 제왕으로 봉하니 그가 의왕懿王이다.
효경 16년 재위 孝景十六	
건원에서 원봉 6년까지 36년 建元至元封六年 三十六	
태초이후 太初已後	

11. 역후

국명國名	역枊 집해 발음은 '력力'이다. 音力 색은 枊은 현 이름으로 평원군에 속한다. 발음은 '력力'이다. 枊 縣名 屬平原 音力
후공侯功	제도혜왕의 아들로 후侯가 되었다. 齊悼惠王子 侯
효혜 7년 孝惠七	
고후 8년 高后八	
효문 23년 孝文二十三	12년간 유벽광이 후侯로 있었다. 효문 4년 5월 갑인일, 후侯 유벽광劉辟 光의 원년이다. 효문 16년, 후侯 유벽광이 제남왕이 되어 봉국이 없어졌다. 十二 四年五月甲寅 侯劉辟光元年 十六年 侯辟光爲濟南王 國除 신주 〈제도혜왕세가〉에는 '늑후勒侯'라고 했다. 오초칠국의 난으로 제거당하고 제 남국은 군이 되었다. 무제 원수 원년에 성양경왕 아들 유양劉讓이 새로 역후에 봉해졌 진다.
효경 16년 재위 孝景十六	
건원에서 원봉 6년까지 36년 建元至元封六年 三十六	
태초이후 太初已後	

12. 안도후

국명國名	안도安都 색은 《한서》〈지리지〉에는 들어있지 않다. 漢志闕
후공侯功	제도혜왕의 아들로 후侯가 되었다. 齊悼惠王子 侯
효혜 7년 孝惠七	
고후 8년 高后八	
효문 23년 孝文二十三	12년간 유지가 후侯로 있었다. 효문 4년 5월 갑인일, 후侯 유지劉志의 원년이다. 효문 16년, 후侯 유지가 제북왕이 되어 봉국이 없어졌다. 十二 四年五月甲寅 侯劉志元年 十六年 侯志爲濟北王 國除 신주 오초칠국의 난 때 조정을 도와 살아남았고, 이후 치천왕으로 옮긴다.
효경 16년 재위 孝景十六	
건원에서 원봉 6년까지 36년 建元至元封六年 三十六	
태초이후 太初已後	

13. 평창후

국명國名	평창平昌 색은 현 이름으로 평원군에 속한다. 縣名 屬平原 신주 앞서 고후시대 때 창평후가 실제는 평창후를 잘못 쓴 것이고 평창이 평원군 소속이라 했으므로 이곳 평창은 당연히 다른 곳이다. 《사기지의》에서는 《수경주》에 따라 낭야군 평창이라고 했다.
후공侯功	제도혜왕의 아들로 후侯가 되었다. 齊悼惠王子 侯
효혜 7년 孝惠七	
고후 8년 高后八	
효문 23년 孝文二十三	12년간 유앙이 후侯로 있었다. 효문 4년 5월 갑인일, 후侯 유앙劉卬의 원년이다. 효문 16년, 후侯 유앙이 교서왕이 되어 봉국이 없어졌다. 十二 四年五月甲寅 侯劉卬元年 十六年 侯卬爲膠西王 國除 신주 오초칠국의 난으로 제거당하고, 교서국은 군이 된다. 교서군은 나중에 선제 때 고밀국高密國으로 바뀐다.
효경 16년 재위 孝景十六	
건원에서 원봉 6년까지 36년 建元至元封六年 三十六	
태초이후 太初己後	

14. 무성후

국명國名	무성武城 색은 《한서》〈지리지〉에는 들어있지 않다. 대개 빠진 이유는 어떤 경우에는 향 이름이고, 어떤 경우에는 곧바로 폐지되었기 때문에 기재하지 않은 것이다. 漢志闕 凡闕者 或鄉名 或尋廢 故志不載 신주 무성이란 지명은 〈지리지〉에서 여러 곳에 존재하는데 풍익군 무성, 청하군 동무성, 정양군定襄郡 무성 등이다. 여기서의 무성후국은 지금의 산동성 비현의 서남쪽 일대에 위치하고 있었다.
후공侯功	제도혜왕의 아들로 후侯가 되었다. 齊悼惠王子 侯
효혜 7년 孝惠七	
고후 8년 高后八	
효문 23년 孝文二十三	12년간 유현이 후侯로 있었다. 효문 4년 5월 갑인일, 후侯 유현劉賢의 원년이다. 효문 16년, 후侯 유현이 치천왕이 되어 봉국이 없어졌다. 十二 四年五月甲寅 侯劉賢元年 十六年 侯賢爲菑川王 國除 신주 오초칠국의 난으로 제거당하고, 제북왕 유지를 치천왕으로 옮긴다.
효경 16년 재위 孝景十六	
건원에서 원봉 6년까지 36년 建元至元封六年 三十六	
태초이후 太初已後	

15. 백석후

국명國名	백석白石
	색은 현 이름으로 금성군에 속한다.
	縣名 屬金城
	신주 당시 금성은 흉노 땅이었다. 《사기지의》에서는 〈제도혜왕세가〉 정의 주석에 나오는 평원군 안덕현 북쪽이라 한다.
후공侯功	제도혜왕의 아들로 후侯가 되었다.
	齊悼惠王子 侯
효혜 7년 孝惠七	
고후 8년 高后八	
효문 23년 孝文二十三	12년간 유웅거가 후侯로 있었다. 효문 4년 5월 갑인일, 후侯 유웅거劉雄渠의 원년이다.
	효문 16년, 후侯 유웅거가 교동왕이 되어 봉국이 없어졌다.
	十二 四年五月甲寅 侯劉雄渠元年
	十六年 侯雄渠爲膠東王 國除
	신주 오초칠국의 난으로 인하여 제거당하고, 교동국은 군이 된다.
효경 16년 재위 孝景十六	
건원에서 원봉 6년까지 36년 建元至元封六年 三十六	
태초이후 太初已後	

16. 파릉후

국명國名	파릉波陵
	색은 《한서》〈지리지〉에는 '沴'라고 했는데, 발음은 '지沷'이다. 漢志作沴 音沷
후공侯功	양릉군 신분으로 후侯가 되었다. 以陽陵君侯
효혜 7년 孝惠七	
고후 8년 高后八	
효문 23년 孝文二十三	5년간 위사가 강후로 있었다. 효문 7년 3월 갑인일, 강후康侯 위사魏駟의 원년이다. 효문 12년, 강후 위사가 죽고 후사가 없어 봉국이 없어졌다. 五 七年三月甲寅 康侯魏駟元年 十二年 康侯魏駟薨 無後 國除
효경 16년 재위 孝景十六	
건원에서 원봉 6년까지 36년 建元至元封六年 三十六	
태초이후 太初已後	

17. 남정후

국명國名	남정南鄭 집해 서광이 말했다. "다른 판본에는 鄭을 '조朝'로 썼다." 徐廣曰 一作朝 색은 위소는 음을 정貞이라 하고 또 한편은 정程이라 한다. 이동은 "하남에 정정鄭亭이 있다."라고 했다. 발음은 '정頹'이다. 韋昭音貞 一音程 李彤云 河南有鄭亭音頹
후공侯功	신평군 신분으로 후侯가 되었다. 以信平君侯
효혜 7년 孝惠七	
고후 8년 高后八	
효문 23년 孝文二十三	1년간 기가 후侯로 있었다. 효문 7년 3월 병인일, 후侯 기起의 원년이다. 효문제 때 의붓아버지 때문에 후작이 한 등급 깎여 관내후가 되었다. 一 七年三月丙寅 侯起元年 孝文時坐後父故奪爵級 關內侯 색은 起는 이름이고, 사서에서 그 성을 빠뜨렸다. 起 名也 史失其姓
효경 16년 재위 孝景十六	
건원에서 원봉 6년까지 36년 建元至元封六年 三十六	
태초이후 太初已後	

18. 부릉후

국명國名	부릉阜陵 색은 현 이름으로 구강군에 속한다. 縣名 屬九江
후공侯功	회남여왕(유장)의 아들로 후侯가 되었다. 以淮南厲王子侯 신주 효문 6년, 유장은 흉노 및 민월과 내통하여 반란을 도모하다가 사전에 발각되어 폐위되었고, 촉군으로 유배가다가 옹 땅에서 죽었다. 효문 8년, 문제가 그의 자식들을 가엾게 여겨 4명을 후侯로 봉했다.
효혜 7년 孝惠七	
고후 8년 高后八	
효문 23년 孝文二十三	8년간 유안이 후侯로 있었다. 효문 8년 5월 병오일, 후侯 유안劉安의 원년이다. 효문 16년, 유안이 회남왕이 되어 봉국이 없어졌다. 八 八年五月丙午 侯劉安元年 十六年 安爲淮南王 國除
효경 16년 재위 孝景十六	
건원에서 원봉 6년까지 36년 建元至元封六年 三十六	
태초이후 太初已後	

19. 안양후

국명國名	안양安陽
	안릉은 현 이름으로 풍익군에 속하는데, 아마 별도로 '안릉安陵'이 있을 것이다. 安陵 縣名 屬馮翊 恐別有安陵
	안릉은 부풍에 속하고 혜제가 묻힌 곳이어서 후국이 될 리 없다. 〈지리지〉에는 안양이란 지명이 네 곳이나 되지만 한중, 대군, 오원은 먼 곳이어서 왕자에게 봉할 가능성이 적다. 《수경주》에서 여남군 안양이라고 한 것이 타당성이 있어 보인다.
후공侯功	회남여왕의 아들로 후侯가 되었다. 以淮南厲王子侯
효혜 7년 孝惠七	
고후 8년 高后八	
효문 23년 孝文二十三	8년간 유발이 후侯로 있었다. 효문 8년 5월 병오일, 후侯 유발劉勃의 원년이다. 효문 16년, 후侯 유발이 형산왕이 되어 봉국이 없어졌다. 八 八年五月丙午 侯勃元年 十六年 侯勃爲衡山王 國除
효경 16년 재위 孝景十六	
건원에서 원봉 6년까지 36년 建元至元封六年 三十六	
태초이후 太初已後	

20. 양주후

국명國名	양주陽周
	신주 《사기지의》에 따르면 성양군 거현莒縣에 속한 향이라고 한다.
후공侯功	회남여왕의 아들로 후侯가 되었다. 以淮南厲王子侯
효혜 7년 孝惠七	
고후 8년 高后八	
효문 23년 孝文二十三	8년간 유사가 후侯로 있었다. 효문 8년 5월 병오일, 후侯 유사劉賜의 원년이다. 효문 16년, 후侯 유사가 여강왕이 되어 봉국이 없어졌다. 八 八年五月丙午 侯劉賜元年 十六年 侯賜爲廬江王 國除
효경 16년 재위 孝景十六	
건원에서 원봉 6년까지 36년 建元至元封六年 三十六	
태초이후 太初已後	

21. 동성후

국명國名	동성東城
	색은 현 이름으로 구강군에 속한다. 縣名 屬九江
후공侯功	회남여왕의 아들로 후侯가 되었다. 以淮南厲王子侯
효혜 7년 孝惠七	
고후 8년 高后八	
효문 23년 孝文二十三	7년간 유량이 애후로 있었다. 효문 8년 5월 병오일, 애후哀侯 유량劉良의 원년이다. 효문 15년, 후侯 유량이 죽고 후사가 없어 봉국이 없어졌다. 七 八年五月丙午 哀侯劉良元年 十五年 侯良薨 無後 國除
효경 16년 재위 孝景十六	
건원에서 원봉 6년까지 36년 建元至元封六年 三十六	
태초이후 太初已後	

22. 리후

국명國名	리犂 색은 현 이름으로 동군에 속한다. 縣名 屬東郡
후공侯功	제상 소평召平의 아들로 후侯가 되었고, 식읍은 1,410호다. 以齊相召平子侯 千四百一十戶
효혜 7년 孝惠七	
고후 8년 高后八	
효문 23년 孝文二十三	11년간 소노가 경후로 있었다. 효문 10년 4월 계축일, 경후頃侯 소노召 奴의 원년이다. 3년간 소택이 후侯로 있었다. 효문 후5년, 후侯 소택召澤의 원년이다. 十一 十年四月癸丑 頃侯召奴元年 三 後五年 侯澤元年
효경 16년 재위 孝景十六	16년간 소택이 후侯로 있었다. 十六
건원에서 원봉 6년까지 36년 建元至元封六年 三十六	16년간 소택이 후侯로 있었다. 원삭 5년, 후侯 소연召延의 원년이다. 19년간 소연이 후侯로 있었다. 원봉 6년, 후侯 소연이 자기 말을 가지고 내놓지 않은 죄로 참수당하고 봉국이 없어졌다. 十六 元朔五年 侯延元年 十九 元封六年 侯延坐不出持馬 斬 國除
태초이후 太初已後	

23. 병후

국명國名	병餅
	색은 현 이름으로 낭야군에 속한다. 餅의 발음은 '병瓶'이다. 縣名 屬琅邪 餅音瓶
후공侯功	북지군의 도위 손앙孫卬이 흉노가 북지로 침입하자 힘껏 싸우다가 전사했으며, 아들이 후侯가 되었다. 以北地都尉孫卬 匈奴入北地 力戰死事 子侯
효혜 7년 孝惠七	
고후 8년 高后八	
효문 23년 孝文二十三	10년간 손단이 후侯로 있었다. 효문 14년 3월 정사일, 후侯 손단孫單의 원년이다. 十 十四年三月丁巳 侯孫單元年
효경 16년 재위 孝景十六	2년간 손단이 후侯로 있었다. 효경 전3년, 후侯 손단이 반란을 모의해 봉국이 없어졌다. 二 前三年 侯單謀反 國除 신주 《사기지의》에 따르면 무제 때 치천정왕의 아들 유성劉成을 병후로 봉했다고 한다.
건원에서 원봉 6년까지 36년 建元至元封六年 三十六	
태초이후 太初已後	

24. 궁고후

국명國名	궁고弓高
	색은 《한서》〈표〉에는 영릉현에 있다. 漢表在營陵 신주 〈지리지〉에는 하간국 속현이며, 《사기지의》에서는 이곳이 맞고 북해군 영릉현이 아니라고 한다.
후공侯功	흉노상국으로 항복했으며, 옛 한왕 신信의 서자이다. 후侯가 되었고, 식읍은 1,237호다. 以匈奴相國降 故韓王信孼子 侯 千二百三十七戶
효혜 7년 孝惠七	
고후 8년 高后八	
효문 23년 孝文二十三	8년간 한퇴당이 장후로 있었다. 효문 16년 6월 병자일, 장후莊侯 한퇴당韓頹當의 원년이다. 八 十六年六月丙子 莊侯韓頹當元年
효경 16년 재위 孝景十六	16년간 한칙이 후侯로 있었다. 효경 전원년, 후侯 한칙韓則의 원년이다. 十六 前元年 侯則元年
건원에서 원봉 6년까지 36년 建元至元封六年 三十六	16년간 한칙이 후侯로 있었다. 원삭 5년, 후侯 한칙이 죽고 후사가 없어 봉국이 없어졌다. 十六 元朔五年 侯則薨 無後 國除 신주 〈한왕신전〉에 따르면 손자에 이르러 끊어졌다고 한다. 그러므로 여기서는 잘못이고, 원삭 4년에 죽은 아들의 이름을 기록하지 못한다는 《한서》〈표〉의 기록이 옳다. 나중에 한퇴당의 서손 한열韓說이 새로 용액후가 되었다가 다시 안도후가 되고, 한열의 손자 한증韓曾이 용액후가 된다. 그 사실은 〈한왕신전〉과 〈건원이래후자연표〉에 나온다.
태초이후 太初已後	

25. 양성후

국명國名	양성襄成
	색은 양성襄城이며 〈지리지〉에는 영천군에 속한다. 襄城 志屬潁川
후공侯功	흉노상국으로 항복하여 후侯가 되었는데, 옛 한왕 신信의 태자의 아들로 후侯가 된 것이며, 식읍은 1,432호다. 以匈奴相國降侯 故韓王信太子之子 侯千四百三十二戶
효혜 7년 孝惠七	
고후 8년 高后八	
효문 23년 孝文二十三	7년간 한영이 애후로 있었다. 효문 16년 6월 병자일, 애후哀侯 한영韓嬰의 원년이다. 1년간 한택지가 후侯로 있었다. 효문 후7년, 후侯 한택지韓澤之의 원년이다. 七 十六年六月丙子 哀侯韓嬰元年 一 後七年 侯澤之元年
효경 16년 재위 孝景十六	16년간 한택지가 후侯로 있었다. 十六
건원에서 원봉 6년까지 36년 建元至元封六年 三十六	15년간 한택지가 후侯로 있었다. 원삭 4년, 후侯 한택지가 병이라고 속여 시종하지 않은 불경죄에 걸려 봉국이 없어졌다. 十五 元朔四年 侯澤之坐詐病不從 不敬 國除
태초이후 太初已後	

26. 고안후

국명國名	고안故安 색은 현 이름으로 탁군에 속한다. 縣名 屬涿郡
후공侯功	효문제 원년, 회양군수로 천거되었고 고조를 따라 한중으로 들어간 공으로 후侯(관내후)가 되었으며, 식읍은 500호다. 승상으로 임용되어 후侯가 되었고 식읍은 1,712호다. 孝文元年 舉淮陽守從高祖入漢功侯 食邑五百戶 用丞相侯 一千七百一十二戶 신주 〈한흥이래장상명신연표〉와 《한서》 〈백관공경표〉에 따르면, 승상이 된 것은 문제 후2년이다.
효혜 7년 孝惠七	
고후 8년 高后八	
효문 23년 孝文二十三	5년간 신도가가 절후로 있었다. 효문 후3년 4월 정사일, 절후節侯 신도가申屠嘉의 원년이다. 五 後三年四月丁巳 節侯申屠嘉元年
효경 16년 재위 孝景十六	2년간 신도가가 절후로 있었다. 14년간 신도멸이 공후로 있었다. 효경 전3년, 공후恭侯 신도멸申屠蔑의 원년이다. 二 十四 前三年 恭侯蔑元年
건원에서 원봉 6년까지 36년 建元至元封六年 三十六	19년간 신도멸이 공후로 있었다. 원수 2년, 청안후淸安侯 신도유申屠臾의 원년이다. 5년간 신도유가 청안후로 있었다. 원정 원년, 신도유가 구강태수가 되었다가 죄를 지어 봉국이 없어졌다. 十九 元狩二年 淸安侯臾元年 五 元鼎元年 臾坐爲九江太守有罪 國除 신주 신도멸이나 신도유가 청안으로 봉국을 옮긴 것이 빠졌다.
태초이후 太初已後	

27. 장무후

국명國名	장무章武
	색은 현 이름으로 발해군에 속한다. 縣名 屬勃海
후공侯功	효문황후의 아우로 후侯가 되었고, 식읍은 1만 1,869호다. 以孝文后弟侯 萬一千八百六十九戶
효혜 7년 孝惠七	
고후 8년 高后八	
효문 23년 孝文二十三	1년간 두광국이 경후로 있었다. 효문 후7년 6월 을묘일, 경후敬侯 두광국寶廣國의 원년이다. 一 後七年六月乙卯 景侯寶廣國元年 신주 장무후와 남피후는 문제 사후의 봉국이므로 실제 경제 때 이루어진 일이다.
효경 16년 재위 孝景十六	6년간 두광국이 경후로 있었다. 10년간 두완이 공후로 있었다. 효경 전7년, 공후恭侯 두완寶完의 원년이다. 六 十 前七年 恭侯完元年
건원에서 원봉 6년까지 36년 建元至元封六年 三十六	8년간 두완이 공후로 있었다. 원광 3년, 후侯 두상좌寶常坐의 원년이다. 10년간 두상좌가 후侯로 있었다. 원수 원년, 후侯 두상좌가 살인을 모의하다 미수에 그친 죄에 걸려 봉국이 없어졌다. 八 元光三年 侯常坐元年 十 元狩元年 侯常坐謀殺人未殺罪 國除 신주 《한서》〈표〉에는 상좌常坐가 아니라 '상생常生'이라 한다. 당시 장수를 비는 뜻으로 이름을 지었으므로 일리 있다. 상생을 비롯하여 안상安常, 거질去疾, 거병去病, 천추千秋, 연년延年, 연수延壽, 안세安世, 팽조彭祖, 불의不疑, 불해不害, 불식不識, 무해無害, 영애永嬰, 경기慶忌, 벽강辟彊, 안국安國, 영국寧國, 충국充國, 광국廣國, 상림桑林 등이 모두 장수와 복을 비는 이름이다. 다분히 生과 坐의 글자 모양이 비슷하여 잘못 쓴 것이 아닐까 한다.
태초이후 太初已後	

28. 남피후

국명國名	남피南皮 색은 현 이름으로 발해군에 속한다. 縣名 屬勃海
후공侯功	문제황후의 오라버니 두장군竇長君의 아들로 후侯가 되었고, 식읍은 6,460호다. 以孝文后兄竇長君子侯 六千四百六十戶
효혜 7년 孝惠七	
고후 8년 高后八	
효문 23년 孝文二十三	1년간 두팽조가 후侯로 있었다. 효문 후7년 6월 을묘일, 후侯 두팽조竇彭祖의 원년이다. 一 後七年六月乙卯 侯竇彭祖元年
효경 16년 재위 孝景十六	16년간 두팽조가 후侯로 있었다. 十六
건원에서 원봉 6년까지 36년 建元至元封六年 三十六	5년간 두팽조가 후侯로 있었다. 건원 6년, 이후夷侯 두량竇良의 원년이다. 5년간 두량이 이후로 있었다. 원광 5년, 후侯 두상림竇桑林의 원년이다. 18년간 두상림이 후侯로 있었다. 원정 5년, 후侯 두상림이 주금 죄에 걸려 봉국이 없어졌다. 五 建元六年 夷侯良元年 五 元光五年 侯桑林元年 十八 元鼎五年 侯桑林坐酎金罪 國除
태초이후 太初已後	

이상 문제 시대 28인

신주 여기에서 제도혜왕의 아들로 아홉 명이 후侯로 봉해지는데《한서》〈표〉에 따르면 양구후陽丘侯 하나가 더 있다. 양허후 유장려 시호 공후는 잘못되었다. 실제 공후는 양구후 유안劉安이다. 문제 4년에 임명되고 12년 만에 죽으며, 문제 16년에 유언劉偃이 후계자가 되었다가 11년 만인 경제 4년에 봉국의 경계를 나간 일로 작위를 박탈당하고 사구司寇(형조판서)가 되었다고 한다.

한편 양옥승은 다음과 같은 내용을 추가하고 있다. "또《로사路史》〈국명기〉 4권에《여지지》를 인용하여 문제가 동해왕 유요劉搖의 아들 유기시劉期視를 고여후顧余侯로 삼았다고 하니(주석에《통지》에서 유요가 별도로 그 아들을 봉하여 회계에 거처했다고 한다.), 후세에 고씨가 그로 인하여 성을 얻었다고 한다. 《삼국지》〈제갈근전〉 주석 및《광운》'제諸' 자의 주석에 아울러《풍속통》을 인용하여 '갈영葛嬰이 진섭陳涉의 장수로 공을 세웠지만 죄 없이 죽음을 당했는데, 문제가 추봉하여 그 손자를 제현후諸縣侯(제현은 낭야군에 있음)로 삼으니 그로 인하여 씨로 합쳤다(제갈씨로 삼았다는 뜻)라고 한다."

효경 시대 제후표

1. 평륙후

국명國名	평륙平陸
	색은 현 이름으로 서하군에 속한다. 또 동평륙東平陸이 있는데, 동평군에 있다. 縣名 屬西河 又有東平陸 在東平
	신주 왕자이니 멀리 봉해질 가능성이 희박하다. 《사기지의》는 《수경주》에서 말한 대로 동평군 동평륙으로 보았다.
후공侯功	초원왕(유교劉交)의 아들로 후侯가 되었고, 식읍은 3,267호다. 楚元王子 侯 三千二百六十七戶
효혜 7년 孝惠七	
고후 8년 高后八	
효문 23년 孝文二十三	
효경 16년 재위 孝景十六	2년간 유례가 後侯로 있었다. 효경 원년 4월 을사일, 後侯 유례劉禮의 원년이다. 효경 3년, 後侯 유례가 초왕楚王이 되어 봉국이 없어졌다. 二 元年四月乙巳 侯劉禮元年 三年 侯禮爲楚王 國除 집해 일설에는 '을묘일'이라 한다. 一云乙卯
건원에서 원봉 6년까지 36년 建元至元封六年 三十六	
태초이후 太初已後	

2. 휴후

국명國名	휴休
후공侯功	초원왕의 아들로 후侯가 되었다. 楚元王子 侯
효혜 7년 孝惠七	
고후 8년 高后八	
효문 23년 孝文二十三	
효경 16년 재위 孝景十六	2년간 유부가 후侯로 있었다. 효경 원년 4월 을사일, 후侯 유부劉富의 원년이다. 효경 3년, 후侯 유부가 형의 아들 유융劉戎(무戊가 맞음)이 초왕이 되어 반기를 들자 유부가 가속을 이끌고 장안 북궐로 가서 자진 귀순했다. 교화하지 못한 책임을 지고 인수를 바쳤으나 황제가 다시 조서를 내려 왕으로 복귀시켰다. 이후에 평륙후(유례)를 초왕으로 삼으면서 다시 유부를 봉해 홍후紅侯로 삼았다. 二 元年四月乙巳 侯富元年 三年 侯富以兄子戎爲楚王反 富與家屬至長安北闕自歸 不能相教 上印綬 詔復王 後以平陸侯爲楚王 更封富爲紅侯
건원에서 원봉 6년까지 36년 建元至元封六年 三十六	
태초이후 太初已後	

3. 침유후

국명國名	침유沈猶
	색은 《한서》〈표〉에는 고원현에 있다. 漢表在高苑 신주 천승군(낙안군) 고원현의 향 이름이다.
후공侯功	초원왕의 아들로 후侯가 되었고, 식읍은 1,380호다. 楚元王子 侯 千三百八十戶
효혜 7년 孝惠七	
고후 8년 高后八	
효문 23년 孝文二十三	
효경 16년 재위 孝景十六	16년간 유예가 이후로 있었다. 효경 원년 4월 을사일, 이후夷侯 유예劉穢의 원년이다. 十六 元年四月乙巳 夷侯劉穢元年
건원에서 원봉 6년까지 36년 建元至元封六年 三十六	4년간 유예가 이후로 있었다. 건원 5년, 후侯 유수劉受의 원년이다. 18년간 유수가 후侯로 있었다. 원수 5년, 후侯 유수가 예전에 종정이 되어 청알聽謁하면서 종실의 일을 구비하지 않은 불경죄에 걸려 봉국이 없어졌다. 四 建元五年 侯受元年 十八 元狩五年 侯受坐故爲宗正聽謁不具宗室 不敬 國除
태초이후 太初已後	

4. 홍후

국명國名	홍紅 [색은] 紅과 休는 대개 두 향의 이름이다. 왕망이 유흠을 홍휴후로 봉했다. 일설에는 紅을 홍현虹縣이라고도 한다. 紅 休 蓋二鄕名 王莽封劉歆爲紅休侯 一云紅即虹縣也
후공侯功	초원왕의 아들로 후侯가 되었고, 식읍은 1,750호다. 楚元王子 侯 千七百五十戶
효혜 7년 孝惠七	
고후 8년 高后八	
효문 23년 孝文二十三	
효경 16년 재위 孝景十六	4년간 유부가 장후로 있었다. 효경 3년 4월 을사일, 장후莊侯 유부劉富의 원년이다. 1년간 유징이 후侯로 있었다. 효경 전7년, 도후悼侯 유징劉澄의 원년이다. 9년간 유발이 경후로 있었다. 효경 중원년, 경후敬侯 유발劉發의 원년이다. 四 三年四月乙巳 莊侯富元年 一 前七年 悼侯澄元年 九 中元年 敬侯發元年 [색은] (장후 유부는) 홍아후紅雅侯 유부이며 일설에는 예후禮侯라고 하는데, 초원왕의 아들이다. 〈초왕전〉을 살피건대, 휴후休侯 유부는 직이 박탈되었다가 뒤에 봉해져 홍후가 되었으니 여기서 둘로 열거한 것은 잘못이다. 《한서》〈표〉에는 하나로 기재했을 뿐이다. 紅雅侯劉富 一云禮侯也 楚元王子 案王傳 休侯富免後封紅侯 此則並列 誤也 漢表一書而已 [신주] 《한서》〈표〉에는 예후가 아니라 의후懿侯라고 한다. [집해] (경후 유발의) 發을 다른 판본에는 '가嘉'라고 한다. 發 一作嘉 [신주] 《한서》〈표〉에는 유징을 회후懷侯 등登이라 하고, 유발을 가嘉라고 한다. 《사기지의》에서는 유발이라 함이 그릇되었다고 한다.

건원에서 원봉 6년까지 36년 建元至元封六年 三十六	15년간 유발이 경후로 있었다. 원삭 4년, 후侯 유장劉章의 원년이다. 1년간 유장이 후侯로 있었다. 원삭 5년, 후侯 유장이 죽고 후사가 없어 봉국이 없어졌다. 十五 元朔四年 侯章元年 一 元朔五年 侯章薨 無後 國除 신주 여기서는 시호 '애후哀侯'가 빠졌다.
태초이후 太初已後	

5. 원구후

국명國名	원구宛朐 색은 원구는 현 이름으로 제음군에 속한다. 宛朐 縣名 屬濟陰
후공侯功	초원왕의 아들로 후侯가 되었다. 楚元王子 侯
효혜 7년 孝惠七	
고후 8년 高后八	
효문 23년 孝文二十三	
효경 16년 재위 孝景十六	2년간 유예가 후侯로 있었다. 효경 원년 4월 을사일, 후侯 유예劉埶의 원 년이다. 효경 3년, 후侯 유예가 모반하여 봉국이 없어졌다. 二 元年四月乙巳 侯劉埶元年 三年 侯埶反 國除 색은 소해는 埶의 발음을 '예藝'라 했다. 蕭該埶音藝

건원에서 원봉 6년까지 36년 建元至元封六年 三十六	
태초이후 太初已後	

6. 위기후

국명國名	위기魏其 색은 현 이름으로 낭야군에 속한다. 縣名 屬琅邪
후공侯功	대장군으로 형양에 주둔하여 오초칠국을 막아 후侯가 되었고, 식읍은 3,350호다. 以大將軍屯滎陽 扞吳楚七國 侯 三千三百五十戶
효혜 7년 孝惠七	
고후 8년 高后八	
효문 23년 孝文二十三	
효경 16년 재위 孝景十六	14년간 두영이 후侯로 있었다. 효경 3년 6월 을사일, 후侯 두영竇嬰의 원 년이다. 十四 三年六月乙巳 侯竇嬰元年
건원에서 원봉 6년까지 36년 建元至元封六年 三十六	9년간 두영이 후侯로 있었다. 건원 원년, 승상이 되었다가 2년 만에 면 직되었다. 원광 4년, 후侯 두영이 관부灌夫의 일에 연좌되어 다투면서 선제先帝(경 제)의 조서라고 하면서 글을 올렸는데, 명령을 고친 해악을 저질러 기시 를 당하고 봉국이 없어졌다. 九 建元元年爲丞相 二歲免 元光四年 侯嬰坐爭灌夫事上書稱爲先帝詔 矯制書 棄市 國除

그의 죽음은 무안후 전분과의 다툼이 근본 원인이었으며, 자세한 것은 〈위기무안후전〉에 실려 있다. 거기서 관부가 주살당하고 두영이 기시를 당한 것은 원광 5년이라고 하지만 무안후 표에 따르면 원광 3년이다.	
태초이후 太初已後	

7. 극락후

국명國名	극락棘樂
후공侯功	초원왕의 아들로 후侯가 되었고, 식읍은 1,213호다. 楚元王子 侯 戶千二百一十三
효혜 7년 孝惠七	
고후 8년 高后八	
효문 23년 孝文二十三	
효경 16년 재위 孝景十六	14년간 유조가 경후로 있었다. 효경 3년 8월 임자일, 경후敬侯 유조劉調의 원년이다. 十四 三年八月壬子 敬侯劉調元年
건원에서 원봉 6년까지 36년 建元至元封六年 三十六	1년간 유조가 경후로 있었다. 건원 2년, 공후恭侯 유응劉應의 원년이다. 11년간 유응이 공후로 있었다. 원삭 원년, 후侯 유경劉慶의 원년이다. 16년간 유경이 후侯로 있었다. 원정 5년, 후侯 유경이 주금에 걸려 봉국이 없어졌다. 一 建元二年 恭侯應元年 十一 元朔元年 侯慶元年 十六 元鼎五年 侯慶坐酎金 國除
태초이후 太初已後	

8. 수후

국명國名	수유 俞
	색은 俞의 발음은 '수輸'이며 현 이름으로 청하군에 속한다. 俞音輸 縣名 屬淸河
후공侯功	장군으로 오초의 반란 때 제나라를 쳐서 공을 세웠다. 난포는 예전 팽월彭越의 사인이었는데, 팽월이 반란할 때 난포는 제나라에 사절로 갔었다. 난포가 돌아왔을 때 팽월은 이미 효수되었는데, 난포는 곡하며 제사지냈다. 이 때문에 난포도 팽형을 당하게 되었는데, 충성스러운 말을 내뱉자 고조가 그를 놓아주었다. 경포가 반란하자 난포는 도위가 되어 후侯가 되었고, 식읍은 1,800호다. 以將軍吳楚反擊齊有功 布故彭越舍人 越反時布使齊 還已梟越 布祭哭之 當亨 出忠言 高祖舍之 黥布反 布爲都尉 侯 戶千八百 신주 오초의 반란 때 제나라가 반란에 가담하지 않자 교서, 치천, 제남 등이 군대를 이끌고 제나라 임치를 포위하였는데 이때 난포가 군대를 이끌고 공격한 것이다.
효혜 7년 孝惠七	
고후 8년 高后八	
효문 23년 孝文二十三	
효경 16년 재위 孝景十六	6년간 난포가 후侯로 있었다. 효경 6년 4월 정묘일, 후侯 난포欒布의 원년이다. 효경 중5년, 후侯 난포가 죽었다. 六 六年四月丁卯 侯欒布元年 中五年 侯布薨
건원에서 원봉 6년까지 36년 建元至元封六年 三十六	10년간 난분이 후侯로 있었다. 원수 6년, 후侯 난분欒賁이 태상이 되었는데 종묘에 바치는 희생물이 법령과 같지 않은 죄를 지어 봉국이 없어졌다. 十 元狩六年 侯賁坐爲太常廟犧牲不如令 有罪 國除 집해 일설에는 원삭 2년이 후侯 난분 원년이라 한다. 一云元朔二年 侯賁元年

태초이후 太初已後	

9. 건릉후

국명國名	건릉建陵
후공侯功	장군으로 오초를 쳐서 공을 세웠으며, 중위로 임용되어 후侯가 되었고, 식읍은 1,310호다. 以將軍擊吳楚功 用中尉侯 戶一千三百一十
효혜 7년 孝惠七	
고후 8년 高后八	
효문 23년 孝文二十三	
효경 16년 재위 孝景十六	11년간 위관이 경후로 있었다. 효경 6년 4월 정묘일, 경후敬侯 위관衛綰 의 원년이다. 十一 六年四月丁卯 敬侯衛綰元年 신주 경제 후원년에 승상이 된다. 〈만석열전-위관전〉에 실려 있다.
건원에서 원봉 6년까지 36년 建元至元封六年 三十六	10년간 위관이 후侯로 있었다. 원광 5년, 후侯 위신衛信의 원년이다. 18년간 위신이 후侯로 있었다. 원정 5년, 후侯 위신이 주금에 걸려 봉국 이 없어졌다. 十 元光五年 侯信元年 十八 元鼎五年 侯信坐酎金 國除
태초이후 太初已後	

10. 건평후

국명國名	건평建平 색은 현 이름으로 패군에 속한다. 縣名 屬沛郡
후공侯功	장군으로 오초를 쳐서 공을 세웠으며, 강도상으로 임용되어 후侯가 되었고, 식읍은 3,150호다. 以將軍擊吳楚功 用江都相侯 戶三千一百五十
효혜 7년 孝惠七	
고후 8년 高后八	
효문 23년 孝文二十三	
효경 16년 재위 孝景十六	11년간 정가가 애후로 있었다. 효경 6년 4월 정묘일, 애후哀侯 정가程嘉의 원년이다. 十一 六年四月丁卯 哀侯程嘉元年 신주 《한서》〈표〉에는 시호를 '경敬'이라 하는데, 《사기지의》에서는 《한서》가 옳다고 한다.
건원에서 원봉 6년까지 36년 建元至元封六年 三十六	7년간 정가가 애후로 있었다. 원광 2년, 절후節侯 정횡程橫의 원년이다. 1년간 정횡이 절후로 있었다. 원광 3년, 후侯 정회程回의 원년이다. 1년간 정회가 후侯로 있었다. 원광 4년, 후侯 정회가 죽고 후사가 없어 봉국이 없어졌다. 七 元光二年 節侯橫元年 一 元光三年 侯回元年 一 元光四年 侯回薨 無後 國除
태초이후 太初已後	

11. 평곡후

국명國名	평곡平曲
	색은 살피건대 《한서》〈표〉에는 고성현에 있다. 案 漢表在高城 신주 《한서》〈표〉에는 위의 말이 없다. 고성은 발해군 속현이며, 도위의 치소가 있는 곳이다. 또 〈지리지〉에는 동해군에 두 곳의 평곡현이 있는데, 아마 한 곳은 잘못이며 '曲平'을 잘못 쓴 것일 수도 있다.
후공侯功	장군으로 오초를 쳐서 공을 세웠으며, 농서태수로 임용되어 후侯가 되었고, 식읍은 3,220호다. 以將軍擊吳楚功 用隴西太守侯 戶三千二百二十
효혜 7년 孝惠七	
고후 8년 高后八	
효문 23년 孝文二十三	
효경 16년 재위 孝景十六	5년간 공손혼야가 후侯로 있었다. 효경 6년 4월 기사일, 후侯 공손혼야 公孫昆邪의 원년이다. 효경 중4년, 후侯 공손혼야가 죄를 지어 봉국이 없어졌다. 태복 공손하의 부친이다. 五 六年四月己巳 侯公孫昆邪元年 中四年 侯昆邪有罪 國除 太僕賀父 색은 《한서》에는 昆을 '혼渾'이라 했다. 漢書作渾 신주 공손하는 위청의 매부가 되며, 무제 때 남포후로 봉해진다.
건원에서 원봉 6년까지 36년 建元至元封六年 三十六	
태초이후 太初已後	

12. 강양후

국명國名	강양江陽 　색은　현 이름으로 동해군에 있다. 縣 在東海也 　신주　〈지리지〉에는 익주 건위군에 있으나 이는 무제 때 설치된 것이다. 동해군에는 강양이란 현이 없으니 《한서》〈표〉를 잘못 옮긴 듯하다. 〈효경본기〉에는 강릉후로 나오는데, 강릉은 형주 남군 속현이다. 후한 말에 오나라 주유周瑜가 조조曹操의 군대를 크게 무찌른 이른바 '적벽대전'이 벌어진 곳에서 가깝다. 춘추시대 초나라 수도이기도 하다.
후공侯功	장군으로 오초를 쳐서 공을 세웠으며, 조상趙相으로 임용되어 후侯가 되었고, 식읍은 2,541호다. 以將軍擊吳楚功 用趙相侯 戶二千五百四十一
효혜 7년 孝惠七	
고후 8년 高后八	
효문 23년 孝文二十三	
효경 16년 재위 孝景十六	4년간 소가가 강후로 있었다. 효경 6년 4월 임신일, 강후康侯 소가蘇嘉의 원년이다. 7년간 소로가 의후로 있었다. 효경 중3년, 의후懿侯 소로蘇盧의 원년이다. 四 六年四月壬申 康侯蘇嘉元年 七 中三年 懿侯盧元年 　집해　서광이 말했다. "(소가의) 蘇를 다른 판본에는 '적籍'이라 한다." 徐廣曰 蘇 一作籍 　색은　《한서》〈표〉에는 '소식蘇息'이라 한다. 漢表作蘇息 　집해　서광이 말했다. "다른 판본에는 '애후哀侯'라고 한다." 徐廣曰 一作哀侯
건원에서 원봉 6년까지 36년 建元至元封六年三十六	2년간 소로가 의후로 있었다. 건원 3년, 후侯 소명蘇明의 원년이다. 16년간 소명이 후侯로 있었다. 원삭 6년, 후侯 소조蘇雕의 원년이다. 11년간 소조가 후侯로 있었다. 원정 5년, 후侯 소조가 주금에 걸려 봉국이 없어졌다.

	二 建元三年 侯明元年 十六 元朔六年 侯雕元年 十一 元鼎五年 侯雕坐酎金 國除
태초이후 太初已後	

13. 거후

국명國名	거遽 색은 《한서》〈표〉를 살피건대, 향 이름이며 상산군에 있다. 案漢表 鄉名 在常山
후공侯功	조상 건덕建德으로 조왕 유수劉遂가 반란하는 것을 들어주지 않다가 죽임을 당했다. 아들이 후侯가 되었고, 식읍은 1,970호다. 以趙相建德 王遂反 建德不聽 死事 子侯 戶千九百七十
효혜 7년 孝惠七	
고후 8년 高后八	
효문 23년 孝文二十三	
효경 16년 재위 孝景十六	6년간 횡이 후侯로 있었다. 효경 중2년 4월 을사일, 후侯 횡橫의 원년이다. 효경 후2년, 후侯 횡이 죄를 지어 봉국이 없어졌다. 六 中二年四月乙巳 侯橫元年 後二年 侯橫有罪 國除 색은 사서에서 그의 성을 빠뜨렸다. 史失其姓
건원에서 원봉 6년까지 36년 建元至元封六年 三十六	
태초이후 太初已後	

14. 신시후

국명國名	신시新市
	색은 현 이름으로 거록군에 속한다. 縣名 屬鉅鹿
후공侯功	조나라 내사 왕신王慎으로 조왕 유수가 반란하는 것을 왕신이 들어주지 않다가 죽임을 당했다. 아들이 후侯가 되었고, 식읍은 1,014호다. 以趙內史王慎 王遂反 慎不聽 死事 子侯 戶一千十四
	신주 왕신의 이름을 《한서》〈표〉와 〈초원왕세가〉 조왕 편에는 모두 왕한王悍으로 기록하고 있다.
효혜 7년 孝惠七	
고후 8년 高后八	
효문 23년 孝文二十三	
효경 16년 재위 孝景十六	5년간 왕강이 후侯로 있었다. 효경 중2년 4월 을사일, 후侯 왕강王康의 원년이다. 3년간 왕시창이 상후로 있었다. 효경 후원년, 상후殤侯 왕시창王始昌의 원년이다. 五 中二年四月乙巳 侯王康元年 三 後元年 殤侯始昌元年
	신주 《한서》〈표〉에는 왕강의 이름을 '기지棄之'라 하는데, 아마 시호는 '강康', 이름은 기지일 듯하다. 양 사서에서 하나씩 빠뜨렸다.
건원에서 원봉 6년까지 36년 建元至元封六年 三十六	9년간 왕시창이 상후로 있었다. 원광 4년, 상후 왕시창이 남에게 살해당해 봉국이 없어졌다. 九 元光四年 殤侯始昌爲人所殺 國除
태초이후 太初已後	

15. 상릉후

국명國名	상릉商陵 [색은] 《한서》〈표〉에는 임회군에 있다. 漢表在臨淮 [신주] 《사기지의》에 따르면, 《한서》〈표〉에는 이런 말이 없다고 한다. 〈지리지〉에도 없다.
후공侯功	초태부 조이오趙夷吾로 초왕 유무劉戊가 반란하는 것을 들어주지 않다가 죽임을 당했다. 아들이 후侯가 되었고, 식읍은 1,045호다. 以楚太傅趙夷吾 王戊反 不聽 死事 子侯 千四十五戶
효혜 7년 孝惠七	
고후 8년 高后八	
효문 23년 孝文二十三	
효경 16년 재위 孝景十六	8년간 조주가 후侯로 있었다. 효경 중2년 4월 을사일, 후侯 조주趙周의 원년이다. 八 中二年四月乙巳 侯趙周元年
건원에서 원봉 6년까지 36년 建元至元封六年 三十六	29년간 조주가 후侯로 있었다. 원정5년, 후侯 조주가 승상이 되었다가 (원정 2년) 열후들이 보낸 주금이 가볍다는 것을 알았다는 것에 연루되어 정위로 보내졌는데, 자살하여 봉국이 없어졌다. 二十九 元鼎五年 侯周坐爲丞相知列侯酎金輕 下廷尉 自殺 國除
태초이후 太初已後	

16. 산양후

국명國名	산양山陽 **신주** 〈지리지〉에는 하내군 산양현이다. 훗날 조위 황제 조비曹조가 후한의 마지막 황제 헌제獻帝를 산양공으로 봉한 곳이 이곳이다.
후공侯功	초상 장상張尙으로 초왕 유무가 반란하는 것을 장상이 들어주지 않다가 죽임을 당했다. 아들이 후侯가 되었고, 식읍은 1,114호다. 以楚相張尙 王戊反 尙不聽 死事 子侯 戶千一百一十四
효혜 7년 孝惠七	
고후 8년 高后八	
효문 23년 孝文二十三	
효경 16년 재위 孝景十六	8년간 장당거가 후侯로 있었다. 효경 중2년 4월 을사일, 후侯 장당거張當居의 원년이다. 八 中二年四月乙巳 侯張當居元年
건원에서 원봉 6년까지 36년 建元至元封六年 三十六	16년간 장당거가 후侯로 있었다. 원삭 5년, 후侯 장당거가 태상이 되어 박사제자를 뽑을 때 고의로 사실이 아닌 것으로 한 죄에 걸려 봉국이 없어졌다. 十六 元朔五年 侯當居坐爲太常程博士弟子故不以實罪 國除 **집해** 서광이 말했다. "程을 다른 판본에는 '택澤'이라 한다." 徐廣曰 程 一作澤
태초이후 太初已後	

17. 안릉후

국명國名	안릉安陵
	신주 흉노왕이 항복하여 이를 안릉후로 봉한 것으로 보아 부풍군의 안릉후가 되었을 가능성은 희박하다. 아마도 다른 곳의 안릉이었을 것이다.
후공侯功	흉노왕으로 항복하여 후侯가 되었고, 식읍은 1,517호다. 以匈奴王降侯 戶一千五百十七
효혜 7년 孝惠七	
고후 8년 高后八	
효문 23년 孝文二十三	
효경 16년 재위 孝景十六	7년간 자군이 후侯로 있었다. 효경 중3년 11월 경자일, 후侯 자군子軍의 원년이다. 七 中三年十一月庚子 侯子軍元年 **신주** 《한서》〈표〉에는 우군于軍이라고 했다.
건원에서 원봉 6년까지 36년 建元至元封六年 三十六	5년간 자군이 후侯로 있었다. 건원 6년, 후侯 자군이 죽고 후사가 없어 봉국이 없어졌다. 五 建元六年 侯子軍薨 無後 國除
태초이후 太初已後	

18. 원후

국명國名	원垣
	색은 현 이름으로 하동군에 속한다. 縣名 屬河東 신주 《사기지의》에 따르면 경제 때 곡성후曲城侯를 바꿔 봉했다고 하며, 〈고조공신후자연표〉에는 실제 고첩蠱捷을 이곳에 봉했다. 따라서 《사기지의》에서 《수경주》를 인용하여 고증한 탁군 무원현武垣縣이 맞다. 이후로 흉노 출신자가 주로 탁군에 봉해지는 것만 봐도 그 의견에 타당성이 있다.
후공侯功	흉노왕으로 항복하여 후侯가 되었다. 以匈奴王降侯
효혜 7년 孝惠七	
고후 8년 高后八	
효문 23년 孝文二十三	
효경 16년 재위 孝景十六	3년간 사가 후侯로 있었다. 효경 중3년 12월 정축일, 후侯 사賜의 원년이다. 효경 (중)6년, 사가 죽고, 후계자를 얻지 못하였다. 三 中三年十二月丁丑 侯賜元年 六年 賜死 不得及嗣 신주 〈효경본기〉에는 항복한 것이 봄이라고 한다. 《사기지의》에 따르면, 12월에 정축이 없으니 12월 정축에 임명된 자는 모두 정월(1월)에 임명된 것이라고 한다. 〈효경본기〉를 따른다면 그 의견이 타당하다.
건원에서 원봉 6년까지 36년 建元至元封六年 三十六	
태초이후 太初已後	

19. 주후

국명國名	주酒
	색은 현 이름으로 탁군에 속한다. 발음은 '주[茲鳩反]'이다. 縣名 屬涿郡 音茲鳩反
후공侯功	흉노왕으로 항복하여 후侯가 되었고, 식읍은 5,569호다. 以匈奴王降侯 戶五千五百六十九
효혜 7년 孝惠七	
고후 8년 高后八	
효문 23년 孝文二十三	
효경 16년 재위 孝景十六	효경 중3년 12월 정축일, 후侯 융강隆彊의 원년이다. 융강의 후계자를 얻지 못했다. 中三年十二月丁丑 侯隆彊元年 不得隆彊嗣
	색은 주후 이융강李隆彊이다. 酒侯李隆彊
건원에서 원봉 6년까지 36년 建元至元封六年 三十六	
태초이후 太初已後	후원 원년(서기전 88) 4월 갑진일, 후侯 이칙李則이 무당 제소군齊少君에게 저주의 제사를 올리게 하는 대도무도의 일에 걸려 봉국이 없어졌다. 後元年四月甲辰 侯則坐使巫齊少君祠祝詛 大道無道 國除
	집해 서광이 말했다. "《한서》에는 무제 후2년이라 한다." 徐廣曰 漢書云武後二年

20. 용성후

국명國名	용성容成 색은 현 이름으로 탁군에 속한다. 縣名 屬涿郡
후공侯功	흉노왕으로 항복하여 후侯가 되었고, 식읍은 700호다. 以匈奴王降侯 七百戶
효혜 7년 孝惠七	
고후 8년 高后八	
효문 23년 孝文二十三	
효경 16년 재위 孝景十六	7년간 유서로가 후侯로 있었다. 효경 중3년 12월 정축일, 후侯 유서로唯徐盧의 원년이다. 七 中三年十二月丁丑 侯唯徐盧元年 색은 용성후 유서려唯徐盧이다. 容成侯唯徐盧
건원에서 원봉 6년까지 36년 建元至元封六年 三十六	14년간 유서작이 강후로 있었다. 건원 원년, 강후康侯 유서작唯徐綽의 원년이다. 22년간 유서광이 후侯로 있었다. 원삭 3년, 후侯 유서광唯徐光의 원년이다. 十四 建元元年 康侯綽元年 二十二 元朔三年 侯光元年
태초이후 太初已後	18년간 유서광이 후侯로 있었다. 후원 2년(서기전 87) 3월 임진일, 후侯 유서광이 제사를 지내며 저주한 일에 걸려 봉국이 없어졌다. 十八 後二年 三月壬辰 侯光坐祠祝詛 國除

21. 이후

국명國名	이易 색은 현 이름으로 탁군에 속한다. 縣名 屬涿郡
후공侯功	흉노왕으로 항복하여 후侯가 되었다. 以匈奴王降侯
효혜 7년 孝惠七	
고후 8년 高后八	
효문 23년 孝文二十三	
효경 16년 재위 孝景十六	6년간 복경이 후侯로 있었다. 효경 중3년 12월 정축일, 후侯 복경僕黥의 원년이다. 효경 후2년, 후侯 복경이 죽고 후계자가 없었다. 六 中三年十二月丁丑 侯僕黥元年 後二年 侯僕黥薨 無嗣 신주 《한서》〈표〉에는 이름을 '달黜'이라 하고, 《사기지의》에서는 경黥은 묵형을 말하는 것이기 때문에 이를 이름에 가져다 쓰는 것이 옳지 않다고 한다.
건원에서 원봉 6년까지 36년 建元至元封六年 三十六	
태초이후 太初已後	

22. 범양후

국명國名	범양范陽
	색은 현 이름으로 탁군에 속한다. 縣名 屬涿郡
후공侯功	흉노왕으로 항복하여 후侯가 되었고, 식읍은 1,197호다. 以匈奴王降侯 戶千一百九十七
효혜 7년 孝惠七	
고후 8년 高后八	
효문 23년 孝文二十三	
효경 16년 재위 孝景十六	7년간 대가 단후로 있었다. 효경 중3년 12월 정축일, 단후端侯 대代의 원년이다. 七 中三年十二月丁丑 端侯代元年 색은 범양정후 대代이다. 范陽靖侯代
건원에서 원봉 6년까지 36년 建元至元封六年 三十六	7년간 대가 단후로 있었다. 원광 2년, 회후懷侯 덕德의 원년이다. 2년간 덕이 회후로 있었다. 원광 4년, 후侯 덕이 죽고 후사가 없어 봉국 이 없어졌다. 七 元光二年 懷侯德元年 二 元光四年 侯德薨 無後 國除
태초이후 太初已後	

23. 흡후

국명國名	흡翕
	색은 《한서》〈표〉에는 내황현에 있다. 漢表在內黃 신주 내황은 기주 위군 속현이다. 흡은 아마 향 이름일 것이다.
후공侯功	흉노왕으로 항복하여 후侯가 되었다. 以匈奴王降侯
효혜 7년 孝惠七	
고후 8년 高后八	
효문 23년 孝文二十三	
효경 16년 재위 孝景十六	7년간 한단이 후侯로 있었다. 효경 중3년 12월 정축일, 후侯 한단邯鄲의 원년이다. 七 中三年十二月丁丑 侯邯鄲元年 신주 북방인들은 성이 없고 이름을 한자로 가차할 때도 주거하는 지역의 이름을 사용하기도 한다. 이 사람도 그런 범주일 것이다.
건원에서 원봉 6년까지 36년 建元至元封六年 三十六	9년간 한단이 후侯로 있었다. 원광 4년, 후侯 한단이 장신궁長信宮에 왔다가 태후에게 알현을 청하지 않은 불경죄에 걸려 봉국이 없어졌다. 九 元光四年 侯邯鄲坐行來不請長信 不敬 國除 신주 〈건원이래후자연표〉에는 이 해에 흉노상으로 항복한 조신趙信을 흡후로 봉했다는 기록이 나온다.
태초이후 太初已後	

24. 아곡후

국명國名	아곡亞谷
	색은 다른 판본에는 '악보惡父'라 하며, 《한서》〈표〉에는 하내군에 있다.
	一作惡父 漢表在河內
후공侯功	흉노 동호왕東胡王으로 항복했는데, 옛 연왕 노관盧綰의 아들로 후侯가 되었고, 식읍은 1,500호다.
	以匈奴東胡王降 故燕王盧綰子侯 千五百戶
	신주 흉노 동호왕을 지냈다는 것이 이채롭다. 과연 이 동호는 어디인가? 단언컨대 서만주 지역에서 활동하던 고조선 영역의 집단이다. 위치는 상곡군과 어양군의 북쪽인 현장성(북경 북쪽) 이북 지역으로 비정된다. 고조선과 그 뒤를 이은 부여를 구성하는 한 부류였을 것이며, 그중 흥안령 서부 내몽골 지방에 있던 일부가 강력해진 흉노에 예속되었을 것이고, 노관이 연왕으로 있다가 도망쳤으니 당연히 거기서 가까운 쪽에 책임자로 임명했을 것으로 사료된다. 이는 〈흉노전〉을 봐도 알 수 있다.
효혜 7년 孝惠七	
고후 8년 高后八	
효문 23년 孝文二十三	
효경 16년 재위 孝景十六	2년간 노타보가 간후로 있었다. 효경 중5년 4월 정사일, 간후簡侯 노타보盧它父의 원년이다. 3년간 노종이 안후로 있었다. 효경 후원년, 안후安侯 노종盧種의 원년이다. 二 中五年四月丁巳 簡侯它父元年 三 後元年 安侯種元年 색은 간후 타보他父다. 簡侯他父 신주 〈노관전〉에 따르면 경제 6년에 흉노 동호왕인 '타지他之'가 항복했다고 한다. 《한서》〈표〉에도 '타지它之'라고 한 것으로 보아 〈노관전〉과 《한서》〈표〉에 기록된 것이 타당성이 있다.
건원에서 원봉 6년까지 36년 建元至元封六年 三十六	11년간 노편이 강후로 있었다. 건원 원년, 강후康侯 노편盧偏의 원년이다. 25년간 노하가 후侯로 있었다. 원광 6년, 후侯 노하盧賀의 원년이다. 十一 建元元年 康侯偏元年 二十五 元光六年 侯賀元年

| 태초이후
太初已後 | 15년간 노하가 후侯로 있었다. 정화 2년 7월 신사, 후侯 노하가 태자의
사건에 걸려 봉국이 없어졌다.
十五 征和二年七月辛巳 侯賀坐太子事 國除 |

25. 융려후

국명國名	융려隆慮
	색은 융려의 발음은 임려林閭이다. 현 이름으로 하내군에 속한다. 隆慮音林閭 縣名 屬河內
후공侯功	경제의 누이 장공주(관도공주) 유표劉嫖의 아들로 후侯가 되었고, 식읍은 4,126호다. 以長公主嫖子侯 戶四千一百二十六
효혜 7년 孝惠七	
고후 8년 高后八	
효문 23년 孝文二十三	
효경 16년 재위 孝景十六	5년간 진교가 후侯로 있었다. 효경 중5년 5월 정축일, 후侯 진교陳蟜의 원년이다. 五 中五年五月丁丑 侯蟜元年 집해 서광이 말했다. "〈경제본기〉를 살펴보면 전5년이지, 중5년이 아니다." 徐廣曰 案本紀乃前五年 非中五年 신주 〈경제본기〉가 잘못되었다. 이때 원래 융려후 주통周通이 중원년에 폐위되었 다. 따라서 경제 중5년이 옳다. 서광이 깊이 살피지 못한 것 같다.
건원에서 원봉 6년까지 36년 建元至元封六年 三十六	24년간 진교가 후侯로 있었다. 원정 원년, 후侯 진교가 어머니인 장공 주가 죽어 아직 상복을 벗지 않았는데 간통하였다. 금수 같은 행동으로 죽어 마땅하나 자살하여 봉국이 없어졌다. 二十四 元鼎元年 侯蟜坐母長公主薨未除服 姦 禽獸行 當死 自殺 國除 신주 고조 공신 86위인 당읍후 진영陳嬰의 증손자로, 형인 당읍후 진계수陳季須 와 재물 다툼을 한 죄까지 더하였다. 당읍후도 자살하고 봉국이 없어진다.

태초이후 太初已後	

26. 승지후

국명國名	승지乘氏 색은 현 이름으로 제음군에 속한다. 縣名 屬濟陰
후공侯功	양효왕의 아들로 후侯가 되었다. 以梁孝王子侯
효혜 7년 孝惠七	
고후 8년 高后八	
효문 23년 孝文二十三	
효경 16년 재위 孝景十六	효경 중5년 5월 정묘일, 後侯 유매劉買의 원년이다. 효경 중6년, 後侯 유매가 후계자로 양왕이 되어 봉국이 없어졌다. 中五年五月丁卯 侯買元年 中六年 侯買嗣爲梁王 國除
건원에서 원봉 6년까지 36년 建元至元封六年 三十六	
태초이후 太初已後	

27. 환읍후

국명國名	환읍桓邑 **신주** 《사기지의》에 따르면 후에 제천왕이 되었고 《수경주》에 제천의 위치를 제수의 북쪽이라고 하니 환읍을 진류군 장원현長垣縣이라 했다. 《한서》〈문3왕전〉에는 '垣'이라 했고 고대에는 '桓' 자와 통하였다고 한다.
후공侯功	양효왕의 아들로 후侯가 되었다. 以梁孝王子侯
효혜 7년 孝惠七	
고후 8년 高后八	
효문 23년 孝文二十三	
효경 16년 재위 孝景十六	1년간 유명이 후侯로 있었다. 효경 중5년 5월 정묘일, 후侯 유명劉明의 원년이다. 효경 중6년, 제천왕이 되어 봉국이 없어졌다. 一 中五年五月丁卯 侯明元年 中六年 爲濟川王 國除
건원에서 원봉 6년까지 36년 建元至元封六年 三十六	
태초이후 太初已後	

28. 개후

국명國名	개蓋
	색은 《한서》〈표〉에는 발해군에 있다.
	漢表在勃海
후공侯功	효경황후의 오라버니로 侯가 되었고, 식읍은 2,890호다.
	以孝景后兄侯 戶二千八百九十
	신주 반란을 도모하다가 죽은 옛 연왕 장도臧荼의 손녀 장아臧兒의 딸이 경황후 왕미인이다. 그녀가 관중 땅 괴리槐里의 왕중王仲에게 시집와서 낳았다. 왕미인이 낳은 자식이 무제이니 무제는 장도의 외현손이 된다. 왕신은 무제의 외삼촌이 된다.
효혜 7년 孝惠七	
고후 8년 高后八	
효문 23년 孝文二十三	
효경 16년 재위 孝景十六	5년간 왕신이 정후로 있었다. 효경 중5년 5월 갑술일, 정후靖侯 왕신王信의 원년이다. 五 中五年五月甲戌 靖侯王信元年
건원에서 원봉 6년까지 36년 建元至元封六年 三十六	20년간 왕신이 정후로 있었다. 원수 3년, 후侯 왕언王偃의 원년이다. 8년간 왕언이 후侯로 있었다. 원정 5년, 후侯 왕언이 주금에 걸려 봉국이 없어졌다. 二十 元狩三年 侯偃元年 八 元鼎五年 侯偃坐酎金 國除
태초이후 太初已後	

29. 새후

국명國名	새塞
후공侯功	어사대부로 전에 군사를 거느리고 오초를 친 공으로 후侯가 되었고, 식읍은 1,046호다. 以御史大夫前將兵擊吳楚功侯 戶千四十六
효혜 7년 孝惠七	
고후 8년 高后八	
효문 23년 孝文二十三	
효경 16년 재위 孝景十六	3년간 직불의가 후侯로 있었다. 효경 후원년 8월, 후侯 직불의直不疑의 원년이다. 三 後元年八月 侯直不疑元年 **신주** 어사대부가 되면서 새후로 봉해지며, 무제 건원 원년에 물러난다. 오초를 친 공이 고려되었을 것이다. 〈만석─직불의전〉에 실려 있다.
건원에서 원봉 6년까지 36년 建元至元封六年 三十六	3년간 직불의가 후侯로 있었다. 건원 4년, 후侯 직상여直相如의 원년이다. 12년간 직상여가 후侯로 있었다. 원삭 4년, 후侯 직견直堅의 원년이다. 13년간 직견이 후侯로 있었다. 원정 5년, 직견이 주금에 걸려 봉국이 없어졌다. 三 建元四年 侯相如元年 十二 元朔四年 侯堅元年 十三 元鼎五年 堅坐酎金 國除 **신주** 《한서》〈표〉에는 상여의 시호를 '강강'이라 한다. 〈만석─직불의전〉에는 직견의 이름을 '망望'이라 했다.
태초이후 太初已後	

30. 무안후

국명國名	무안武安 색은 현 이름으로 위군에 속한다. 縣名 屬魏郡
후공侯功	효경황후의 동모제로 후侯가 되었고 식읍은 8,214호다. 以孝景后同母弟侯 戶八千二百一十四 신주 장아는 나중에 왕중이 죽자 장릉長陵 땅 전씨에게 가서 아들을 낳았으니 전분과 전승이다. 그래서 경황후와 아버지가 다른 동모제다.
효혜 7년 孝惠七	
고후 8년 高后八	
효문 23년 孝文二十三	
효경 16년 재위 孝景十六	1년간 전분이 후侯로 있었다. 효경 후3년 3월, 후侯 전분田蚡의 원년이다. 一 後三年三月 侯田蚡元年 신주 전분은 승상이 되었지만, 위기후 두영과의 다툼으로 명성을 저버렸고, 위기후가 처형된 해 봄에 그 귀신을 보고 죽었다고 전해진다.
건원에서 원봉 6년까지 36년 建元至元封六年 三十六	9년간 전분이 후侯로 있었다. 원광 4년, 후侯 전오田梧의 원년이다. 5년간 전오가 후侯로 있었다. 원삭 3년, 후侯 전오가 첨유襜褕(짧은 홑옷)를 입고 궁정에 들어간 불경죄에 걸려 봉국이 없어졌다. 九 元光四年 侯梧元年 五 元朔三年 侯梧坐衣襜褕入宮廷中 不敬 國除 신주 이 표로 본다면, 전분은 원광 3년 봄에 죽었고, 그렇다면 관부灌夫와 위기후 두영도 원광 3년에 죽은 것이 된다.
태초이후 太初已後	

31. 주양후

국명國名	주양周陽 　색은　현 이름으로 상군에 속한다. 縣名 屬上郡 　신주　《지리지》에는 상군 속현은 양주陽周이며, 《사기지의》에서 《수경주》를 인용하여 주양은 하동 문희현에 있다고 한다.
후공侯功	효경황후의 동모제로 후侯가 되었고, 식읍은 6,026호다. 以孝景后同母弟侯 戶六千二十六
효혜 7년 孝惠七	
고후 8년 高后八	
효문 23년 孝文二十三	
효경 16년 재위 孝景十六	1년간 전승이 후侯로 있었다. 효경 후3년 3월, 의후懿侯 전승田勝의 원년이다. 一 後三年三月 懿侯田勝元年
건원에서 원봉 6년까지 36년 建元至元封六年 三十六	11년간 전승이 후侯로 있었다. 원광 6년, 후侯 전팽조田彭祖의 원년이다. 8년간 전팽조가 후侯로 있었다. 원수 2년, 후侯 전팽조가 장후章侯에게 저택을 마땅히 돌려주어야 하나 주지 않은 죄에 걸려 봉국이 없어졌다. 十一 元光六年 侯彭祖元年 八 元狩二年 侯彭祖坐當歸與章侯宅不與罪 國除 　신주　《한서》〈표〉에는 지후軹侯(박량薄梁)라고 하며, 장후는 존재하지 않으므로 지후가 맞을 것으로 판단된다.
태초이후 太初已後	

이상 경제 시대 31인

신주 휴후에서 홍후로 바꿔 봉해진 유부劉富를 하나로 친다면 새로 봉해진 사람은 30인이다. 《사기지의》에 따르면 전6년에 양릉후陽陵侯로 봉해진 잠매岑邁가 있고, 〈한흥이래장상명신연표〉에 보인다고 한다.

색은술찬 사마정이 펼쳐서 밝히다.

혜제와 경제 사이에 천하는 이미 평화로웠다. 여러 여씨呂氏는 화를 만들었고 오吳와 초楚는 연달아 병화를 일으켰다. 조후條侯(주아부)가 나가서 토벌하고 장무후(송창宋昌)는 받들어 맞이했다. (태후) 박씨薄氏와 (황후) 두씨竇氏는 은택을 입었고 장무張武와 조趙의 유게劉揭는 충정을 다했다. 뿌리와 가지가 덕택으로 나뉘고 폐부肺腑는 정성으로 귀의했다. 장례의 일에 새로운 도시가 생기니 능陵을 세우는 것을 공훈과 영광으로 여겨서이다. 함께 청사靑社를 열고 모두 붉은 정려旌閭를 받았다. 갑령甲令을 되돌아 엿보니 오예는 다시 명성을 지녔구나.

惠景之際 天下已平 諸呂構禍 吳楚連兵 條侯出討 壯武奉迎 薄竇恩澤 張趙忠貞
本枝分蔭 肺腑歸誠 新市死事 建陵勳榮 鹹開靑社 俱受丹旌 旋窺甲令 吳便有聲

신주 색은술찬에서 언급한 인물들은 〈효문본기〉에 나온다. 문제의 능을 건설하는 데 많은 인력이 동원되어 새로 도시가 생겨나듯 했고, 그것을 영광으로 여겼다는 말이다. 청사靑社에서 사社는 토지신을 가리킨다. '청사靑社'는 동쪽 땅이라는 뜻으로 관동의 여러 제후국을 가리키며, 붉은 정려旌閭는 그들이 받은 작위를 말한다.

《신주 사마천 사기》 〈표〉를 만든 사람들

한가람역사문화연구소 사기연구실

이덕일 (한가람역사문화연구소 소장, 문학박사)

김명옥 (문학박사)

송기섭 (문학박사)

이시율 (고대사 및 역사고전 연구가)

정　암 (지리학박사)

최원태 (고대사 연구가)

한가람역사문화연구소는 1998년 창립된 이래 한국 사학계에 만연한 중화사대주의 사관과 일제식민 사관을 극복하고 한국의 주체적인 역사관을 세우려 노력하고 있는 학술연구소다.

독립운동가들의 역사관 계승 작업을 꾸준히 진행하는 한편 《사기》 본문 및 '삼가주석'에 한국 고대사의 진실을 말해주는 수많은 기술이 있음을 알고 연구에 몰두했다.

지난 10여 년간 '《사기》 원전 및 삼가주석 강독(강사 이덕일)'을 진행하는 한편 사기연구실 소속 학자들과 《사기》에 담긴 한중고대사의 진실을 찾기 위한 연구 및 답사도 계속했다. 《신주 사마천 사기》는 원전 강독을 기초로 여러 연구자들이 그간 토론하고 연구한 결과의 집대성이라고 할 수 있다.

한가람역사문화연구소는 《신주 사마천 사기》 출간을 시작으로 역사를 바로세우기 위해 토대가 되는 문헌사료의 번역 및 주석 추가 작업을 꾸준히 이어갈 계획이다.

한문 번역 교정

이주은 김재철 정세라 김은경

《사기》를 지은 사람들

본문_ 사마천

사마천은 자가 자장子長으로 하양(지금 섬서성 한성시) 출신이다. 한 무제 때 태사공을 역임하다가 이릉 사건에 연루되어 궁형을 당했다. 기전체 사서이자 중국 25사의 첫머리인《사기》를 집필해 역사서 저술의 신기원을 이룩했다. 후세 사람들이 태사공 또는 사천이라고 높여 불렀다.《사기》는 한족의 시각으로 바라본 최초의 중국 민족사라고 할 수 있는데 여기서 사마천은 동이족의 역사를 삭제하거나 한족의 역사로 바꾸기도 했다.

삼가주석_ 배인·사마정·장수절

《집해》편찬자 배인은 자가 용구龍駒이며 남북조시대 남조 송(420~479)의 하동 문희(현 산서성 문희현) 출신이다. 진수의《삼국지》에 주석을 단 배송지의 아들로《사기집해》80권을 편찬했다.

《색은》편찬자 사마정은 자가 자정子正으로 당나라 하내(지금 하남성 심양) 출신인데 굉문관 학사를 역임했다. 사마천이 삼황을 삭제한 것을 문제로 여겨서〈삼황본기〉를 추가했으며 위소, 두예, 초주 등 여러 주석자의 주석을 폭넓게 모으고 자신의 견해를 덧붙여《사기색은》30권을 편찬했다.

《정의》편찬자 장수절은 당나라의 저명한 학자로, 개원 24년(736) 《사기정의》서문에 "30여 년 동안 학문을 섭렵했다"고 썼을 정도로 《사기》연구에 몰두했다. 그가 편찬한《사기정의》에는 특히 당나라 위왕 이태 등이 편찬한《괄지지》를 폭넓게 인용한 것을 비롯해서 역사지리에 관한 내용이 풍부하다.